民间金融系列研究型教材

民间金融监管理论与实践

方　意　张立莉　主编

中国财经出版传媒集团
中国财政经济出版社

图书在版编目（CIP）数据

民间金融监管理论与实践/方意，张立莉主编. --北京：中国财政经济出版社，2021.1

民间金融系列研究型教材

ISBN 978-7-5223-0300-0

Ⅰ.①民…　Ⅱ.①方…②张…　Ⅲ.①民间经济团体-金融机构-金融监管-中国-教材　Ⅳ.①F832.35

中国版本图书馆 CIP 数据核字（2020）第 269395 号

责任编辑：潘　飞　　　　责任校对：徐艳丽

封面设计：楠竹文化

民间金融监管理论与实践

MINJIAN JINRONG JIANGUAN LILUN YU SHIJIAN

中国财政经济出版社 出版

URL：http：//www. cfeph. cn

E-mail：cfeph@ cfeph. cn

社址：北京市海淀区阜成路甲 28 号　邮政编码：100142

营销中心电话：010-88191522

天猫网店：中国财政经济出版社旗舰店

网址：https：//zgczjjcbs. tmall. com

北京时捷印刷有限公司印刷　各地新华书店经销

成品尺寸：185mm×260mm　16 开　19.5 印张　326 000 字

2021 年 2 月第 1 版　2021 年 2 月北京第 1 次印刷

定价：78.00 元

ISBN 978-7-5223-0300-0

（图书出现印装问题，本社负责调换，电话：010-88190548）

本社质量投诉电话：010-88190744

打击盗版举报热线：010-88191661　QQ：2242791300

民间金融系列研究型教材编审委员会

Foreword

序言

我曾在广州工作、生活了8年，直接参与并见证了广州金融业在党的十八大以来的快速发展历程。应该说，金融业在广州的城市战略定位举足轻重，在地区经济中发挥了重要作用。2019年，广州市金融业增加值占GDP的8.6%，对GDP的贡献率达到10.4%，成为当地经济发展的四大支柱产业之一。

广州是中国民间金融创新比较活跃的城市，以小贷公司、融资性担保公司、金融科技公司等为代表的地方金融发展很快，在服务小微企业等方面发挥了积极作用，是现代金融体系的重要补充。与此同时，我们也应当看到，由于民间金融机构监管不充分、自身业务能力局限等内外部问题，发展过程中也出现了一些风险，有的案例影响还比较大。在如何规范民间金融发展方面，广州市进行了很长时间的探索，并积累了一定的经验，具体要从“广州民间金融街”的建设说起。

2012年，在“民间金融街”还处于概念雏形的时候，温州小微企业危机给广州带来了触动。温州小企业面临融资难的困境在广州也普遍存在。当时我们就设想：能不能办一条街，让一些银行、小贷、担保、保险、证券（类）等金融机构或公司聚集于此，以解决企业融资难、融资贵的问题。这对于小微企业来讲，既可以货比三家，选择适合自己的融资方式，又可以完成一站式融资。对于进驻机构而言，聚集效应可以使彼此产生合作，同时也可以形成良性竞争，以改善固有的金融服务。

经过多方调查研究，“民间金融街”最终落在了长堤大马路。长堤大马路，位于珠江北岸，这条全长仅800米的老街，在历史上不仅是全国商贸最繁华之地，还书写过中国金融业发展史的辉煌一笔，被香港媒体称之为“中国金融第一街”。经过8年多的发展，广州民间金融街建设成效显著，这主要表现在以下3个方面：

第一，与旧城改造相结合，将一条“脏乱差”的旧街巷转型升级为保留传统文化、年收入过10亿元的“白富美”。数据显示，2012年长堤大马路规划范围内税收不到2 000万元，沿街商铺平均租金为50元/平方米，有不到10家的银行网点。仅仅8年多时间，截至2020年6月底，金融街入驻机构超300家。其中，小贷公司88家，商业保理33家，融资租赁10家，典当行5家。12家世界500强、26家中国500强、60余家国内外上市公司投资设立机构，实缴注册资本超500亿元，累计提供融资额超5 000亿元，缴纳税收近50亿元。广州民间金融街也先后获批数字普惠金融试验区、公益金融试验区，连续4年在广州市11个区的金融稳定综治考评中排名第一。

第二，贷款效率和透明度高，有效解决了中小企业融资难问题。一方面，有助于疏导民间资本，促进经济活力和公平竞争。民间金融街作为民间资本的集聚试验区，为资金盈余者和资金需求者提供了解决信息不对称问题的新机制和新平台，为民间资本找到了新的投资出路，同时可以有效解决中小微企业的融资难问题。另一方面，广州民间金融街的存在，有助于抑制非法集资和民间高利贷，对稳定地方金融市场环境起到重要作用，同时还创造了大量的就业机会，新增金融类就业岗位超8 000个。

第三，形成了完整的价格体系，构建起市场化的民间资本利率机制。小额贷款公司的资金90%源自民间资本，这意味着企业在用自己的钱放贷，对风险的考虑比政府要成熟，在此基础上搭建的民间融资“广州价格”体系，有助于形成市场化、阳光化、规范化的贷款利率机制。事实也证明了这一点，经过8年多的实践，广州民间金融街已逐渐发展为“立足广州、辐射珠三角、影响全国”的民间资本集散地、民间金融研发中心、民间金融创新中心和民间融资价格风向标。

广州民间金融街的探索和实践，为地方金融监管和规范民间发展提供了一个成功的模式。在此背景下，广州民间金融街提出了民间金融企业高管与从业人员金融能力提升计划，通过举办高端研修项目和专题培训班等形式开展持续性的继续教育，这就需要编辑出版一套适合民间金融企业管理需要的培训教材。

广州民间金融街“民间金融系列研究型教材”编写出版项目包括5本教材，分别是《信贷类民间金融理论与实务》《投融资增信类民间金融理论与实务》《金融科技理论与实践》《交易平台类民间金融理论与实务》《民间金融监管理论与实践》。其中，《信贷类民间金融理论与实务》主要选取针对小贷公司、典当行、融资租赁、农民专业合作社等民间金融组织研究；《投融资增信类民间金融理论与实务》主要选取针对私募股权、融资担保、商业保理、信用评级等民间金融业开展研究；《金融科技理论与实践》主要针对科技与金融融合产生的新业态，选取数字货币、支付科技、互联网借贷、网络众筹、互联网消费金融、供应链金融等科技类民间金融业开展研究；《交易平台类民间金融理论与实务》主要选取针对股权交易平台、互联网财富管理、资产证券化、衍生商品类交易中心等交易平台类民间金融业开展研究；《民间金融监管理论与实践》主要对民间金融监管理论、地方金融监管实践、监管机制设计等重要问题开展研究。这套教材突出了研究特色，加强了对实践发展的归纳总结，对于民间金融理论的创新与发展具有重要的意义。相信本系列研究型教材能够满足民间金融企业高管和从业人员培训学习的需要。

据我所知，国内并没有专门针对民间金融领域的系列化教材，同类研究多以专著形式呈现。从这个角度讲，本系列研究型教材的出版是开创性的，具有重要的学术和实用价值。本教材采用招标形式确定编写团队，广州民间金融街组织了面向全国高校、研究机构、企事业单位的招标工作，最后由中央财经大学金融学院团队中标。该团队由我国民间金融与普惠金融研究领域知名专家李建军教授负责，组织广东财经大学、暨南大学、广东技术师范大学、上海财经大学、华中师范大学、云南财经大学等高校的学者共同编写完成。本教材实现了理论、实务、案例、专题分析、延伸学习、思考与训练等方面的有机融合，通俗易懂，适合继续教育培训使用。

最后，希望广大民间金融领域的监管者、从业者、专家学者们，能够以此为契机，共同为我国民间金融的发展积累经验、提供范式，共同打造好民间金融品牌，为地方金融稳健发展做出贡献。

欧阳卫民

2020年7月19日

Preface

前言

作为广州民间金融街“民间金融系列研究型教材”课题项目的重要组成部分，本书主要介绍和探讨民间金融监管理论和实践。其中，本书将“民间金融”定义为在当前商业银行、证券公司、保险公司、基金公司以及证券市场等正规金融体系之外，且被纳入地方金融监管当局监管范围的非正规金融活动；相应地，“民间金融机构”主要包括“7+4”类金融机构：小额贷款公司、融资担保公司、区域性股权市场、典当行、融资租赁公司、商业保理公司、地方资产管理公司以及投资公司、农民专业合作社、社会众筹机构、地方各类交易所等11类金融机构。

客观而言，民间金融有利于弥补正规金融市场空白、缓解中小微企业融资困难以及提升民营经济活力，但也因其特殊性而时刻存在着失控风险。特别地，近几年屡次爆发的P2P平台倒闭事件和屡禁不止的高利贷、非法集资等违法现象，客观上给防范系统性金融风险、维护国家金融安全带来了严峻挑战。如何防范民间金融活动的风险冲击，确保民间金融有序竞争，规范民间金融创新和稳定发展，从而为促进经济转型发展提供源源不断的资金支持，最终实现民间金融和实体经济协同发展，是我们必须尽快解决的问题。民间金融监管的理论和实践正是在这种背景下成为学界和业界关注的焦点。

20世纪30年代以前，金融自由主义盛行。在古典经济学中，金融市场与其他市场一样，存在着“看不见的手”，能够自动纠偏金融活动。但20世纪30年代的经济大萧条使自由主义失效。根据凯恩斯主义，金融领域包括民间金融引入了金融管制。随着信息不对称、公共产品、制度经济学等理论的发展，金融监管理论不断得以丰富。然而，随着20世纪70年代“滞胀”现象导致凯恩斯主义失效，金融自由主义又重新得到理论界和实务界的重视。幸运的是，此时的金融自由主义已吸收、整合了一些凯恩斯主义的合理成分，使之更具适用性。20世纪90年代以及2008年再次爆发的金融危机使理论界和实务界重新审视金融自由化的负面影响，认识到对金融市场存在的固有缺陷需要进行合理的监管。此时的金融监管理论已不同于效率优先的金融自由化理论或安全优先的金融管制理论，演变成为自由与管制的一种融合。弗莱（1997）提出，严格的金融管制既能够弥补市场不完全性，也会带来市场效率的降低。相反，放松金融管制则可能加剧风险，却可以促进金融市场效率的提高。

改革开放以来，随着民间金融业的快速发展，我国逐渐形成了以“一行两会”、地方监管为主的现代民间金融监管框架。在此之前，民间金融监管主要分散在中国人民银行、银保监会、证监会、商务部、发展改革委及金融办等多个部门。与之相对应，民间金融监管内容介绍比较分散，缺乏系统性。在我国进一步推进经济和金融开放、民间金融创新如火如荼、金融消费者权益保护力度日益增强的时代背景下，编写一本与时俱进的民间金融监管教材，从理论和实践两个层面系统地介绍我国民间金融监管，不仅是完全必要的，更是迫切需要的。

作为一本系统性、全面地介绍民间金融监管理论与实践的教材，首先应厘清相关的基本概念和总结国内外相关理论研究成果。然后，结合我国民间金融监管的实际情况进行分析与探讨。并在此基础上，提出完善民间金融监管的意见以及探讨民间金融监管的未来趋势。

为此，我们将本书分为4篇10章，分别是“基本原理篇”（第1、第2章）、“监管实践篇”（第3章）、“监管设计篇”（第4、第5、第6章）、“监管改革篇”（第7、第8、第9章）及“监管科技篇”（第10章）。第1、第2章介绍了民间金融监管的基本概念以及国内外的理论研究成果；第3章从监管的组织体系、内容体系及科技应用等方面介绍民间金融监管实践状况；第4、第5、第6章首先分析了民间金融监管体制变迁、存在的问题以及相关国际经验，然后在此基础上从理论依据、规制依据及科技发展等角度探讨了民间金融监管体系的构建；第7、第8、第9章介绍了广州民间金融街、温州金融综合改革试验区及山东省民间金融改革等3个典型案例；第10章是本书最能体现与时俱进的章节，重点介绍了监管科技在民间金融监管领域的应用和发展。

本书在编写过程中，吸收和引用了部分相关教材、专著、研究报告、学术论文、案例等内容。其中，大部分文献资料都已标注了来源，少部分无法查明来源的，欢迎作者和读者指出。本书的出版得到了中国财政经济出版社的大力支持，在此表示衷心感谢。山东理工大学经济学院陈敏副教授，中央财经大学金融学院博士生杨德祥、周朝晋，中央财经大学金融学院研究生于渤、李沁傲，云南财经大学国际工商管理学院硕士研究生吴娅男、郑方然、孙明青、高敬琪、李乾宇、王彩凤、孙婷婷、黄玉洁、华钰婷、刘昕烨、张芝源等分别承担了本书的具体编写工作，在此表示衷心的感谢！由于作者水平有限，书中的不足之处，恳请同行专家和读者批评指正。

编 者

2020年12月

Contents

目录

基本原理篇

监管实践篇

监管科技篇

基本原理篇

第一章　民间金融监管概述

本章导读

民间金融监管作为金融监管的重要组成部分，与正规金融监管相比，既有相同之处，也有其自身的特殊性。这些特殊性一方面可以丰富金融监管理论和实践经验，另一方面也给民间金融监管工作带来困难与挑战。信息不对称、法律法规不健全等原因导致民间金融交易过程中存在着巨大的风险。这些风险伴随着民间金融活动而产生，具有广泛性和客观性，一旦爆发会给民间金融市场带来损失。尤其，在当前风险传导速度日益加快、传播渠道日益隐蔽的状况下，民间金融风险爆发甚至会给整个金融体系带来不可估量的灾难。本章从基本概念和基本原理出发，对民间金融监管相关的基本问题进行界定和梳理总结。

本章学习目标

通过本章的学习，掌握民间金融风险分类、各类金融风险的特征以及民间金融监管的构成内容，能够比较深刻地认识到民间金融监管的特殊性，并在此基础上理解、分析民间金融监管实践活动。

本章知识结构图

- 民间金融监管协调概述
  - 民间金融的界定与特点
    - 一、民间金融的界定
    - 二、民间金融的特点
  - 民间金融风险概述
    - 一、民间金融风险的含义
    - 二、民间金融风险的特征
    - 三、民间金融风险的种类
  - 民间金融监管的内容
    - 一、监管目标
    - 二、监管原则
    - 三、监管内容
    - 四、监管主体
    - 五、监管客体
    - 六、监管工具
  - 民间金融监管的特殊性
    - 一、监管理念的特殊性
    - 二、监管主体的特殊性
    - 三、监管客体的特殊性
    - 四、交易规则的特殊性

第一节　民间金融的界定与特点

民间金融活动是普遍存在的，不仅在发展中国家和落后国家产生发展，而且在发达国家和地区也同样存在。我们可以看到，即使在美国，仍然存在民间借贷、场外金融等民间金融形式。民间金融是一种自下而上、自发的金融现象和投融资行为，是经济发展过程中对从上而下的主流金融所做的有益补充。

一、民间金融的界定

由于研究视角的差异，学界关于民间金融的界定存在一定的分歧。从金融机构的功能特征视角来看，金融系统可划分为两部分：一部分是以银行信贷市场、证券市场为代表的现代化金融市场，也可称为正规金融；另一部分则是以高利贷、当铺、私人钱庄等为代表的传统性金融市场，即所谓的民间金融。从法律和金融监管视角来看，金融体系中未被纳入政府金融监管体系，不受国家法律保护和规范、处在金融当局监管之外的各种机构及其资金融通活动统称为民间金融。从经营权视角来看，民间金融则是民营金融机构或个人提供的各种金融服务和其他相关金融交易关系的总和，也可称为民有金融。显然，研究视角的多样性带来对民间金融范畴的不同界定。

综合已有的研究成果，同时考虑到本书的监管视角，本书将“民间金融”定义为：在当前商业银行、证券公司、保险公司、基金公司以及证券市场等正规金融体系之外，且被纳入地方金融监管当局监管范围的非正规金融活动。相应地“民间金融机构”主要包括“7+4”类金融机构：小额贷款公司、融资担保公司、区域性股权市场、典当行、融资租赁公司、商业保理公司、地方资产管理公司以及投资公司、农民专业合作社、社会众筹机构、地方各类交易所等11类金融机构。

二、民间金融的特点

相比于正规金融，民间金融往往更具活力、更有效率，也更加真实。与此同时，民间金融活动天然的自发性和盲目性，使其也具有不同于正规金融的独特性。

1. 民间金融形式多样化，监管难以完全涵盖

民间金融的形式非常丰富。它不仅包括传统意义上的民间金融形式，如高利贷、当铺、私人借贷等，在其逐步发展的过程中，发展出了更多形式的民间金融。例如，在农村，由于农业生产具有典型的周期性，一些针对这种周期性建立起来有组织、无机构的资金互助性组织也是民间金融的一种形式。随着农业农村经济的发展，一些专门针对农民而设立的有组织、有机构的金融形式，如乡村银行、城镇银行、农村基金互助社等，都是民间金融的形式。近些年来，越来越多的小额贷款以其放款迅速、手续简单，以及相比于传统高利贷而言较低的利率和比银行更放松的信用审核等优势逐步在市场上占据一席之地。与此同时，互联网快速发展，与金融结合日益紧密，许多基于互联网平台的理财App和高返利理财产品等也属于民间金融的范围。

由于民间金融形式不断在丰富，监管部门难以面面俱到地针对每一类业务进行立法监管。在某些情况下，即使出台相应的法律和规定，由于民间金融较强的灵活性，也可以针对相应的法律开辟新的经营方式用以应对或规避监管的措施。这些都对民间金融的有效监管造成了较大的障碍。

2. 民间金融地域差异大，监管难以统一标准

民间金融最初起源于农民的婚丧嫁娶等生活需要往往与农业生产的周期不能完全一致，或由于自有资金不足以满足紧急的需求而发生的私人借贷。这就导致了民间金融在刚刚出现时就具有鲜明的地域性。各地之间由于经济发展、地理环境、社会习惯等因素的不同导致民间金融的发展程度、发展模式及经营范围等都有所不同，由此导致对于民间金融的监管很难做到像正规金融那样在全国范围内采取一个统一的模式和体制，即采取一种较为规范化的监管模式，而更适合因地制宜地监管。

第二节 民间金融风险概述

民间金融作为一种金融形式，虽然其逐步向多样化、规范化的方向发展，但民间金融风险问题尤为突出。由于其自身存在的局限性，民间金融个体的非理性行为往往导致集体不理性问题，并最终酿成大量风险事故。

一、民间金融风险的含义

在经济学中，风险是指一种不确定性，是经济主体基于已有信息而作出的决策面临的潜在损失的可能性。民间金融风险是指行为主体基于已掌握的信息而参与民间金融活动从而面临的可能损失。民间金融风险只是一种可能性，已经成为实际损益的则不属于风险范畴。在参与民间金融活动的过程中，行为主体会利用现有相关信息评估金融交易的损益概率。该概率的大小属于民间金融风险范畴。随着金融交易的进展，损益概率最终会等于1。此时，风险变成了实际的损益。在民间金融体系中，由于交易双方信息不对称、金融机构内在脆弱性等原因，民间金融风险不可完全避免。只要发生了民间金融交易，民间金融风险就必然伴随产生。

二、民间金融风险的特征

与正规金融相比，民间金融的生存环境、信用基础以及引起风险的多种因素共同决定了民间金融风险的特征。

（一）隐蔽性

民间金融的隐蔽性特征是指民间融资公开化程度总体不高，没有固定的场所，交易比较隐蔽。因为涉及个人财产问题，民间借贷的行为主体一般不会轻易吐露向别人融资的有关情况。同时，出于不好撕破脸皮、高息融资业务拿不上台面、初始约定没有规范手续、诉讼成本过高等因素，部分民间金融参与者在出现纠纷之时选择协商缓释或自身消化，其隐蔽性更强。

（二）分散性

民间金融分散性特征表现为由于受声誉约束因素等影响，民间金融多产生于局部“熟人”之间而呈现出分散性的特点。无论是满足婚丧嫁娶、入学建房的生活性借贷，还是满足中小企业或个体工商户投资需求的生产性借贷，民间金融半径总是呈现出从熟悉人群向外扩展的倾向。然而，由于缺乏规模经济，跨地区民间金融市场的进入成本和信息搜集成本均很高，所以民间筹资者多选择本地举债，并且民间资金的来源和运用也不够集中。浙江温州、内蒙古鄂尔多斯、广东恩平、江苏徐州等地分别出现的企业资金链断裂、民间融资崩盘事件恰恰说明了这一点。

（三）传导性

民间金融风险的传导性特征表现为在民间金融交易对象范围内，产业集群程度很高，加工延伸广泛，产品的阶段工序可以在不同企业之间移动，一旦资金问题出现纠纷，就会通过相关渠道传导至整个产业生态圈。民间金融风险的传导性在近几年尤其突出，民间金融从空间上由活跃在经济较为发达的江苏、浙江、福建等东部沿海地区，扩展到了山西、内蒙古等中西部内陆地区，呈现出城市、城镇、农村齐头并进的趋势。同时，民间借贷行为由传统制造业扩展至商贸流通、建筑行业以及普通家庭，部分地区甚至出现全民放贷现象。随着民间融资与投资范围、规模和领域的不断扩大，与此相适应的民间借贷金额越来越大，形式越来越多，潜在的风险越来越大，风险的传染性及危害性越来越严重。

（四）地域性

民间金融风险的地域性特征主要是指从空间上看，当前我国民间金融风险在特定区域集中爆发的特点。随着民间金融借贷规模扩大，民营企业之间资金拆借、贷款担保增多，逐利资金盲目进入民间金融市场进行循环投机，民间金融风险已不再是过去的村邻个人风险或局部违约风险，其传染性和脆弱性逐渐增强，风险向其他部门渗透的可能性增大，这造成民间金融风险出现地域性特征。2008 年湘西标会违规集资，引发挤兑风潮，导致地方震动，政府被迫介入处理。2011 年，温州中小企业停工、企业主出逃甚至跳楼的事态不断发酵，民间借贷危机牵涉九成家庭。可见，民间金融风险的地域性特征日益突出，给地方经济造成了严重损失。

（五）复杂性

随着经济和科学技术的发展，民间资金流动由之前的面对面交易转变成依靠互联网、多链条中介等渠道进行线上交易，由此导致民间资金提供者、资金需求者与资金使用者处在责任和权力不对等的状态，旧时依靠乡规民俗与道德规范来控制风险的机制不再生效。同时，民间金融风险本身具有隐蔽性和分散性，更加剧了风险的复杂性。此外，民间融资多为信用借贷，借贷数额、期限、利率等明细协定不够规范，根据有关研究，大约 60% 的借贷关系会立下借据，30% 的融资靠口头承诺，通过资产抵押和担保的融资关系不足 10%。如若出现问题，便得不到法律的有效保护。目前，民间资金流动的逐利性和盲目性、借款对象调查难度大、信息不透明、债权保全取证难度大、矛盾纠纷容易激化等问题都使民间金融风险的复杂性增强。

（六）涉众性

民间金融风险的涉众性是指民间金融风险牵连的投资者广泛，影响面大。以 P2P 网络借贷平台为例，该类平台在很大程度上体现出了民间金融风险的涉众性特征。P2P 网络借贷平台通过线上集资的方式让众多投资者低门槛地参与进来，有力地打破了传统意义上的资金融通的地域限制，在缓解了部分融资需求的同时也带来了涉众性金融风险。一旦某一个 P2P 网络借贷平台出现风险问题，就会导致大量的相关投资者利益受损。例如，“e 租宝”网络借贷平台案件涉及投资者近 100 万人，涉案金额 500 多亿元。

上述六点民间金融风险的特征是彼此影响的，民间金融交易及其风险的隐蔽性强化了其分散性和涉众性。借贷利率的提高和融资范围的扩大导致隐蔽、分散的风险逐渐出现日益严重的传染性和地域性；同时，隐蔽性、分散性、传染性与地域性不断加剧着民间金融风险的复杂性。民间金融风险的这些特征，使风险事故一旦发生，造成的经济损失往往难以弥补，并引发连锁破坏效应，极易形成区域性甚至全国性的金融灾难。其所具有的传染性特征甚至也会酝酿出全国性、系统性的金融风险。

三、民间金融风险的种类

民间金融风险多种多样，不一而足。根据不同的分类标准，民间金融风险可以分为不同的风险类别。如根据风险产生的原因，民间金融风险可以分为客观风险和主观风险。根据风险性质，民间金融风险可以分为动态风险和静态风险。根据风险能否分散，民间金融风险可以分为系统性风险和非系统性风险。根据风险来源，民间金融风险可以分为利率风险、流动性风险、信用风险和法律风险。

本书从监管的角度出发，按照民间金融风险来源介绍风险的种类。

（一）利率风险

利率风险是由于利率波动带来的风险。民间金融利率高、借贷时间短，借贷资金的需求量会受到利率高低的显著影响。此外，利率又受到市场动荡与需求不平衡的影响。受这两项因素的影响，利率会升高，进而使社会资金需求的缺口不断放大，这就是利率风险的产生。利率风险的产生有如下原因：我国实行了抑制性的金融政策，加上民间金融并未有规范化的市场操作，以及在我国信贷紧缩的背景下，国内不少中小企业面临着融资难、融资贵等问题。这些企业为了解决资金问题，转而投靠民间借贷，造成了民间借贷长期存在着供不应求的现象，进而导致利率升高。

（二）流动性风险

流动性风险是无法及时以合理价格进行资产变现的风险。流动性风险可划分为市场性层面的风险与现金性层面的风险。一般而言，市场性层面的风险指由于会受到非交易时间及政策等方面的影响，从而使其无法根据具体的市场价格对冲，会损害到一方利益。现金性层面的风险指相关的金融机构由于现金资金不足而无法正常运转，会面临破产等风险。若这些机构在实际运行中确实遇到现金资金不足的问题，不能满足客户贷款需求或是无法支付有关债务，就会产生流动性风险。流动性风险的主要成因仍与不规范的民间金融机构有关。除此之外，还有其多样性即民间金融机构形式多种多样，导致其无法受到规范成体系的监管。

据网贷之家数据显示，自 2018 年 6 月开始，P2P 网络借贷平台持续爆出风险事件。大多数网贷平台由于资金流动性不佳，不断积累进而出现提现困难、逾期提现等问题，最终酿成流动性事件。

（三）信用风险

信用风险是交易对手违约、不履行交易义务的风险。民间金融的发展还与社会信用体系有关。该体系的不完善会制约民间金融的发展。仍以民间借贷为例，有一部分借款人其实并无过多资产可以提供抵押、质押，也无法找到合适的担保人。借贷公司若想正常开展业务，只能通过中国人民银行的征信系统来查询相关信息。若借款人与银行无太多业务往来抑或未有过贷款行为，可查询到的征信信息则少之又少。但这也并不能说明该借款人的资信不良。我国社会信用体系的不完善使小额贷款公司业务的正常开展缺乏有效信用信息的支持。诸如此类，其他民间金融业务也同样面临着这样的难题。

（四）法律风险

法律风险是指合约在法律范围内无法履行、金融活动违法带来的风险。关于我国民间金融，《民法典》《合同法》《刑法》等法律、部委规章以及最高人民法院的司法解释都是适用的法律法规。但是，就目前实际情况来看，现有法律体系对民间金融的定位出现了较大分歧。例如，《民法典》《合同法》指出，民间金融合法存在，且应该受到法律保护。然而，《非法金融机构和非法金融业务活动取缔办法》《贷款通则》指出，民间借贷是违法行为，破坏了我国正常的金融秩序，应该严令禁止这种非法金融业务。《民法典》作为上位法，理应在实践中优先适用，但事实并非如此，并且我国现有的民间金融监管体系并不能很好地兼顾到民间小额借贷。

第三节 民间金融监管的内容

与正规金融监管类似，民间金融监管也包括监管目标、监管原则、监管工具、监管组织、监管措施以及应监管发展或市场变化而导致的监管修正等内容。当然，民间金融监管的内容不是一成不变的、静态的，而是不断完善的、动态的。随着民间金融的发展，其监管内容也随之变迁。此外，目前我国的金融监管是以机构监管为主，监管的对象是参与金融业务和金融活动的公司法人即各类金融机构，出台的金融监管法律法规、政策规范也是以金融机构为实施对象。因而，民间金融监管主要围绕对民间金融机构的监管展开。

一、监管目标

（一）维护民间金融体系安全运行

民间金融监管以维护民间金融体系安全运行为首要目标。与正规金融相同，民间金融机构也是一类特殊企业，其主要经营货币信用，无论哪一家金融机构破产、倒闭，抑或经营出现严重问题均可以诱发连锁反应，进而造成经济、金融秩序混乱，甚至可能引发经济金融危机。由此可见，民间金融监管必须保证地区、国家民间金融体系的正常运行以及安全稳定，这样良好的金融环境才能推动国家经济更加稳定地发展。

（二）保护投资者的合法利益

民间金融监管重视保护投资者的合法利益。民间金融机构资金来源广泛，包括众多的个体投资者和各种机构。特别是大多数个体投资者金融知识相对匮乏，对金融交易的风险认识不够，一旦爆发风险，这些个体投资者极有可能遭受重大损失，引发社会动荡。在信息不对称的情况下，更是如此。因此，保护投资者的合法利益成为民间金融监管的重要目标之一。

（三）实现有序竞争，提高效率

民间金融监管也追求市场运行的高效率。在市场经济条件下，与其他行业类似，营利性的民间金融机构为了抢夺市场与客户难免展开激烈竞争。更有甚者，部分民间金融机构以低于成本线的价格打“价格战”，这样恶性竞争很有可能造成机构倒闭的严重后果，使民间金融市场无法正常有序地运行。因此，民间金融监管的目标之一就是运用法律手段来实现民间金融机构的公平竞争，避免因恶性竞争造成金融混乱，并有效鉴别金融创新和违规，提高金融服务实体经济的有效性。

二、监管原则

（一）依法监管原则

民间金融监管必须要依据金融法规，保持监管的严肃性、权威性、强制性和一惯性，不能随心所欲。民间监管当局及其工作人员在执行监管时，在办理民间金融机构的市场准入、业务范围核准、经营项目界定、金融新产品审批以及例行检查、违规处理等公务的过程中，必须坚持依法处理、严肃执法，自觉维护监管法律的权威。

（二）公平公正原则

无论民间金融机构的性质、规模和背景，民间监管机构都必须在统一标准下按照统一、公正和公平的原则对其实施监管，以此加强监管的透明度。在金融监管时，民间金融机构应该在明确的法规、政策以及监管要求的前提下接受监管，才能规范民间金融机构的市场行为，并保证金融市场的有序运行。

（三）适度竞争原则

民间金融监管是为了能够给民间金融业提供适度竞争的健康环境，而民间金融和经济是否能够良好发展是检验民间金融监管效果的标准。如果民间金融监管过度，抑制了竞争创新，必然影响金融和经济的顺利发展，削弱国家经济活力，这种监管是不适度的；反之，如果民间金融监管不到位，金融市场出现恶性竞争，引起金融秩序混乱，则说明监管滞后和缺位。因此，民间金融监管要审时度势，适时调整监管措施，调节监管力度，既要防止监管过度，又要防止出现监管空白。

（四）综合监管原则

随着科技发展，尤其是金融科技的发展，对民间金融监管效率提出了严峻挑战。目前，在金融科技的驱动下，诞生了许多跨机构、跨行业的民间金融交易。对此，民间监管部门需综合运用法律工具、经济工具、行政工具、科技手段等，实现有效监管。民间金融监管要将日常监管与重点监管、事前督导与事后督察合理结合运用起来，并保持科学性、系统化和最优化，高效实施监管。

（五）属地监管原则

不同地区的经济发展程度、产业机构不尽相同，使各地的民间金融发展程度也存在差异。这种区域间的差异性要求民间金融监管实施不能“一刀切”，监管规制也无法相同，应充分考虑到当地的民间金融发展实际，从属地情况出发，因地制宜，实施差异化的监管措施。

三、监管内容

（一）市场准入

市场准入监管是指对申请进入民间金融市场的机构和人员进行筛选，保证只让合格的机构和人员进入市场，维持市场公平竞争的秩序。民间金融机构的市场准入包括三个方面：机构的准入、业务的准入和高级管理人员的准入。

1. 机构准入的一般条件：（1）符合国民经济发展的客观需要；（2）符合民间金融业发展的政策和方向，符合机构合理布局、公平竞争原则；（3）最低资本金及股权结构和股东资格要求；（4）高级管理人员任职资格和民间金融从业人员比例要求；（5）法人治理结构和内控制度的要求；（6）经济核算的要求，确定的综合经营计划和预期财务指标水平比较合理；（7）办公和营业场所的安全要求。

2. 业务准入的一般条件：（1）符合社会和经济发展的客观需要；（2）金融分业经营的法律规定与政策；（3）金融机构的功能定位与业务发展能力；（4）根据业务风险特征建立完善的风险控制系统；（5）已建立严格科学的业务操作规程和安全保障；（6）符合对从业人员专业素质的要求；（7）与监管部门的监管能力相适应。

3. 高级管理人员的准入：（1）能正确贯彻执行国家的经济、金融方针政策；（2）熟悉并严格遵守有关经济、金融法律法规；（3）具有与担任职务相适应的学历与经历；（4）具备与担任职务相称的专业知识、组织管理能力和业务能力；（5）无违法、违规、违纪等不良记录。

（二）市场运营

对于市场运营，民间金融监管可分为非现场检查和现场检查两部分。

1. 非现场检查：（1）收集数据；（2）对有关数据进行核对、整理；（3）生成风险监管指标值；（4）风险监测分析；（5）风险初步评价与早起预警；（6）指导现场检查。

非现场监管的分析内容主要有：资产质量分析、资本充足性分析、流动性分析、市场风险的分析（主要有利率风险和汇率风险）、盈亏分析等。

2. 现场检查

现场检查，又称金融稽核检查，是指民间金融监管当局指派专人或专门小组，进入被检查的金融机构，进行实地检查。其目的有：对业务报表、资料中暴露出的迹象、问题进行专项重点检查，及时提出意见和建议，采取必要的措施督促其纠正；对金融机构经营状况，包括资产质量、贷款风险、经营管理水平和日常业务操作等进行定期全面检查。现场稽核检查的频率一般视民间金融机构的经营状况而定。对民间金融机构的常规性全面检查应至少一年进行一次。对关注的高风险或有问题的金融机构的检查频率要更高。

（三）市场退出

民间金融机构退出市场应符合下列条件：严重违法违规经营；资产质量严重恶化，资不抵债；不能支付到期债务，已经或者即将发生支付危机；救助无望或者救助失败。民间金融机构市场退出的方式有很多，一般分为自愿退出和强制退出两种。其中，强制性市场退出的前提是该金融机构已经发生严重的支付危机，难以救助或者救助宣告失败。在特殊情况下，可采取行政方式和市场方式相结合，运用兼并方式强制金融机构退出市场。

强制市场退出包括如下基本程序：（1）作出市场退出决定并予以公告；（2）成立清算组，控制金融机构的所有活动；（3）制定清算法案；（4）确认债权，清收和变现资产；（5）对于被撤销的金融机构，要先与债权人协商债务清偿方案并按照达成的协议偿付债务，如果协商失败，则进入破产还债程序，即按法定偿债顺序向债权人分配变现收入或财产；（6）注销被撤销或破产的金融机构的企业法人资格，结束工作。

四、监管主体

民间金融监管主体是指对民间金融活动施加监督和管理的主体。在现阶段，民间金融监管主体主要有：中国人民银行及其分支机构、银保监会及其派出机构、地方金融监督管理局、财政部及其分支机构、发展改革委及其分支机构等。其中，地方金融监管局居主导地位。

五、监管客体

从广义范围上讲，金融监管客体即金融监管对象及其金融行为，包括专门从事金融业经营和投资经济活动的企业、组织、单位和个人及其金融行为。民间金融监管客体不同于正规金融监管客体，它的监管客体复杂多样。按照当前分类，民间金融监管对象包括典当行、融资租赁公司、商业保理公司、地方资产管理公司、区域性股权市场、融资担保机构、小额贷款公司、投资公司、开展信用互助的农民专业合作社、社会众筹机构、地方各类交易场所等 11 种民间金融机构。

六、监管工具

（一）法律工具

民间金融监管的法律工具主要是指通过制定金融法规，有共同准则才能体现出公平竞争。民间金融监管法律工具的约束力有以下两点：对金融监管部门本身具有约束力；对各民间金融机构具有约束力。

民间金融监管的基础是法律工具，形式为各种法律条文，具有权威性与强制力，违者将受到处罚。民间金融的强制力保证金融机构的经营行为趋于一致、规范，减少了垄断、欺诈等非正常手段，减少了机构倒闭对整个金融体系带来的冲击，也减少了机构在经营中出现的短期行为与投机心理。金融法律法规可使民间金融监管人员在监管工作中更好地界定监管的范围。越健全的法律制度，越细致的法律条款，越有利于监管工作的推进，从而有效减少工作疏漏。民间金融机构在遵守法律制度的同时，也可依照法律考查监管部门的监管行为是否越权，并有权诉诸法律，以保护自己的合法利益。

法律工具在监管实际中仍然具有一定的局限性。法律不可能面面俱到，并且法律一经颁布，在相当一段时间内不会轻易修改。面对金融实际中出现的新事物、新问题，既成法律条文可能不再适合去监管。

（二）经济工具

民间金融监管的经济工具指通过经济利益或激励影响民间金融机构的经营行为。在某种经营活动中，经营者若能够获取较高利润或认为该活动有利于经营，其积极性会最大限度地被调动，进而投资较多的人力、物力和财力，民间金融机构在开展业务时也是如此。经济工具是监管当局经常使用的监管方法，其在管理中同样发挥着重要作用。经济体本身存在复杂的内在联系，尤其是信用关系最为重要，也最脆弱。当监管部门采用经济工具加强监管时，对金融机构是平等的。是否能够及时地在变化了的金融环境中站稳脚跟以获得利润，要看金融机构的经营是否有效率。如果说较宽松的金融环境对经营者有利的话，那么在较严格的金融环境中，只有强者方能生存壮大，弱者将被逐渐淘汰。

经济工具在民间金融宏观管理中的积极作用被广泛认可，所以应用于各国监管。然而，经济工具也有不足之处，若经济和金融领域出现突发性事件时，无法及时治理，尤其是经济金融波动较大时，经济工具的作用是缓慢的。

（三）行政工具

民间金融监管的行政工具指的是金融监管部门发布文件、临时通知等命令形式。所有民间金融机构在文件、通知有效期内必须无条件执行该命令形式。由此可见，行政工具的特征是具有强制性，一经发布，所有机构必须遵照执行。行政工具尤其针对下面几种情况：一是，当前法律条款尚未明确规定的新现象；二是，短期内出现的金融波动，法律与经济工具难以控制；三是，某一特殊领域需要特殊处理；四是，针对新金融业务或模式未制定相对应的法律条文。

行政工具辅助于法律工具与经济工具，其在监管中作用不容忽视，但依然存在很大的局限性。例如，行政工具不能完整考虑全局，过多使用行政工具措施可能削弱甚至扭曲经济工具的作用。

第四节　民间金融监管的特殊性

民间金融监管架构必须区别于正规金融监管，而实现民间金融有效监管的前提是应该全方位地了解民间金融监管的特殊性。

一、监管理念的特殊性

任何制度都有一定的指导理念，民间金融监管应贯彻秩序、自由及效率、公平理念，在具体路径上应以公共利益为依归，平衡国家强制与社会自治。

秩序，是指在自然进程和社会进程中都存在着某种程度的一致性、连续性和确定性。对社会经济而言，稳定有序的金融制度具有明显的公共特性，其能给社会公众带来福利，金融的风险则会演化成系统性的经济社会风险。民间金融监管中的市场准入、审慎监管、信息披露、市场退出、稽核检查等制度，都是在该价值目标下确立的。安全及秩序是民间金融监管的基本价值追求之一。其目的在于将不遵循市场经济发展规律、不利于金融安全及市场秩序的金融违法犯罪活动排斥在金融制度变迁之外，使符合市场需求的“灰色金融”逐步迈入法治化轨道，确保金融体系正常的金融功能和金融秩序。

自由是一种人类生存的基本价值，也是一种行为准则。民间金融主体在金融活动中应当拥有追求自我潜能发挥、自由创新的权利，监管制度的建立也必须予以回应。制度上的金融自由应为金融行为自由，体现为市场主体可以自主地选择或实施一定的金融行为，在法定的范围内按照自己的意愿设立、变更和终止金融权利和义务。例如，个人可以按照自己对价值的理解，自由选择如何使用其所拥有的资金进行投资收益，市场主体自由结合组成金融组织从事资金融通活动。与自由紧密相连的是效率，效率是市场经济的最高原则。自由和效率联系紧密，市场经济效率高低取决于市场的竞争机制，竞争机制则与经济个体的自由参与度紧密相关。在市场经济中，自由是产生效率的动力。市场经济中的自由尊重个人的经济自由权利，法规只规范经济主体基本的经济权利和义务，市场主体在社会经济活动中享有自主决策和行动的独立人格。自由和效率，意味着民间金融法律规制的目的应该是促进民间金融市场充分发展及融资成本最小化，引导人们按照最有效的方式使用金融资源，为民间金融市场主体设定最经济的行为、程序模式，提高解决纠纷的法律程序的效率。

公平是指权利的平等，即每个公民有权获得同等关照和尊重的权利，尤其是作为人类生存和发展最起码的基本权利，如生存权、人身权、财产权、经济自由权等。获取金融资源是市场主体的基本权利，政府在民间金融监管中也应该追求金融资源获得公平配置、保护市场主体公平获取金融资源的权利。金融资源的获取机会和条件存在差别是客观事实，但政府应尽可能地通过鼓励、引导、规范和监管矫正这种差别，协调弱势金融主体和强势金融主体之间巨大的利益差额和风险比例，使各类市场主体的金融权利在法律上能够平等。

作为管理者，政府是秩序的维护者，代表公共利益。政府要考虑的问题是维护民间金融市场的公平、秩序、自由、效率，最大限度地提高管理的效率。需要指出的是，民间金融监管也有监管成本。过高的监管成本会影响民间金融的经营活动，甚至会导致民间金融市场的萎缩，出现监管局面的混乱和扭曲的经济行为。

二、监管主体的特殊性

（一）监管竞争：民间金融监管体系的突出特征

监管竞争是指政府之间、政府内部之间以及政府内外主体之间存在竞争，政府会迫于民众和企业、工会等市场主体压力，提供令其满意的公共产品和服务，以满足地方居民和组织的需求。在通常情况下，地方政府负担地方经济发展与民间金融监管的双重职责。民间金融监管的运作，实质上已演化为民间金融监管的竞争，监管竞争已成为民间金融监管最突出的行为表现。在现实中，民间金融监管竞争体现为立法竞争与执法竞争、临时性竞争与常态化竞争。一方面，民间金融监管机构根据本省实际，在市场准入、日常监督管理、经营行为等方面制定常态化监管规则。此外，对于新型金融业态实施类似于“监管沙盒”式的监管，对于符合沙盒测试标准的企业，在法定权限范围内单独制定监管规则。另一方面，民间金融监管机构根据监管规则实行常态化现场检查或非现场监管，对于民间金融机构或其他金融行为主体依法作出行政行为。此外，民间金融监管机构配合本省出台的扶持金融产业的需要，直接给予特定金融产业遵循已有监管规则的豁免。例如，我国多地兴起建设区域性乃至全国性金融中心，地方政府及民间金融监管机构便会出台一系列政策，通过让利等措施吸引外地金融机构入驻。

（二）央地联动：民间金融监管体系的特色

与正规金融监管体系由“一行两会”构成不同，中央和地方联合监管是民间金融监管的一大特色。这是由当前民间金融监管法制基础薄弱、法制体系不完善决定的。

当前，民间金融监管规制存在以下3方面的问题。

1. 基础性法律未成体系

基础性法律的非体系化，表现为央地金融监管权责分配的非体系化与地方政府金融监管职权的非体系化。一方面，央地金融监管权责分配的非体系化突出表现为央地金融监管事权划分尚未实现法治化。我国目前仅以出台规范性文件的方式而非系统的立法方式对地方金融监管权进行界定，法律层级不高且内容并未做到系统全面。《立法法》中规定，金融的基本制度只能由法律或行政法规制定，而在现有的法律或行政法规中，地方政府对民间金融机构有何种监管权限并不明确。此外，《财政事权划分意见》虽然明确了中央与地方财政独立事权与共同事权的界限，但其划定标准并非从行业角度划分，而是从基本公共服务及事权影响力角度划分。该标准不能明确地对具有信息、资金跨区域流动特征的金融行业做出明确划分。中央与地方金融监管权责分配的非体系化，导致了非法治化的“放权—收权—放权”的恶性循环。伴随着市场化的发展，我国中央与地方的金融监管事权关系既呈现出总体性的权力下放趋势，但又经常表现出因为中央收权导致的央地博弈状态。如在国内外经济形势整体不稳、国内互联网金融风险日渐滋生的情况下，中央政府会趋向于收权，通过行政指令的方式要求各个地方政府严格控制民间金融机构的新设数量，加强对现有民间金融机构的监管，并要求其他中央金融监管派驻机构予以监督。另一方面，地方政府金融监管职权的非体系化表现为监管机构的非独立性与权责不一。其一，地方金融监管机构的非独立性，包括横向与纵向的非独立性，即“融资”与“监管”的糅合以及未实现人、财、物垂直统一管理。“融资”与“监管”的合一，说明地方政府的融资诉求高于地方金融监管目标的实现，使地方政府可轻易地通过地方金融监管的立法与执法，实现对金融资源的争夺以促进地方经济增长。但是，地方金融监管机构却无法按照其自身意愿审慎有效地对民间金融机构实行监管。其二，地方金融监管机构权责不一致。这表现为财权与事权的不一致、监管立法权与监管执行权的不一致、日常监管与风险处置责任的不一致。例如，我国央地财权分配基本实现了法定化，但事权的随意下放或上收，使地方金融监管机构缺乏足够的财政资金与人力资源以应对规模日益庞大的地方金融业态。地方政府监管立法权与监管执行权的不一致，使地方政府无法根据地方的特殊情况，作出差异性的监管措施，监管的针对性与有效性受到限制。然而，在民间金融领域的日常监管与风险处置责任的不一致，减小了地方金融监管机构的监管激励，加大了其与中央金融监管派驻机构进行协调的成本。因此，在这种未成体系的民间金融监管法律的基础前提下，一旦发生民间金融风险，必然要求地方监管主体和中央监管主体联合出手才能填补民间金融监管空白，从而实现全面防治民间金融风险。

2. 竞争性法律缺乏顶层式的协调机制，需要中央出面协调

当前民间金融监管法律的现状表明，在各地竞争性法律之外，尚未建立起顶层式的协调机制。各个地方政府在进行监管立法与执法时，无法产生有效激励促使其与其他地方政府在监管对象信息共享、区域金融风险防范等方面的监管协作。一些地方政府可能仅注重短期利益，希望在短时间内消除本地金融风险，从而拒绝与其他地方政府进行协调合作。例如，对涉嫌非法集资的民间金融案件一律按刑事案件进行属地管辖处理，不考虑其他地区投资者的损益。在缺乏强制性的区域金融协调机制的情况下，有可能出现如下两种结果：一方面，地方政府有更多机会制定涉及地方保护主义的金融监管制度，阻碍本地民间金融机构的自由迁出或者阻碍本地民间金融机构开展跨区域金融服务。另一方面，地方政府可能会为了短期内社会稳定的需要，在已有金融监管法律法规的情况下，突破上位法的规定，设立一些隐性门槛，使有发展潜力但短期看不符合地方政府要求的民间金融机构不能顺利进入相关地方金融市场。

3. 规制性法律的可操作性较弱

目前，关于规范民间金融监管主体行为的法规对规制民间金融监管行为起到了一定的约束作用。然而，因其可操作性较弱，这些法规不能从根本上解决民间金融监管主体行为的负面作用，需要中央出面加以矫正。一方面，《反垄断法》中对于实施行政垄断的地方政府规定的“上级机关责令改正并处分 + 反垄断执法机构对上级机关提出建议”的规制方式缺乏外部强制力，并不能阻碍地方政府进行地方保护主义式的金融监管竞争。此外，在现有的行政管理体制下，在《反垄断法》中规定行政垄断不仅无助于消除行政垄断，还会进一步增加政府对经济的非市场化干预，扩大政府的寻租空间。另一方面，现有的公平竞争审查制度虽然从事前规制了行政机关的行政垄断行为，但并未考虑到金融资源具有跨区域流动的特征。对于跨区域经营因而同时接受两个或两个以上地方政府监管的民间金融机构，鉴于监管主体的监管竞争和保护主义倾向，现有监管法规难以真正得以落实。因此，需要中央出面加以指导和督促。

三、监管客体的特殊性

监管的特殊性源自被监管对象的特殊性。作为被监管的对象，民间金融机构有其

不同于正规金融机构的特点。

（一）民间金融机构力量薄弱、经营灵活

一方面，与商业银行、保险机构等相比，民间金融机构力量非常薄弱，主要表现在资金来源渠道狭窄、管理人员专业素质不高、经营范围受限制、风险管理技术水平较低、风险对冲工具或渠道非常少、面临的监管政策易变等方面。例如，绝大多数的民间金融机构经过多年的发展也无法达到公开发行债券融资和股票公开上市融资的标准，只能通过提高定向股东融资或向其他金融机构借款的方式增加资金力量。这对于有严格杠杆约束的民间金融机构而言，极大地限制了它们的发展壮大。另一方面，相比规模庞大的正规金融机构，民间金融机构因其立足于当地、管理层级简单等原因，天然具有“船小好调头”的灵活经营的制度优势。例如，同样一笔贷款，在商业银行，需要经过银行营销部门、市场部门、风控部门、领导层的层层审批后才可能最终作出贷款决策。但在小额信贷公司或典当行，因为管理层级简单、对借款人实际情况比较熟悉，从而能够快速放贷或拒贷。

（二）民间金融交易行为以民间信用机制为履约基础

我国民间信用产生于所有制形式的多元化的宏观背景，是在金融抑制的历史条件下，催生于民间资本需求与国家金融资源配置的不合理。民间信用归属于“地下经济”，指发生于劳动者与劳动者之间、劳动者与集体之间的以偿还为条件的借贷行为。以民间资本为支撑的信用体系，不包含在传统政府监管的范围内，其与正规金融体系形成对峙或互补性。在市场演进与发展中，民间信用是在政府规范下，依靠民间信誉、民间规则与习惯维护保障的信用体系，其与现代信用体系互相补充。法律和信誉在不同环境中可以起到相同的作用，并且基于大家对法律的信任和法律的信誉，法律效果才能更好地得以实现。民间信用是民间金融交易的保障，民间金融交易产生于民间金融发展的需求，是正规金融监管对金融资源垄断的结果。综上所述，我国应以民间信用、信誉、规则与习惯等作为基础来构建适用于民间金融的监管体系。

（三）民间金融机构内容丰富，监管难度更大

民间金融的内容非常丰富，不仅包括传统意义上的民间金融形式，如高利贷、当铺、私人借贷等，在其逐步发展的过程中，发展出了更多形式的民间金融形式。例如，

在农村，由于农业生产具有典型的周期性，一些针对这种周期性建立起来有组织无机构的资金互助性组织也是民间金融的一种形式。随着农业农村经济的发展，一些专门针对农民而设立的有组织有机构的金融形式。例如，乡村银行、城镇银行、农村基金互助社等，都是民间金融的形式。近些年来，越来越多的小额贷款以其放款迅速、手续简单以及相比于传统高利贷较低的利率、相比于银行更放松的信用审核，从而逐步在市场上占据了一席之地。与此同时，互联网快速发展，与金融结合日益紧密，许多基于互联网平台的理财 App 和高返利理财产品等也属于民间金融的范围。

由于我国现有的金融监管体制是“一行两会”的分业监管模式，而民间金融机构往往会同时经营许多业务。首先，这不利于风险的分散，即容易造成机构内部的风险传播，进而蔓延到整个行业。其次，不利于金融监管的实施。业务界限模糊，分类不清晰，权责不明确，会对监管造成较大的障碍。最后，由于民间金融形式不断在增加，政府难以面面俱到地针对每一类业务进行立法监管，或即使出台相应的法律和规定，由于民间金融较强的灵活性，也可以针对相应的法律，采取开辟新的经营方式用以应对规避监管的措施。这些都对民间金融的有效监管造成了较大的障碍。

四、交易规则的特殊性

民间社会文化是民间金融交易契约执行规则与机制的基础。市场经济发展的基本要求是契约自由，良好健康的法治环境可以保障交易契约的正常进行，可以保护交易双方的权利，并能够提供合法的救济。在不涉及公共利益的前提下，法律只需保护好相关权益，不应使交易变得更为复杂或使交易成本提高。由于国家对金融的管制较为严格，使“契约自由”理念在金融交易中显得极为不搭。由于金融在国家占有十分重要的地位，以及金融交易风险对于社会稳定的重要作用，在现有正规金融体制下应当强化监管。此外，由于正规金融的交易履约机制与民间金融具有区别，所以是否应像正规金融一样严格管制民间金融是个值得思考的问题。

民间金融交易契约履约机制的主要特点在于：民间社会文化是基础。由于生产性、消费性和习惯性的微观融资需求的多样性，使得民间借贷成为必然，又由于民间借贷是自发进行的，即市场交易的基本需求。在某些民间金融交易中，借贷双方并没有特定的监管机构来监管，但受到人缘、地缘等因素的影响，贷款者为了维护、保持其现有的社会关系网络一定会遵守约定。若未能按时足额还款，就会影响该贷款者下次贷款，甚至被逐出社交圈。因此，由于社会私人治理与信任文化存在于交易中，也在一定程度上保证了民间金融的履约率。

本章小结

本章全面介绍了民间金融监管涉及的基本问题，主要有民间金融风险基础概念、民间金融监管基本内容以及民间金融监管所具有的特殊性。重点介绍了民间金融风险的特征、监管工具、监管组织框架以及当前监管主客体呈现的特殊性的原因。本章认为，分析、研究民间金融监管不能脱离它的基本概念、基本属性、基本特征，实际上，相对于正规金融而言，正是这些特有的属性才导致了民间金融监管的特殊性和复杂性。从逻辑上讲，本章的内容是学习、理解后续章节的基础。

本章重要概念

金融风险　风险传导　流动性风险　利率风险　信用风险　监管主体　监管客体　监管工具　监管竞争　央地联动　涉众性

本章思考题

1. 与正规金融相比，民间金融风险具有哪些特征？
2. 请简述民间金融监管的内容构成。
3. 民间金融监管具有哪些特殊性？这些特殊性对民间金融监管可能会产生什么影响？
4. 如何理解民间金融风险传导性？请举例说明。
5. 当前我国民间金融监管主体有哪些？
6. 监管竞争如何影响民间金融监管的效率？
7. 当前，我国民间金融市场存在哪些突出的风险隐患？

本章参考文献

[1] 方先明，孙利．民间金融风险：形成、传染与演化 [J]．中央财经大学学报，2015 (7)：28－34.

[2] 方先明，孙利，吴越洋．江苏民间金融风险及其形成机理 [J]．河海大学学

报（哲学社会科学版），2014，16（3）：55－62，92.

［3］黄文芳．我国民间金融发展的政府监管研究［D］．北京：中央民族大学，2015.

［4］付冬芹．我国民间金融的发展和风险防范［D］．合肥：安徽大学，2013.

［5］李俊．论民间金融的政府监管理念［J］．商业经济研究，2015（12）：94－96.

［6］刘希章，李富有．民间金融属性特征、性态演进与规模测度［J］．暨南学报（哲学社会科学版），2017，39（10）：1－10，129.

［7］罗慧明．金融公平视野下小额信贷机构监管法律制度研究［D］．上海：华东政法大学，2016.

［8］吕臣，林汉川，王玉燕．我国民间金融监管协调机制研究［J］．上海经济研究，2014（10）：63－73，80.

［9］吕臣，林汉川，王玉燕．我国民间金融法律监管的现状、问题及保障体系研究［J］．浙江金融，2015（7）：13－17.

［10］牛犇．中国民间金融发展对经济发展的影响研究［D］．南昌：江西财经大学，2013.

［11］彭艳梅．民间金融公司风险传导机制研究［J］．商业会计，2019（12）：50－52.

［12］王筱琬．中国民间金融监管存在的问题及对策研究［D］．长春：东北师范大学，2017.

［13］王阳．中国民间金融地方政府监管问题研究［D］．成都：西南财经大学，2014.

［14］谢晓琴．论我国民间金融的监管制度［D］．北京：西南交通大学，2016.

［15］张明琦．我国民间金融发展问题探析［J］．时代金融，2018（30）：29－30.

［16］张欣，苏继超．民间金融网络中的风险传染机制与监管策略［J］．统计与决策，2018，34（14）：156－160.

［17］张燕．论农村民间金融监管和谐价值理念——基于当前金融生态失衡的视角［J］．法学论坛，2009，24（5）：87－92.

［18］赵慧玲．论中国民间金融监管制度创新与完善［D］．北京：首都经济贸易大学，2015.

第二章 民间金融监管理论

本章导读

20世纪30年代"大危机"使资本主义经济陷入大萧条和大衰退，失业率奇高，人们开始认识到无所不能的、完全的自由经济不过是一个神话，资本主义经济存在着固有的、周期性的矛盾。主张政府宏观调控的凯恩斯主义开始受到理论界和实务界的重视，政府监管成为经济健康运行的必要条件。在金融领域主张政府监管的理论也不断涌现，各种形式的金融危机既给经济和社会造成了巨大的损失，同时也为金融监管理论提供了实践价值，推动金融监管理论不断得以完善和创新。当前，民间金融监管理论流派纷呈、观点各异，为民间金融监管实践提供了理论依据。当然，理论探索和创新永无止境，各种金融监管理论也各有侧重点和优缺点。所以，应辩证地、客观地、历史地看待已有的理论，以更好地运用这些理论维护金融体系安全地运行。

本章学习目标

本章介绍民间金融监管相关理论，主要包括民间金融监管必要性理论、效率理论以及监管模式理论。通过本章的学习，可以全面地了解民间金融监管相关理论的起源与演变、金融市场不完美与脆弱性理论、监管效率相关理论流派以及民间金融监管实践的历史演变状况等内容。认识到民间金融监管的必要性和重要性，掌握民间金融监管模式和措施的理论依据，从而培养运用监管相关理论分析、预防民间金融风险的意识。

本章知识结构图

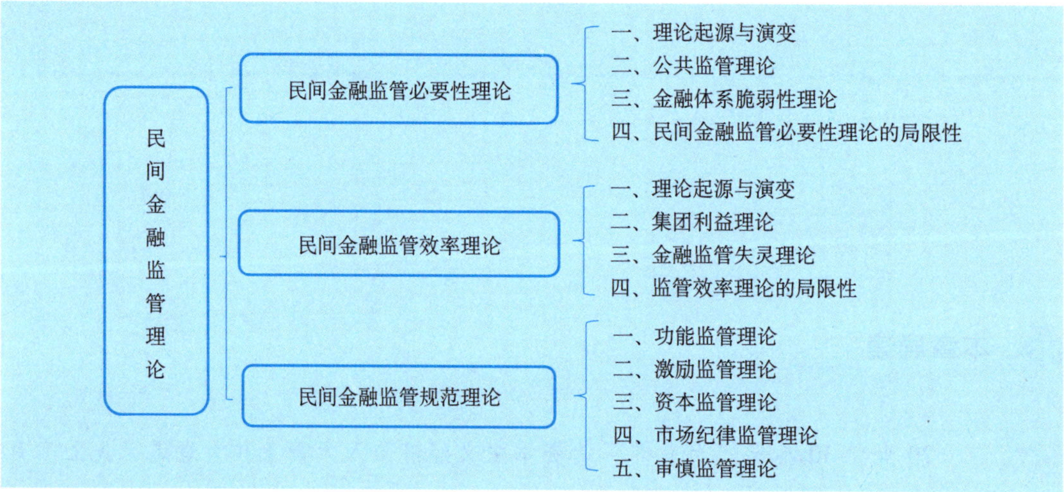

第一节　民间金融监管必要性理论

民间金融监管必要性理论即民间金融监管需求理论。该理论是从监管需求的角度出发，通过分析金融市场运行中潜在的风险或暴露的问题，在寻求风险防范或问题处理的措施过程中形成的监管理论。民间金融监管必要性理论，包括负外部性监管理论、公共产品监管理论、信息不对称监管理论以及自然垄断监管理论等。

一、理论起源与演变

（一）理论起源

20 世纪 30 年代之前，西方世界受自由主义思想统治，完全的市场经济体制在西方各国大行其道。在经济领域的主要特征就是政府只需扮演好“守夜人”角色，维护国家安全和社会治安，提供健全的法律法规等，政府不介入、不参与经济活动。相应地，在金融领域，金融自由主义盛行并占据统治地位，不承认市场的缺陷，信奉自由经营原则。中央银行对金融机构的经营行为基本上不干预、不控制，不决定资金价格，对金融机构等市场准入、业务范围等方面的管理非常宽松、灵活，限制非常少。政府对金融业的管理方式主要是通过强调自律来实现，政府监管主要是中央银行的监管，其目标是提供一个稳定的货币供给。

20 世纪 30 年代，全球爆发了经济大危机，人们重新认识到市场不可完全自我调节，认识到了金融监管的必要性。为适应经济发展需要，金融监管理论也逐渐将自身体系建立在金融体系不完全、不完备的基础之上。1936 年，凯恩斯发表《就业、利息和货币通论》一书，标志着传统自由主义经济理论逐渐开始让位于主张政府调控的凯恩斯主义。自此，凯恩斯主义占据了经济理论的主流地位。凯恩斯主义强调工资价格存在黏性，市场从收敛到均衡需要较长时间。因此，经济需要政府采取财政货币政策以使市场尽快回到均衡。实际上，凯恩斯主义关于市场失灵和政府干预的思想成为后来各种政府干预理论或学说的源泉。

（二）理论演变

凯恩斯提出政府干预思想后的一段时期内（20 世纪 30 年代大危机—20 世纪 70 年代），关于金融监管相关理论则主要是以弥补金融市场的不完全、维护金融体系安全为研究出发点以及主要内容。以主张政府干预、弥补市场缺陷为主的宏观政策理论、信息经济学以及市场失灵理论的发展进一步强化了金融监管理论主张。当时的金融监管理论认为，全能金融机构和自由银行制度有较强的脆弱性以及不稳定性，认为经济危机的导火索使银行过度参与投资银行业务，并最终引发连锁倒闭。传统的中央银行货币管理职能也发生了转变，逐渐转化成了制定、执行货币政策以及服务于宏观经济政策目标。由此，金融监管也更倾向于政府直接管制。

20 世纪 70 年代之后，随着布雷顿森林体系解体，固定汇率制崩溃。同时，战后几十年的发展使资本主义国家赚取了更多的利润，国际资本出现相对过剩。为寻求更多资金出路，银行经营越发国际化，全球性银行业日益竞争激烈。为减少风险、增加利润，力求在激烈的竞争中生存，银行不得不通过金融创新以逃避法律监管。这样，之前的金融管制变得束手无策。随后，在美国和国际清算银行的倡导下，各国于 1975 年在瑞士巴塞尔达成有关联合监管和监管标准的协议（简称《巴塞尔协议》）。该协议对国际银行监管具有重要意义：一方面，它为国际银行监管提供了相应的法律依据；

另一方面，它也为各国制定、完善本国银行业相关监管制度提供了指导原则。之后，巴塞尔委员会还形成了一系列国际金融监管重要文件，强调了银行监管是针对银行经营风险的管控，并不是针对银行经营行为本身的控制。这被称为积极的监管，其基本理念是承认银行始终处于风险之中，监管者的主要任务是保证银行的谨慎经营，防止个别风险演变为系统性风险。在保证银行风险处于可控状态下，也鼓励公平竞争，因为竞争是增加消费者剩余、提高效率的根本机制保证。

但是，20 世纪 70 年代，西方国家经济陷入了“滞胀”困境，凯恩斯主义失灵，新自由主义经济学兴起，金融自由化理论也随之成长起来。如，1973 年麦金农（Ronald I. Mckinnon）出版了《经济发展中的货币与资本》，肖（Eduard S. Shaw）出版了《经济发展中的金融深化》，这些学者都对新古典学派的货币理论进行了批评，认为发展中国家普遍运用政府强制力对利率进行严格管制，也即“金融抑制”，其结果往往不能刺激投资，还抑制了经济增长。他们的核心观点是取消政府对金融的管制，逐渐过渡到由市场力量发挥主导作用的“金融自由化”阶段，从而实现“金融深化”。自此，金融自由化理论正式形成，金融自由化运动也在世界范围内展开。金融自由化理论在理论以及实践层面都取得了进展，证明了金融自由化会促进经济增长。但同时也受到了来自新结构主义、新凯恩斯主义以及新制度主义的批判。

反金融自由化是在 20 世纪 80 年代，即接踵而来的金融危机到来时产生。1982 年国际债务危机，爆发于拉美，美国在 80 年代陷入了长达 10 年的储蓄贷款危机，日本在 20 世纪 80 年代末发生了泡沫经济大崩溃，拉美新兴市场国家在 20 世纪 90 年代发生了金融危机，1997 年亚洲爆发了金融危机，2001 年俄罗斯等国出现了金融危机。据统计，1980—1996 年，共计有 133 个 IMF 成员国发生过银行部门的危机。关于金融自由化是否会导致金融风险，明斯基（Minsky，1982）系统阐述了金融的内在脆弱性这一问题，形成了“金融不稳定假说”。该假说认为商业银行以及其他相关贷款人的内在特性使它们必然经历周期性危机和破产浪潮，银行部门困境接下来又传递到经济体各组成部分，从而产生经济危机。其分析是建立在资本主义繁荣和衰退长期波动现象总结的基础上，并且在经济上升时期，贷款人（银行）的贷款条件更加宽松，而借款人（工商企业）则利用这一宽松、有利的信贷环境积极借款。因此，在经济的繁荣时期，这种借贷行为播下了金融危机的“种子”。自明斯基首次提出“金融不稳定假说”后，金融脆弱性问题就引起广泛关注和争论。明斯基及其追随者认为，银行在利润最大化目标的驱使下，增加了系统内风险性业务和活动，从而导致系统的内在不稳定性。

因此，需要对银行经营行为进行监管。

基于在金融自由化改革中拉丁美洲国家出现的混乱局面，麦金农（Ronald I. Mckinnon）于1986年在《金融自由化与经济发展》提倡渐进的自由化之路，强调发展中国家应加强对银行的有效监督。在比较了东亚各国在渐进市场化改革中取得的成就以及转轨国家激进自由化导致了严重经济混乱之后，麦金农于1991年在《经济自由化的顺序——向市场经济过渡中的金融控制》中提出：对实行经济市场化而言，客观上存在一个最优次序问题，其中财政政策、货币政策和外汇政策如何排序极其重要。麦金农对政府干预进行了妥协，并提出转轨国家政府的职能主要是金融控制。

20世纪70年代至90年代，金融监管经历了从崇尚金融放松管制到金融存在脆弱性需要监管这一发展阶段。这一时期的监管理论更为注重政府采取有效政策工具，如采用货币政策、外汇政策等来调控货币、机构与市场。

进入20世纪90年代后，金融监管研究进入新阶段，此阶段呈现出以下特点：

（1）金融监管理论研究与经济变迁的关联度更密切。20世纪70年代以前的理论大多隐含着“危机恐惧”这一理念。20世纪90年代以前的理论多为事后研究，20世纪90年代以后的理论，更关注整体金融体系保障问题，对原有理论有极大超越。

（2）理论性质由“纯理论”向“操作性理论”变迁。先前理论大多倾向于理论研讨，学术思想与实践操作之间存在较大差距。20世纪90年代以后的理论倾向于搜寻一种操作性强的理念，甚至是切实可行的监管方法，理论的指导意义明显提升。

（3）研究思路呈现“市场调节”与“政府监管”融合趋势。与之前理论相比，不再强调“市场”与“政府”孰优孰劣，而是试图寻求市场与政府合作下金融体系协调发展，找寻二者的契合点。对传统理论进行突破，预示着未来金融监管理论的研究方向。

（4）研究方法与工具更加规范化。与传统理论的逻辑推理、文字叙述相比，本时期的理论研究多运用信息经济学、数理经济学等定量化标准工具，使金融监管理论研究的结论更具验证性、说服力。

在此阶段，2008年国际金融危机对于金融监管是一道重要的“分水岭”，审慎监管历经了由微观审慎向宏观审慎监管的转变。审慎监管是监管当局为了防范金融机构风险，通过制定单家机构的资本充足率、资产质量、贷款损失准备等审慎指标，定期监测评估金融机构的风险状况并组织现场检查等措施。审慎监管的最终目标是通过维持每家金融机构的稳定来促使整个金融体系的稳定。在2008年国际金融危机之前，各国金融监管政策多基于微观审慎角度制定。微观审慎监管主要用于限制单家金融机构或单个金融市场的风险，在维护金融机构个体的稳定方面起到了重要作用，但却忽视了个体稳健诱导的个体最优选择引发集体非最优的“合成谬误”问题。在国际金融危机后，监管当局迅速将宏观审慎政策纳入监管体系之中。不同于微观审慎监管，宏观审慎政策是针对金融部门整体的风险，其主要关注系统性风险的放大机制以及其负外部性（两个层次），其直接目标就是降低横向关联性和纵向关联性带来的副作用（方意等，2019）。

二、公共监管理论

由于市场的不完美性，市场会出现失灵，民间金融市场也是如此。民间金融市场失灵的主要表现为：外部效应、信息不对称、不完全竞争等。公共监管理论认为，监管是一种公共产品，能够降低甚至消除市场（包括民间金融市场在内）的失灵问题。因此，从这个角度出发，监管是政府对公共利益的反应，目的是提高资源配置效率、弥补市场失灵，最终实现社会福利最大化。

公共监管理论主要包括：负外部性监管理论、公共产品监管理论、信息不对称监管理论以及自然垄断监管理论等。

（一）负外部性监管理论

外部效应，指的是提供一种产品或劳务的社会费用（利益）与私人费用（所得）之间的偏差，分为正负外部效应。从整个金融体系而言，正的外部效应是金融机构正常发挥金融中介的职能，通过提高储蓄和投资规模以及效率，服务经济增长。相反，金融体系的负外部性效应，指的是金融机构破产倒闭导致的连锁反应，常常会造成货币信用紧缩，甚至动摇经济增长的基础。特别是在金融市场上，负外部效应尤为严重。在金融机构发挥中介作用的过程中，常常存在风险与收益以及金融混乱的外部性。银行业作为负债经营的特殊行业，对社会的破坏力要明显高于自身破产所造成的损失，而且个别银行破产的多米诺骨牌效应还有可能会导致整个银行系统崩溃，引发金融危机。例如，20 世纪 30 年代“大危机”中所发生的银行挤兑。可见，金融领域存在比其他经济领域更为严重的负外部性。这为政府实行金融监管提供了重要理论基础。

基于负外部性效应，负外部性监管理论应运而生，核心内容是：金融市场失灵的主要原因是金融体系的负外部性，解决问题的关键是实行以政府为主的金融监管。在金融成为经济发展的重要力量时，放任金融机构的自由竞争以及完全依赖自律管理已经无法保证消除负外部性效应。此时，就需要政府的介入，采取管制或者税收等措施来矫正负外部性效应。

（二）公共产品监管理论

公共产品具有消费的非竞争性以及非排他性特征。稳定、公平、有效的金融体系具有公共产品的特征，任何人都可享受到稳定、公平而有效的金融体系所提供的便利，即非排他性。但作为公共产品，其不可避免地出现“搭便车”这一问题，即人们在乐于享受公共产品所带来的好处的同时，却缺乏有效的激励来为公共产品的提供、维护作出贡献。例如，金融机构违背审慎经营原则过分冒险、银行挤提等个体理性的行为，都可能导致集体非理想的结果，并最终引发这一公共品的供给不足。金融体系的这一性质，决定了需要一个无私利的主体实施监督和限制，以维护产品供应的稳定性。

基于金融体系具有公共产品特性，公共产品监管理论应运而生，核心内容是：金融体系本身具有公共属性，容易导致金融市场的失灵，引发风险、导致危机。因此，应实行以政府为主的金融监管，实现对金融服务供给的良性引导。对于市场经济下的金融体系而言，政府应采取措施限制个体金融机构的冒险行为，从而削弱金融机构的集体非理性，保持金融体系公共产品的稳定健康，确保经济稳定，维护消费者利益。

（三）信息不对称监管理论

1961 年，斯蒂格勒发表的《信息经济学》打破了以前统治经济学界的完全信息假设，将信息问题引入经济学的分析框架。由此，以信息不完全和信息不对称为核心内容的信息经济学开始兴起。信息经济学从信息分配角度揭示市场失灵，拓宽前期研究的理论视野。在金融领域，信息不对称现象普遍存在。例如，存款人与银行、承保人与被保险人、银行与贷款人之间常常存在信息不对称。因此，阿科尔洛夫（Akerlof）提出所谓的“柠檬问题”，即金融市场的失灵是由逆向选择和道德风险造成。信息不对称程度越大，逆向选择和道德风险的问题就越严重，市场失灵也就越明显。此外，信息不对称将导致价格体系不再有效地传递有用信息，造成市场参与者的信息成本较高。因此，无法实现市场均衡，造成金融市场的低效率。

基于信息的不完备和不对称，信息不对称监管理论应运而生。其核心是，信息不对称是导致金融体系效率低下的主要原因，政府外部监管是医病良药。在信息不对称的环境下，金融机构往往面临金融效率降低和金融风险并存的局面。政府外部监管能够提高信息的完备程度，抑制甚至消除部分信息不对称现象，从而降低金融风险和提高金融效率，减少经济损失。

（四）自然垄断监管理论

金融业务存在巨大的规模经济，即规模越大，平均成本越低，收益越高。这就意味着，金融业是具有一定程度的自然垄断倾向，自由竞争最终的结果是走向高度垄断。这就会对效率和福利造成损失，对社会产生负面影响。而且，自由竞争的结果是优胜劣汰，同时又由于金融机构个体对整个金融体系有很强的外部性，被淘汰的金融机构存在支付困难，就有可能通过因信息不对称导致的恐慌心理，传递到整个金融体系，最后危及整个经济体系。因此，应通过政府采取监管措施来消除垄断隐患，减少金融体系的不稳定性。基于金融市场的自然垄断性，自然垄断监管理论应运而生，其核心是：金融不公平发展主要是金融市场的自然垄断性，金融机构集中垄断会带来经济以及政治上的不利影响。政府监管则是消除垄断、维护合理竞争的有效措施，是提供公平的竞争环境，确保金融稳定和经济发展的重要手段。

三、金融体系脆弱性理论

20 世纪 60 年代后，金融危机开始独立于经济运行，理论界开始研究这一现象，并逐渐形成了金融体系脆弱性理论。其中，以 Hyman P. Minsky（1982）提出的“金融不稳定假说”为代表。该假说将借款企业主要分为三类：投机性的借款企业、高风险借款企业、抵补性的借款企业。伴随经济的高速增长，投机性以及高风险借款企业的占比越来越高，股票和不动产的价格也持续上涨。然而，随着经济转入周期性的衰退，资产价格也随之跌落。这两类借款企业会随之爆发融资违约，这进一步影响到金融体系，使金融体系发生传染性的破产，引致金融危机发生。由此可知，金融体系的内在不稳定性是引发金融风险的根本原因，而有效的政府干预、监管制度的建立和完善可有效削弱这种内在脆弱性，从而实现金融体系的稳定运行。

除了“金融不稳定假说”之外，另一影响较大的理论是 Diamond 和 Dybvig（1983）提出的银行挤提理论（简称“D－D 模型”）。该理论对三种不同情况中银行遭遇挤提的原因以及政府在保护银行免受挤提过程中的作用进行了分析。这三种情况分别是：不存在总体消费风险的情况、存在随机总体消费的情况、生产回报不确定的情况。该理论认为决定存款者何时提款的关键因素是对其他存款人是否会“恐慌性挤提”的预期。任何导致“挤提”预期的事件都会引发挤提，从而威胁到银行的生存。“挤提”预期又取决于存款者的信息完善程度。由此，信息不对称成为银行遭遇挤提的根本原因。挤提行为会迅速传染给健康的银行，可能引发大规模的倒闭。因此，强有力的外部监管至关重要，特别是要加强对信息的管理，使信息更加对称、透明，减少“挤提”行为，维护金融体系的稳定。

四、民间金融监管必要性理论的局限性

客观而言，在民间金融实际发展的过程中，民间金融监管和民间金融发展始终发挥着交互作用。一方面，民间金融发展过程中出现的新问题、新风险以及由此导致的金融风险事件甚至演变成为金融危机，会促成民间金融监管理念、理论和措施的更新与完善。另一方面，民间金融监管措施的强化或放松又会制约或刺激金融发展，阻碍或促进金融业的创新。

民间金融监管必要性理论认为，民间金融具有内在的、难以消除的不稳定性。这些不稳定因素像一枚不定时炸弹，会随着内部因素积累或外界因素刺激而爆发，严重时甚至会造成一场金融危机。因此，需要加强对民间金融活动的监管，并且这种监管是持续的、不断强化和完善的。就已有的研究方法及思路而言，这些理论存在着以下局限性。

（一）民间金融监管研究独立性不强

从理论层面看，虽然已有研究从各个角度揭示了市场失灵的原因，并提出民间金融监管的必要性，但这一系列的理论研究多侧重于整体，而且对于民间金融的研究又往往简单移植于经济理论，未全面考虑民间金融的自身特点。相应地，民间金融监管多指广义的政府监管，直至金融脆弱性监管理论出现后，研究视角才开始聚焦于金融，而对民间金融的关注更是不足。

（二）金融监管必要性研究充满浓厚的危机色彩

公共利益监管理论、金融脆弱监管理论，都是从危机角度研究监管，而非从金融

体系角度研究金融监管，容易产生“以特殊代替常规”的问题，更重要的是容易忽视监管本身。

在实践中，金融监管政策目标是金融体系的效率和稳健，而金融机构的经营目标却是通过创新金融产品和服务来追求利润最大化。二者的目标存在着天然矛盾，过度监管和监管不足均会对行业发展造成伤害。如果对金融机构采取“保姆式”的监管方式，使金融机构在经营过程中不能越现有规矩的“雷池”一步，就会压制或者约束有价值的金融创新。这对立足于当地、经营特殊性较强的民间金融机构而言，造成的伤害更大。如果过度放松监管，则会引致各种金融乱象，在“船小好调头”的民间金融市场中乱象会更加严重。在我国经济社会发展过程中，金融的地位和作用愈加凸显，民间金融创新不断加快，成果也层出不穷，如近几年异军突起的互联网金融。但是，与此同时，民间金融领域隐含和已经暴露出了多种问题，危害到了金融秩序乃至整个金融体系。因此，平衡好金融创新与金融监管之间的关系是一个重要课题。

第二节 民间金融监管效率理论

一、理论起源与演变

20 世纪 70 年代后的经济滞胀现象使理论界对政府管制理论质疑。伴随西方国家经济的日益膨胀，金融发展向纵深领域延伸，金融创新的需求越来越大，金融监管理论也日益转向金融安全稳定与监管效率并重。穆尔多克、赫尔曼、斯蒂格里茨等经济学家在对东亚经济的分析中指出，实际中瓦尔拉斯均衡难以实现，特别是发展中国家普遍存在严重的信息不对称、逆向选择以及道德风险。此后，金融监管理论利用了信息理论与激励理论的原理向功能观的理念发展，使其更符合当代金融业全球一体化发展趋势。此阶段，各国都注重研究如何实现金融监管的安全和效率兼顾。比较有代表的理论是：集团利益理论、监管失灵理论、监管效率理论等。

二、集团利益理论

公共利益监管理论是从市场不完备这一角度进行分析，为金融监管提供了理论依据。然而，20世纪70年代以后，越来越多的经济学家开始质疑金融管制和政府解决金融市场不完备等问题的能力，提出了集团利益理论，包括政府掠夺论、特殊利益论以及多元利益论。

最早对传统金融监管理论发难的是政府掠夺理论。该理论指出，政府推行管制和监管，但是政府和政治家们并非都是社会利益的代表，可能有自己的利益和效用，可能与社会利益存在较大差异。另外，政府对金融管制的直接的目标并非“公共利益”“金融脆弱”理论所说的是要控制市场失灵、投资水平和物价水平，也非纯粹是为保护存款者利益、防止金融风险、提高效率配置以及保证金融体系健康，而是要实现自身收益（包括政治收益、经济收益）最大化。这集中体现在三个方面：（1）国家垄断货币发行权，利用发行货币来弥补财政赤字。（2）实施法定准备金制度，从而获取潜在的存款“税收”。（3）创造干预经济的借口来扩张权利，为获取“租金”创造机会。例如，通过限制银行业务和经营区域，审查开业资格，可为政治家创造向银行获取额外“收益”的机会。

佩兹曼（Peltzman，1976）提出了特殊利益论和多元利益论。他认为，因为“政府”是一个抽象概念，由许多政党和利益集团组成，而政府掠夺理论分析的立足点是“抽象的政府”，无法对金融管制的产生过程给予更加清晰的解释。他还认为，金融监管是利益集团政治斗争的产物，政府中的政治决策机构是金融监管和制度的供给者，社会经济利益集团是金融监管的需求者。管制工具和监管制度是一个需求和供给不断变化的匹配过程，只有把握各方利益的结构和政治力量分布，才能了解这些制度变迁的过程，并确定这些工具和制度的效应。

综上所述，该理论主要站在政治经济学的角度，重新审视了金融监管，认为金融监管是为了满足各既得利益集团的需要，一方面开创了金融监管研究的新视角，另一方面为金融监管有效性研究奠定了理论基础。

三、金融监管失灵理论

继集团利益理论以后，金融监管理论研究开始调转方向，金融监管的效率问题上升为研究重心。与其他理论不同的是，金融监管效率理论重点研究以政府为主的金融监管能否提高金融体系效率，主要包括管制需求理论、管制寻租理论、监管俘获理论以及社会选择理论。

（一）管制供求理论

管制供求理论（又称监管经济理论），源自斯蒂格勒（1971）发表的著名文章《监管的经济理论》。管制供求理论秉承了集团利益理论核心观点，认为金融监管理论是为了满足各既得利益集团的需要，并且运用供求规律阐释了金融监管的效率问题。该理论认为，影响产业对政府监管需求的重要因素是监管可提供多种利益，包括直接货币补贴、控制新竞争者进入、干预替代品和补充品的生产、实行固定价格等。就金融业而言，主要有市场准入管制、对业务活动的限制、利率限定以及禁止对活期存款支付利息等。在供给方面，政府部门监管并非毫无成本、完全地按照“公共利益”提供产品。政府实际上是由利益相关人组成的特殊集体，按照自身利益最大化行使公共职能时，难免会发生各种低效率现象。在民主政治决策过程中，谋求政治权利的产业必须去找合适的“卖主”，那就是政党。然而，政党要考虑是否有助于自己当选或再当选来决定是否支持某项监管活动。因此，需求管制的产业必须支付两项政党所需要的东西：选票和资源。资源包括筹集经费、竞选经费等服务以及其他间接的方式。例如，为政党雇用工作人员。通过一些开支很大的项目，训练、说服该产业和其他有关产业人员，增加支持票，减少反对票，最后的结果取决于供、需双方的博弈。

波斯纳和佩兹曼（1974，1976）对该理论进行了完善，对公共利益理论进行批判，总结得出：行业监管并非建立在公共利益基础上，而是建立在被监管集团利益以及损害消费者利益的基础上。也就是说，监管是由市场需求和供给进行配置的金融服务。供给者是政府或政治家，在监管交换中获得金融资源或投票权。需求者是利益集团，在监管中尽力拓展经济地位，寻求直接资金补贴，控制进入者以及相关政策等。金融机构作为一个利益集团，从控制市场准入权中获得利益。例如，限制竞争为本应被淘汰出局的低效率机构提供生存空间。另外，波斯纳和佩兹曼还阐述了，监管在给被监管者带来好处的同时也会增加它们的成本。例如，从风险与收益对称的角度来看资本充足要求，会降低资产组合的效率。

管制供求理论运用供求规律来阐释金融监管效率问题。然而，该理论因缺乏行业的监管评判的标准及预测能力而受到批评。麦克切斯尼（Fred McChesney）认为，斯蒂格勒的监管租金模型存在不足：第一，无法解释20世纪60年代以来安全健康的环境趋向监管的巨大“浪潮”。第二，监管租金模型将监管者当成被动玩家，通常不主动为租金进入市场。第三，忽略了政治家通过立法来达到寻求选民和竞选的目的，他们会主动索取租金。波斯纳（1974）也承认，监管的需求与供给曲线似乎太难，甚至无法计算。因此，管制供求理论几乎无法被实证检验。

（二）管制寻租理论

管制寻租理论是寻租理论在金融监管领域的适用解释。克鲁格（Krueger，1974）将那些利用资源、通过政治过程而获得特许权，损害他人利益，使自己获得大于租金收益的行为定义为寻租，并且形成寻租理论。寻租活动造成经济资源配置扭曲，阻止有效生产方式实施，其本身会消耗社会资源，不会创造任何社会财富，会造成社会福利的损失。此外，其本身还会导致其他层次的寻租或避租活动。金融监管是政府管制的重要组成部分，同样存在寻租现象，影响金融监管的公平效率。该理论认为，政府管制加剧了寻租机会，产生了政府及其代理人的租金，加剧市场竞争的不完全和不公平。因此，通过政府管制来纠正市场失灵是不现实的。越是金融管制的国家，寻租问题就越普遍。在管制者获得利益的同时，降低了金融效率。因此，放松金融管制是提高金融效率的直接、普遍和有效途径，减少金融管制中的金融寻租空间。

管制寻租理论在管制供求理论的基础上进一步指出政府在市场监管中的作用以及负面影响。然而，该理论尚未提出更有效的政策框架，过分注重监管市场的需求面分析，轻视了供给面的研究，忽略了信息不对称、不完全的现实。因此，这些不足较大地限制了该理论的解释能力以及应用价值。

（三）监管俘获理论

监管俘获理论的主要内容是：政府建立管制初期，管制机构能独立运用权力来进行公平管制。然而，在管制者与被管制者的长期共存中，管制对象通过各种手段和方法逐渐将管制机构俘虏，管制机构最终被产业控制，为少数利益集团谋求超额利润，最终导致真正的守法者损失了利益，被监管行业更加不公平，整体效率降低。要消除由于监管造成的不公平和低效率，就必须适度放松监管，才能提高整个行业和社会的效率。

监管俘获理论在政府掠夺理论的基础上深入研究政府供给金融监管的后续结果。政府实施监管的内在动力是监管收益构成。被监管方最初可能反对监管，但在对金融监管利率的程序非常熟悉之后，就会通过各种途径影响立法程序，或利用行政机器给他们带来更高收益。伯恩斯坦（Bernstein）的管制机构生命周期理论揭示，管制机构起初能独立运用管制权利，但从长期看都会逐渐被垄断企业所俘虏，成为被管制者的代言人。因此，公共利益监管理论是天真的。

波斯纳（1975）对监管俘获理论提出了质疑：(1) 该理论并未与公共利益理论的某些解释之间划清界限。此外，该理论所描述的管制过程不是谁俘获谁，更像被管制者与管制机构之间的谈判。(2)“被管制者是唯一可以影响管制机构的利益集团”的说法缺乏必要依据。例如，被管制厂商的消费者利益也明显受到管制过程的影响，而他们却不能有效地俘获管制机构。(3)“一个行业只能俘获现有机构，而不能设法创造一家监管机构以促进自己的利益”的观点存在纰漏。原因在于，一个行业既然能够强大到足以俘获对其进行监管的机构并且驯服它，却为什么不在最初阻止这一监管机构的设立。(4) 理论观点同经验证据存在矛盾。在现实中，显然不是所有监管机构都可以被俘获，也不能解释一个监管机构为什么可以对不同的、利益相互冲突的行业同时实行管制。同时，由管制机构促进的利益很可能是消费者群体的，而不是管制行业本身的。

（四）社会选择理论

在监管俘获理论的基础上，瑞德（Reid，1981）提出社会选择理论。首次从动态发展角度分析了金融监管效用。该理论认为金融监管的发展历程是：为社会公众利益建立监管机构——被动地反映被管制集团的利益——监管发展到一定程度后，管制机构取得独立性和自我控制。在社会选择理论看来，监管能够真正发挥作用是在监管机构具有较强独立性、获得自我控制以后。管制者具有独立性，期望并拥有可相机决策的权利，努力强化目标函数。该目标函数的参数，包括被管制的产业或活动、受管制产业产品和劳务的消费者以及管制者对于促进总体福利的解释。监管当局要实现的目标既包括特殊利益集团的利益，也包括社会公众利益。但是，这里的社会公众利益不是社会的选择而是管制当局主观的意志；并且，管制当局行使职能主要是维持自身的存在和发展。因而，该理论认为，管制的一系列政策措施的结果可能与实际公众利益相悖。

上述理论均立足于集团利益理论，通过分析政府监管对金融体系效率的影响，可以看出：以政府为主的金融监管对于自身利益最大化的追求大于对公众利益的维护；而且，政府监管与市场调节都存在失灵特性，政府监管供给并不能有效解除市场失灵问题。这一时期的理论研究中未述及如何解决“市场失灵”与“监管失灵”并存等问题。

四、监管效率理论的局限性

20 世纪 70—90 年代，金融监管理论日渐成熟，研究重点在于金融监管效率，金融监管理论的视野得到拓展。金融监管效率是关系金融监管实施与否的重要问题。在集团利益理论的基础之上，监管失灵理论揭示了监管机构追求自身利益最大化远大于对公共利益的维护，政府管制形式的金融监管存在低效率，甚至有碍于整个金融体系的发展。因此，有必要寻找一种真正能够保障金融体系健康快速发展的有效监管模式。这个时期的研究视角以及思路更为战略化。在这一时期，美国经济学家凯恩建立了规避管制理论与动态博弈模型，强调金融监管和金融创新存在密切联系。金融创新主要是由金融机构自身利润最大化行为导致的结果。政府管制的性质是隐含的税收，限制了金融机构的竞争能力和获利能力，阻碍了金融机构从事已有的营利活动和利用管制之外的利润机会。金融机构在利益的驱使下，进行创新活动以规避监管，寻求新的盈利空间。伴随着金融创新，监管当局可能放松原有的监管政策。但是，当创新危及金融稳定与货币政策执行时，可能会进行新的监管，从而形成金融机构与监管当局之间的管制——创新的动态博弈过程。当然，这些理论也存在着局限性，如在提出监管失灵的同时未提出具体措施。

知识链接

金融监管和金融发展真的是矛和盾的关系吗?

招商引资一直是地方金融局（过去叫金融办）一项很重要的工作任务。地方政府其实希望更多的金融机构来落户发展，这样既可以增加财政收入，又可以为地方企业提供资金支持。相比于金融风险的监管，地方领导可能更重视的是金融局如何能够协调金融机构更好地服务企业，解决企业融资难的问题。

但是，随着引入的金融机构较多之后，监管会面临金融风险管控问题。此外，很多地方金融组织，可能只是注册了一个空壳，但是并没有实际的业务发生。有的时候还有可能会有借着壳子行非法金融之实的风险。比如，截至 2019 年 5 月，北京注册的私募基金管理人有 4 342 家，管理基金 13 613 只，管理基金规模 31 134 亿元。如此多的私募基金有没有面向公众集资，有没有从事资金池、自融自担的情况，有没有发行没有备案的产品的情况，对这些问题的查实给地方金融监管当局带来了极大的难度和工作量。然而，这些机构，只要有一家出现爆雷问题，就是大事。此外，从编制就能看出来工作的难点。面对如此多的问题，一些地方基层金融局（如金融发展部门、金融服务中心部门）的编制只有四五个。

其实，金融发展和金融监管并不矛盾，高质量金融监管反而可以促进金融发展。通过持续的金融监管，能真正识别出有实力并服务实体经济的地方金融组织，提供政策扶持让其发展得更好，同时淘汰出清那些并不能真正服务实体经济的地方金融组织，减少政府资源浪费。如果一个地区的创业机构并不多，但是有几百只私募基金。其实，这种情况政府也会担心。这些私募基金真的在做私募吗？私募项目都投到哪里去？所以，金融发展和金融监管应相辅相成，而不是互为矛盾。

第三节　民间金融监管规范理论

20 世纪 90 年代以来，以金融创新化、资本自由化以及机构集聚化为“序曲”的金融全球化“乐章”奏响。在推动金融资源配置的同时，金融全球化也加大了金融风险的传播范围与破坏力度。在这一时期，世界各国金融当局面临的问题是收益与风险的考量，金融监管的主要目标是实现金融稳健发展。这一时期的理论不同于先前的理论多停留于理论层面的探究，而是更重视金融监管的规范性研究。具体来说，主要致力于金融监管理念与实践方法的探索。

一、功能监管理论

各类金融机构之间严格清晰的界限已经不复存在，金融业混业经营成为大势所趋。在此背景下，金融监管研究发生了根本变化，金融监管已经不再是“允许”与“不允许”、“严格”与“放松”的问题，而是如何控制伴随混业经营而来的各种金融风险问题。为此，一些学者开始重新审视金融监管理念，逐渐形成了功能监管理论。该理论起源于金融中介理论，依据分析方法的不同，金融中介理论分为机构观和功能观。机构观认为现存的金融中介是既定的，公共政策的目标是帮助现有机构生存发展。功能观认为金融中介运作的功能为既定的，探索运作这些功能的最佳机构结构。功能监管理论是在功能关基础上发展起来的金融监管新理念。

功能监管理论由莫顿和博迪提出，核心内容为：金融功能比金融机构更稳定，也优于组织结构，金融机构的形式会随着功能而变化，金融机构创新和竞争又会使金融系统的功能提高。莫顿和博迪认为，基于功能观点的金融体系与基于机构观点的金融体系相比，更便于政府监管：（1）功能监管的重点在于预测未来具有中介功能的组织机构。在此基础上，能够针对机构的变化来设计政策和监管方案。因此，金融监管方案将更能适应于不同实际情况的需要，也更具灵活性。（2）金融体系的基本功能在本质上相同。无论过去或现在，还是发达国家或发展中国家，所有经济体中的金融服务都可以随着竞争性机构的变化而采取不同形式的包装，但功能相对稳定。因此，从功能角度进行的金融监管，法律法规的制定与执行要更加稳定和有效。（3）降低监管者与被监管者之间的信息不对称程度。从功能的角度进行金融监管，有利于促进金融机构的组织变革。而且，不必同时修改相关监管政策或调整监管机构。如果立足于机构监管观点，监管机构的变动则不可避免。因此，监管当局可依据金融体系的基本功能设计金融监管体制，即给定一个金融活动由同一个监管者监管，从而提高监管者的专业能力。（4）减少机构“监管套利”的可能性。

功能监管理论突破了传统金融监管的定义，顺应了发展潮流，改善了机构监管在混业经营下的乏力状况，对当今世界各国金融监管实践产生了重大影响。1999 年，美国国会通过《金融服务现代化法案》取代了《格拉斯—斯蒂格尔法》，这是功能监管理论的一大成就。然而，目前功能监管理论仍处于探讨阶段，很大程度上是一种新型理念，具体监管模式的操作问题并未明确，在现实中很难找到完全对应的例子。此外，还有部分学者（例如：Giorgio and Noia，2001；Jackson，1999；Goodhart，1998）担心该理论在实践中被滥用，从而导致监管成本上升。

二、激励监管理论

在一般的金融监管理论中，监管制度被视为外生变量，因此不存在激励问题。但是，伴随信息经济学的发展，金融监管领域引入了激励。其中，以拉丰（Laffont）、泰勒尔（Tirole）的“激励监管理论”为代表。激励监管理论在监管者与被监管者的信息集合、约束条件和可行工具的前提下，运用成熟的完备合约方法，深入分析监管双方的行为以及最优权衡，在全面概括监管失灵原因的基础上，提出监管方法，弥补金融监管理论的空白。

该理论总结了金融监管的发展历程，揭示了金融监管从高度监管到轻度监管的整个演进过程。在不同的阶段，政府和被监管者面临不同的信息结构、约束条件和可行工具。由于信息不对称、缺乏承诺、监管者自身不足，监管并不是最优的。此外，该理论分析了影响金融监管有效性的因素，指出信息不对称造成道德风险和逆向选择，限制了监管者对被监管者的监控能力。同时，由于法律方面的原因，监管者不能对激励方案进行承诺也会降低监管效率。监管者和政客可能被利益集团收买，因此难以使社会福利最大化。在以上论断的基础之上，德沃特里彭（Dewatripont）和泰勒尔构造出了“最优相机监管模型”。该模型根据对存款人的信息不对称以及偏好“搭便车”的分析，引入了存款人集体行动失灵问题，研究重点是在金融监管的作用时间与范畴（即何时何地需要监管金融活动）以及外部人监管的激励方案上。按照不完全合约理论（Hart and Moore，1990；Aghion and Bolton，1992）的观点，就企业业绩而言，股东是凸的收益结构，在公司经营良好时行使控制权；而债权人是凹的收益结构，企业经营不善时行使控制权。凹收益结构与凸收益结构相比，更倾向于外部干预和严厉的监管。因此，债权人比股东更希望加强监管。对于银行而言，银行清偿比率越低，股东越偏好风险，存款人越规避风险。由此，将监管的激励方案和索取权联系在一起。于是，监管政策的最优方式是：让监管者拥有与没有保险的存款人同样的激励。该理论解释了当监管者既事前监督又事后干预时，如何被动干预以掩饰失败的监督。该理论还可以解释美国监管当局在20世纪80年代储贷危机中采取宽容监管态度，是致使情况越发糟糕的原因。

此外，该理论还对相机监管适用范围进行了界定。根据该理论，监管机构的独立性很大程度上决定了一国是采用相机性监管还是采用事先标准化规则的非相机性监管。独立性较强且将金融消费者利益内部化的监管机构，才能被赋予相机性监管的权利。与之相反，若监管机构受政治压力、利益集团影响较大，那么基于规则的非相机性监管制度较为合理。

三、资本监管理论

20世纪90年代末，随着金融全球化的发展，与之相伴生的区域金融危机频发，人们从追捧自由发展的浪潮中转向对金融监管需求升温。原有的金融监管体系已经落后，欧美国家开始探寻新的监管体系与方法。于是，以资本充足率及以资产业务管制为核心的监管体系开始盛行。

资本监管分为最低资本充足率要求、金融机构资产业务限制两个层面。资产业务限制源于美国1933年的《Q条例》，是为避免金融业务交叉感染以及过度竞争产生的。资产业务管制在初期有效，但随着金融创新巧妙地避开金融管制，资产管制日趋失效。金融监管付出了较高的监管成本，金融机构的经营风险以及金融体系的系统风险也并未根除，约翰（John，2000）、考夫曼（Kaufman，1996）等人对该问题的研究均得出基本一致的结论。最低资本充足率的监管始于20世纪70年代美国的“CAMEL”风险管理体系，1988年《巴塞尔协议》后，最低资本充足率成了市场经济国家银行监管的主要工具，并且资本充足率监管的有效性也成了理论界的热点。当前，该领域的理论研究有两个分支：一是以基里（Keeley，1990）的银行特许权价值模型为基础的资本充足性监管研究；二是在默顿以存款保险为期权的定价模型基础上的资本风险监管有效性研究。

四、市场纪律监管理论

随着金融监管理论的不断深入，人们发现金融体系中存在双重失灵现象：市场失灵和监管失灵。激励监管理论、市场纪律监管理论为此都提出解决方法，作出重大贡献。市场纪律监管理论主张将市场与政府结合起来，强调市场纪律约束作用。凯恩（1983）对存款保险改革提出六点建议，特别强调市场纪律的作用。此后，金融监管三大支柱（包括监管、监督和市场纪律）中的市场纪律，被大家认识和接纳。特别地，1999年《美国现代服务法案》实施后，金融监管中的市场约束受到高度重视，相关研究成果不断涌现。

汤姆森（1990）和考夫曼（1996）指出，政府监管体系、金融安全网使银行及存款机构的利益相关者忽视银行的风险状况以及具体运作，缺乏对市场作出激励反应的动力，进而无法使存款和资本由经营差的银行流向经营好的银行，最终削弱市场对金融机构制造高风险的约束。汤姆森（1990）认为，要想恢复市场纪律，就要缩小政府金融安全网的范围与规模。例如，降低存款保险的限额，将银行每个存款账户的保险限额改为每个储户的保险限额，剩余部分还必须准确定价，方法可用期权定价模型等。

在任何情况下，避免由联邦存款保险公司承担非存款保险金融机构经营失败的结果。同时，为保证上述改革有效，还对最后贷款人制度进行改革，贴现窗口利率是惩罚性而非补贴性的，从而避免了通过贴现窗口支持本该退出市场的金融机构。帕克和波利斯蒂尼（1998）的实证研究支持了这一结论，即未参加存款保险的金融机构的存款人，对市场有显著反应，而参加存款保险的金融机构的存款人，对市场反应则不显著，存款机构的风险和未保险存款的增长之间存在负相关。更进一步，一些实证分析表明，自由（以市场约束为主）的银行体系并不比受监管的银行体系更容易失败，并且监管要支付较高的成本，扭曲了市场信号，弱化了风险的市场约束。从解决市场信息不对称这一问题来看，存款保险、最后贷款人制度甚至是资本充足要求在防止银行危机方面不是必需的。原因在于，在自由银行体系中，好银行既激励保持充足的资本数量，又向市场传递质量信息，既可以解决信息不对称问题，也可有效防止危机的传染和爆发。

此外，凯恩（1994）认为，恢复市场纪律的核心任务是向社会和监管者提供存款保险机构和金融机构及时、准确的信息。一方面，通过立法的形式，要求监管者披露存款保险公司造成的纳税人损失；另一方面，采用自报告和市场价值核算相结合原则，衡量存款保险机构、金融机构及监管者在每一时期的运作情况、纳税人损失等。

汤姆森（1990）认为，要想恢复市场纪律，就要缩小政府金融安全网的范围与规模。例如，降低存款保险的限额，将银行每个存款账户的保险限额改为每个储户的保险限额，剩余部分还必须准确定价，方法可用期权定价模型等。在任何情况下，避免由联邦存款保险公司承担非存款保险金融机构经营失败的结果。同时，为保证上述改革有效，还对最后贷款人制度进行改革，贴现窗口利率是惩罚性而非补贴性的，从而避免了通过贴现窗口支持本该退出市场的金融机构。凯恩（1994）认为，恢复市场纪律的核心任务是向社会和监管者提供存款保险机构和金融机构及时、准确的信息。一方面，通过立法的形式，要求监管者披露存款保险公司造成的纳税人损失；另一方面，采用自报告和市场价值核算相结合的原则，衡量存款保险机构、金融机构及监管者在每一时期的运作情况、纳税人损失等。

五、审慎监管理论

审慎监管理论分为微观审慎监管理论和宏观审慎监管理论。微观审慎监管理论又称为传统监管理论，其理念源于巴塞尔委员会1997年的《银行业有效监管核心原则》。在该文件中，审慎监管原则被作为其中一项最重要的核心原则确立下来。《银行业有效监管核心原则》从银行业有效监管的前提条件、银行准入和结构、审慎监管法规和要求、持续监管手段、信息披露、监管者的正式权力、跨境银行监管等七个方面，分别对监管主体和监管行为作出规定。这些原则是对世界各国近百年银行监管经验教训的系统总结。

该理论认为，金融机构之间的风险是独立的，关注重点是单个金融机构的风险暴露，不关注系统性风险。监管目标是控制单家金融机构倒闭的风险。在审慎控制的衡量标准方面，微观审慎监管理论以单家金融机构为单位实行自下而上的衡量方法。随着金融业的不断发展，金融一体化加强了金融机构之间的联系，金融机构之间的“相互联系”和“相互依存”掩盖了很多风险，特别是金融创新业务的高速发展提高了风险的相关性和复杂度，金融市场的系统性风险越来越大，对系统性风险的监管需求越来越迫切。尤其是2008年金融危机，直接暴露了微观审慎监管体系下的系统性风险的监管缺失。

此外，微观审慎监管理论在应对金融业顺周期性方面无能为力。金融业顺周期性是指在时间维度上，金融体系通过“金融加速器”机制与实体经济形成的动态正反馈机制放大繁荣和萧条周期，加剧经济的周期性波动，导致或增强了金融体系的不稳定性。通过微观审慎监管手段（比如，查看资产负债表等方式）是无法发现金融机构存在潜在不良表现的。于是，系统性风险在经济上升或繁荣阶段不断积聚，并在经济下行阶段释放，甚至蔓延到其他部门。

宏观审慎监管理论最早是在20世纪70年代末被提出的。然而，在2008年全球金融危机爆发前，学界较少关注宏观审慎监管，仅有少数学者对宏观审慎监管目标、必要性等基本理论问题进行了研究。2008年金融危机暴露了微观审慎监管理论的缺陷，宏观审慎监管理论开始得到越来越多的关注和研究。

与微观审慎监管理论针对单家金融机构风险防范不同，宏观审慎监管理论的直接目标是防范金融体系的系统性风险，其最终目标是避免金融体系的风险给实体经济带来破坏。宏观审慎监管主要涉及两个维度：一是时间维度，考察的是系统总体风险随时间的发展情况；二是空间维度，在特定时间内，风险如何在金融体系中各金融机构之间的分布和相互作用。在时间维度上，宏观审慎监管关注金融体系整体风险随时间变化而变化，以及金融体系的顺周期性问题。因此，站在时间维度视角看，宏观审慎监管理论主要研究如何抑制、阻断金融体系的顺周期性问题，将风险扼杀在未萌之际。在空间维度上，宏观审慎监管主要解决金融机构之间存在的各类关联性引发的风险传染问题。金融机构之间的关联性包括金融机构之间存在的债务直接关联以及因持有共同（类似）资产而造成的间接关联。

不过，宏观审慎监管的有效实施需要具备两个条件。第一，监管机构拥有充分的信息，这些信息包括：（1）建立一个可持续收集和处理市场信息的系统。该系统可直接收集市场第一手信息。（2）定期收集机构的资料和数据，特别是对系统重要性金融机构的表内外信息。（3）必要时协调宏观审慎监管和微观审慎监管，获取必要的微观审慎监管信息。

第二，拥有充分的专业监管队伍。随着时间的推移，民间金融势必越来越复杂，尤其是风险管理建模，需要专业人员才可胜任。

本章小结

从已有的研究成果来看，民间金融监管理论内含于金融监管理论体系中。这一方面是因为民间金融与正规金融一样，同属于整个金融体系，另一方面也是因为民间金融的业务本质与正规金融并无二样。本章全面梳理了民间金融监管理论，分别从监管必要性理论、效率理论和规范理论阐释了民间金融监管的原因、监管限度以及监管适用模式等。管制和创新之间的辩证关系一直是理论界关注的热点，也是监管部门制定监管制度时不得不考虑的重要因素，监管过度和监管不足均会对民间金融的良性发展产生负面影响。本章立足于实际，从理论上分析、探讨了民间金融管制与创新之间的关系。当然，随着实践的发展，民间金融监管理论一定会推陈出新，取得新的研究成果。

本章重要概念

公共监管理论　负外部性监管理论　公共产品监管理论　信息不对称监管理论　自然垄断监管理论　金融脆弱性理论　集团利益理论　监管俘获　监管效率　功能监管　激励监管　资本监管　市场纪律监管　微观审慎监管　宏观审慎监管

本章思考题

1. “金融脆弱性说”是如何解释民间金融监管需求的？

2. 试结合中国实际解释监管俘获理论？

3. 从理论上而言，民间金融监管是如何影响金融创新的？实际情况如何？

4. 请简述当前中国民间金融监管适用的规范理论。

5. 资本监管对民间金融机构运行具有什么影响？

6. 什么是市场纪律监管？请结合中国实际分析应怎么实施市场纪律监管？

7. 在民间金融监管领域，微观审慎监管和宏观审慎监管有什么区别？

本章参考文献

[1] Board of Governors of the Federal Reserve System. Then federal reserve system purpose & functions [M]. 9th ed. New York: McGraw Hill, 2001.

[2] BRUNNERMEIER, MARIUW, CROCKETT A, et al., The fundamental principles of financial regulation [M]. Geneva reports on the world economy—preliminary conference draft t international center for monetaiy and banking studies, 2009 - 6.

[3] CROCKET A. Marrying the micro and macro prudential dimensions if financial stability [R]. International conference of banking supervision, 2000 - 9 - 21.

[4] MCCREEVY. Prudential supervision in an financial supervision and the role played by the bank of Japan [J]. Lead conference - euro finance week, 2008 (11).

[5] MINSKY, HYMAN. Stablilizing an unstable economy [M]. Yale University Press, 1986.

[6] TARASHEV N, BORIO C, TSATSARONI K. The system importance of financial institutions [J]. BIS quarterly review, 2009 (9): 75 - 86.

[7] 白钦先. 20 世纪金融监管理论与实践的回顾和展望 [J]. 城市金融论坛, 2000 (5): 8 - 15.

[8] 方意，王晏如，黄丽灵，等. 宏观审慎与货币政策双支柱框架研究——基于系统性风险视角 [J]. 金融研究, 2019 (12): 106 - 124.

[9] 李国秀. 危机之后金融监管理论与实践的比较研究 [D]. 昆明：云南财经大学, 2011.

[10] 李扬，胡滨. 金融危机背景下的全球金融监管改革 [M]. 北京：社会科学文献出版社, 2010.

[11] 戎生灵. 金融风险与金融监管 [M]. 北京：中国金融出版社, 2007.

[12] 史福厚. 金融监管导论 [M]. 北京：中国商务出版社，2004.

[13] 谢平，邹传伟. 金融危机后有关金融监管改革的理论综述 [J]. 金融研究，2010 (2)：1-17.

[14] 张敏，薛彦平. 国际金融危机下的欧盟金融监管体制改革 [J]. 国际问题研究，2010 (5)：55-60.

[15] 钟伟，孙宝沙. 次贷危机后全球金融监管理论的新近进展 [J]. 南方金融，2009 (12)：16-20.

监管实践篇

第三章　民间金融监管实践

本章导读

自中华人民共和国成立至今，尤其是改革开放以来，民间金融获得了迅速发展，民间金融的规模、业务种类、从业人员数量等均不断增长。同时，一些问题甚至乱象也从无到有、逐渐增多，对整体金融体系的安全产生了负面影响。鉴于此，我国针对新出现的问题出台了相应的监管措施来管控、切断风险来源，有力地控制了民间金融风险蔓延。客观上看，这些监管措施来自监管体系的共同努力，各级监管部门、行业自律机构、市场监督机构等分别从法规制定、市场准入、经营检查、自律约束等方面共同建立了民间金融监管安全网。

同时，随着科学技术的发展和互联网的广泛应用，监管部门得以利用先进的监管科技革新传统监管方式和工具，极大地提升了监管效率，实现了动态实时地监控民间金融风险。同时，作为一个新生事物，监管科技在应用中也逐渐出现了一些亟须解决的问题。

本章学习目标

本章分别从组织体系、内容体系、规制体系和监管科技等四个方面介绍了我国民间金融监管实践历程和取得的经验。通过学习，读者应全面了解我国民间金融监管历史，了解监管组织框架变革历程，了解监管内容构成及其变化，了解监管制度规定、监管科技的发展动态和应用现状。能够依据我国特殊国情理解监管措施变革的必然性，并能够针对当前民间金融监管科技应用过程出现的问题提出可行的解决方案。

本章知识结构图

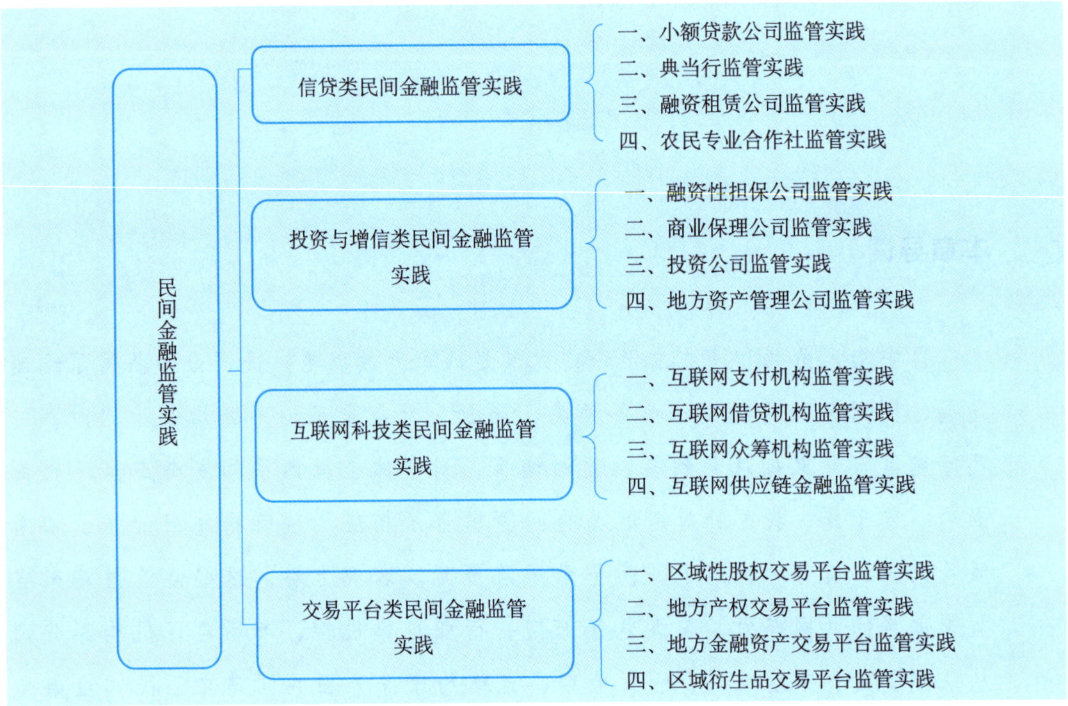

第一节　信贷类民间金融监管实践

本节主要介绍信贷类民间金融的监管实践。信贷类民间金融机构，主要包括小额贷款公司、典当行、融资租赁公司和农村专业合作社四类。本节分别从监管依据、监管主体、监管流程和监管措施等方面对相关机构的监管实践进行总结和归纳，并介绍相关案例，使读者对金融监管实践有更加清晰的认识。

一、小额贷款公司监管实践

（一）在监管依据上，分为国家和地方两层规制

对于小额贷款公司来说，相关的监管依据包括国家和地方两层规制。在国家层面，主要包括《关于小额贷款公司试点的指导意见》（以下简称《意见》）和《关于村镇银行、贷款公司、农村资金互助社、小额贷款公司有关政策的通知》（以下简称《通知》），二者均为规范性文件。在地方层面，多是当地政府或当地主管部门发布的规章和文件，例如：2019 年，江苏省地方金融监督管理局为进一步规范小额贷款公司经营行为、防范行业风险，发布《关于进一步加强小额贷款公司监管工作的通知》；2019 年，山东省地方金融监督管理局为规范小额贷款行业市场秩序，促进小额贷款公司持续健康发展，发布《山东省小额贷款公司经营许可证管理办法》的通知。

（二）在监管主体上，分为中央和地方两层监管

小贷公司的现行监管主体涉及地方政府主管部门、央行和银保监会两个层次，且不同部门对小额贷款公司负有不同的监管职责。根据规定，从地方层面看，省级主管单位担负对小贷公司监管以及处置风险的职责；从中央层面上看，央行负责监管小贷公司的利率、承担监测资金的去向和统一征信的职责，央行派出单位和银保监会分支单位协助地方政府工作和对小贷公司提供技术指导培训。此外，银保监会也负有一定的监管职责。根据规定，对小贷公司提供资金的金融单位，应向央行和银保监分支机构汇总信息和跟踪资金使用。在现行的监管主体中，省级政府主管部门是最重要的监管主体，根据各地具体情况，制定不同的监管制度和监管体制。例如，有的省份将小额贷款公司的监管权限进一步下放至县级政府，而有的则是由主管部门牵头其他部门进行协同监管。

（三）在监管流程上，包含准入环节、经营环节以及转型环节

1. 准入环节监管

在小额贷款公司的准入监管中，注册资金是最为重要的组成成分。银保监会和央行出台的《意见》对于注册资金有明确的规定，有限责任公司的注册资金要大于等于 500 万元，股份有限公司的注册资金要大于等于 1 000 万元。在通常情况下，由于小额

贷款公司属于金融机构，与其他行业的公司有着明显的区别，各地根据本地区的实际情况，一般将小额贷款公司的注册资金控制在5 000万元以下，一些较为落后的地区注册资金可以控制在1 000万—2 000万元。从近年来小额贷款公司的发展情况来看，政府和相关部门在有意地提升公司的注册资金，目的是提升公司的抗风险能力和运作能力。但是，注册资金下限的提升并没有对企业的发展产生较大的负面影响，主要是因为涉及这个领域的公司和企业资金总量往往巨大，注册资金对其而言是其总资金的一小部分。

2. 经营环节监管

在经营监管环节中，除了融资渠道监管以外，还有贷款利率监控。在企业经营过程中，融资是小额贷款公司不可缺少的一部分，由于运作资金链较长，而企业股东又不能拿出大量的资金。因此，开展集资融资是企业做大做强的必要途径。融资过程中的风险较高，如果企业对国家的相关融资政策不是很熟悉，往往会触发一系列的风险。因此，对于相关部门而言，加强融资渠道监管十分必要。《意见》中规定，小额贷款公司的融资渠道要严格受到控制，资金来源以股东缴纳的资本金和捐赠资金为主。除此之外，还可以接受不超过两个银行类金融机构的融入资金，并且融入资金不能够超过企业资本净额的一半。当前，很多地区对于小额贷款公司的融资渠道有了较为宽松的政策，很多省市规定除了从银行类金融机构进行融资外，还可以向主要法人借款充当经营资金，可以与本地区的其他小额贷款公司进行资金调剂或者与某些金融资产交易平台进行合作，从而有效拓宽融资渠道，给贷款公司的发展提供了极大的便利。

3. 转型环节监管

小额贷款公司实现转型是一种跨越式发展。当前各行业市场行情扑朔迷离，其他企业在贷款时往往不愿意选择私营贷款机构和小额贷款公司，主要是考虑到利率问题和信用问题，转而向信用程度较高的国有银行进行贷款。因此，实现小额贷款公司的转型，将其转变为村镇银行就成了一种现实选择。目前，相关政策也都支持小额贷款公司的转型升级，很多地区发布了《村镇银行组建审批指引》和《村镇银行管理暂行规定》的相关文件。这些文件的出台，对于那些股东意愿强烈、信用记录良好的小额贷款公司而言，是转型成为村镇银行的有利时机。近年来，也有很多企业成功实现了从公司到银行的成功转型。但是，这一过程中需要政府和相关部门加强监督，规范转型流程和审批程序，加强财产审计和核查。只有提高转型门槛，才能够保障转型质量、维护民间金融行业的健康稳定。

（四）在监管措施上，实行现场检查和非现场监管相结合

小额贷款公司通常被视为一般工商企业，多数省份都建立了现场检查和非现场监管相结合的监督检查制度，检查内容包括小额贷款公司风险管理、内部控制、拨备计提和关联交易等方面。部分政府部门还外聘中介机构或者委托银行进行外部监督。

案例专栏

小额贷款公司监管实践案例——以国美小额贷款有限公司为例

国美小额贷款有限公司（以下简称“国美小贷”），于2015年5月成立，注缴资本5亿元。其股东为北京国美电器有限公司（持股比例48%）、北京美易通科技咨询有限公司（持股比例43%）、北京美商通科技咨询有限公司（持股比例9%），其主要业务包括办理各项小额贷款、贷款转让、贷款项下的结算等。2019年7月，国美小贷的经营范围增加网络小贷等内容。截至2020年4月，国美小贷被媒体多次曝出存在强制搭售保险、“增值权益”、暴力催收等问题。2020年4月16日，天津市地方金融监督管理局发出公告，称2019年国美小贷存在提供虚假经营信息的违法违规行为，该行为违反了《天津市金融监督管理条例》第三十九条：“地方金融组织有下列情形之一的，由市地方金融监督管理部门责令限期改正，处二十万元以上五十万元以下的罚款；逾期不改正的，责令停业整顿，情节严重的，吊销其经营许可证：（一）拒绝、阻碍市地方金融监督管理部门依法实施监督检查的；（二）向市地方金融监督管理部门提供虚假的经营报告、财务报告、注册会计师出具的年度审计报告及相关经营信息等文件、资料的。”因此，天津市地方金融监督管理局决定对国美小贷责令限期整改，并处50万元罚款。

在以上关于小额贷款公司监管的理论分析基础上，为更好地理解小额贷款公司监管，表3－1梳理了中国各个地方针对小额贷款公司的重要监管文件。由表3－1可知，对于小额贷款公司的监管可以最早追溯至2008年。在过去的十多年中，全国各个地区针对小额贷款公司的监管办法密集出台，监管规制在不断完善。同时，这些监管办法主要由省级金融工作办公室发布，升级金融监管部门是小额贷款公司的主导性监管主体。

表 3-1 针对小额贷款公司的重要监管文件汇总

发布时间	文件名称	发文部门
2008 年 10 月	《陕西省小额贷款公司试点管理办法》	陕西省金融工作办公室等
2008 年 10 月	《关于开展小额贷款公司试点工作的指导意见》	安徽省金融工作办公室
2008 年 11 月	《四川省小额贷款公司管理暂行办法》	四川省人民政府
2008 年 12 月	《河北省小额贷款公司试点工作审批及管理暂行办法》	河北省金融工作办公室等
2008 年 4 月	《中国人民银行 中国银行业监督管理委员会 关于村镇银行、贷款公司、农村资金互助社、小额贷款公司有关政策的通知》	中国人民银行、银监会
2008 年 5 月	《中国银行业监督管理委员会 中国人民银行 关于小额贷款公司试点的指导意见》	中国人民银行、银监会
2008 年 7 月	《浙江省小额贷款公司试点暂行管理办法》	浙江省金融办、省工商局等
2008 年 8 月	《广东省小额贷款公司管理办法（试行）》	广东省金融工作办公室
2008 年 8 月	《重庆市小额贷款公司试点管理暂行办法》	重庆市人民政府办公厅
2008 年 9 月	《湖北省小额贷款公司试点暂行管理办法》	湖北省金融办公室等
2009 年 11 月	《广西壮族自治区小额贷款公司管理办法》	广西人民政府
2009 年 11 月	《海南省小额贷款公司试点管理暂行办法》	海南省人民政府
2009 年 12 月	《辽宁省小额贷款公司监督管理办法（暂行）》	辽宁省金融工作办公室
2010 年 1 月	《江苏省农村小额贷款公司监督管理办法》	江苏省人民政府金融工作办公室
2011 年 5 月	《北京市小额贷款公司试点监督管理暂行办法（试行）》	北京市地方金融监督管理局
2011 年 6 月	《天津市小额贷款公司管理暂行办法的通知》	天津市政府
2011 年 6 月	《云南省小额贷款公司管理办法》	云南省人民政府
2012 年 2 月	《青海省小额贷款公司管理暂行办法》	青海省人民政府
2012 年 3 月	《福建省小额贷款公司暂行管理办法》	福建省人民政府办公室
2012 年 6 月	《内蒙古自治区小额贷款公司试点管理实施细则（修订）》	内蒙古自治区金融工作办公室
2012 年 7 月	《河南省小额贷款公司试点管理暂行办法》	河南省金融服务办公室、中国人民银行郑州中心支行等
2013 年 9 月	《吉林省小额贷款公司监督管理暂行办法》	吉林省金融工作办公室、中国人民银行长春中心支行等
2014 年 4 月	《关于加强全省小额贷款公司管理的意见（试行）》	山西省金融工作办公室
2015 年 11 月	《甘肃省小额贷款公司管理办法》	甘肃省人民政府金融工作办公室等
2015 年 8 月	《江西省小额贷款公司监督管理办法（试行）》	江西省金融办公室
2016 年 6 月	《宁夏回族自治区小额贷款公司管理暂行办法（修订）》	宁夏回族自治区人民政府办公厅
2016 年 9 月	《上海市小额贷款公司监管办法》	上海市政府
2017 年 5 月	《湖南省小额贷款公司网络贷款业务监管指引（试行）》	湖南省金融工作办公室
2017 年 8 月	《新疆维吾尔自治区小额贷款公司管理暂行办法》	新疆人民政府
2018 年 10 月	《黑龙江省小额贷款公司管理办法（暂行）》	黑龙江省人民政府
2018 年 11 月	《贵州省小额贷款公司管理暂行办法》	贵州省人民政府
2019 年 3 月	《山东省小额贷款公司经营许可证管理办法》	山东省地方金融监督管理局

二、典当行监管实践

对于典当行的监管主体，自2018年4月20日起，商务部已将制定融资租赁公司、商业保理公司、典当行的业务经营和监管规则的职责划给中国银行保险监督管理委员会（银保监会）、地方金融监管部门实施监管。至此，当前我国典当行的监管主体是银保监会和地方金融监管部门。

对于典当行的监管法规，现行的《典当管理办法》（以下简称《办法》）由中华人民共和国商务部部务会议审议通过，并经公安部同意，于2005年2月9日颁布，自2005年4月1日起施行。制定该《办法》的目的是规范典当行为，加强监督管理，促进典当业规范发展。根据该《办法》的规定，典当是指当户将其动产、财产权利作为当物质押或者将其房地产作为当物抵押给典当行，交付一定比例费用，取得当金，并在约定期限内支付当金利息、偿还当金、赎回当物的行为。典当行是指依照该《办法》设立的专门从事典当活动的企业法人，其组织形式与组织机构适用《中华人民共和国公司法》的有关规定。除此之外，为进一步完善典当业监管制度，商务部还于2012年发布《典当行业监管规定》。

对于典当行的监管主要包括市场准入、市场运行、市场退出三个方面。

（一）市场准入

中国银行保险监督管理委员会严格按照《典当管理办法》和有关文件规定，审核典当企业设立申请：对申请者的实际情况和拟设典当企业的场所进行核实；对典当企业投资者的资金去向以及资金获得方式进行严格的把控，防止投资者以借贷资金或是非法获得的他人资金进行企业入股；对新建典当企业进行至少6个月的实时监督与排查，防止出现资金上的漏洞。

（二）市场运行

关于典当行市场运行的监管主要体现为，监督检查企业非法集资、超范围经营、吸收存款或变相吸收存款、故意收当赃物、违规办理股票典当业务等违规违法行为。此外，还需要检查企业是否按照要求办理《工商营业执照》等基础证件，办理典当行业所必需的《特种行业经营许可证》《典当经营许可证》。同时，还需要实时监督企业内部现金的流动方向，保证每一笔资金的流动都有可以查询的记录，并通过对账等监察方式防止企业内部资金遭到窃取或是违法的利用。对于现金的具体管理必须遵照国家颁布的相关法律法规，国家的相关法律法规规定股东禁止向典当行借贷资金，禁止利用典当行的股东身份进行商业活动。

监管部门禁止典当行参与上市公司发行股票的价格炒作，而且不允许给典当行的顾客供给股票交易的资金。相应地，典当行规定顾客不允许将证券交易账户作为典当物品，这种股票类的交易被严格禁止。典当行严禁私自分配、挪用经营许可证等行为。企业不允许存在当票与质押物不符的情况出现。这种情况的发生往往是因为企业违反规定未给质押物开出当票，或是开出空头当票。为了规范企业的当票开具行为，需要企业给每一张当票提供对应的编号，并记录每一笔典当交易的具体过程。这样就可以方便检查典当业务流程的合法性以及正规性，保证每一笔业务都有按法规开具的当票，每张当票都有其产生、流动、作废的记录。这些典当交易给企业带来的收益需要体现在企业年终或是月度的财务报表中，并记录在案，以备监管部门的审核需要。

为了方便统一管理，典当企业需要注册并使用全国典当行业监督管理信息系统，保证每一笔交易都使用这个系统进行开具发票等行为，准确录入交易的每一个步骤。定期核查企业上报信息。在企业遇到大型的财务使用权利转移或是房地产等实体转让的交易时，就需要派出相应的人员进行现场的勘察与审核。积极与其他相关职能部门协调，支持典当企业依法办理当物的质、抵押登记。严格管理典当企业股权变更。典当企业在经营过程出现违规情况，要约谈典当企业法定代表人、董事或高级管理人员，下发整改通知书，责令其限期改正。建立重大事项通报机制和风险处理机制。发生重大事项，要在 24 小时内报告银保监会。

监管部门会指导典当企业根据《公司法》和《典当管理办法》，建立良好的公司治理、内部控制和风险管理机制，增加典当制度和业务规则的透明度，强化内部制约和监督，诚信经营，防止恶性竞争。建立社会监督机制，畅通投诉举报渠道，纳入商务执法热线，加大对典当企业经营行为的约束、监督力度，提升监管实效。引导新闻媒体正确宣传典当企业的功能和作用。

（三）市场退出

典当行解散应当提前 3 个月向省级主管部门提出申请，经批准后，应当停止除赎当和处理绝当物品以外的其他业务，并依法成立清算组，进行清算。

清算结束后，清算组应当将清算报告报省级主管部门确认，由省级主管部门收回《典当经营许可证》，并在5日内通报同级人民政府公安机关。省级人民政府公安机关应当在5日内通知作出原批准决定的设区的市（地）级人民政府公安机关收回《特种行业许可证》。典当行在清算结束后，应当依法向工商行政管理机关申请注销登记。

省级主管部门对终止经营的典当行应当予以公告，并报银保监会备案。

案例专栏

典当行监管实践案例——以中商融通典当为例

中商融通典当（北京）有限公司（以下简称“中商融通典当”），注册资本5 000万元。2016年5月，该公司获得北京市政府经营许可，经营范围为动产质押典当业务、财产权利质押典当业务、房地产抵押典当业务、限额内绝当物品的变卖、鉴定评估及咨询服务、银保监会依法批准的其他典当业务。

2019年10月8日，北京市金融监管局联合密云区“金融办”准备对中商融通典当进行年度现场检查，经数次给该典当行联系人打电话，均未取得联系。随后，密云区“金融办”相关工作人员前往该典当行时发现其已关闭，工作人员当即把现场检查告知书贴于典当行大门，限一周内与区金融办联系，否则按照经营异常处理。

一周后该典当行仍未与区金融办联系，处在失联状态。密云区监管局随即将其列入经营异常名录。经过查证，该典当行自从2019年6月开始，均未按要求报送公司月度经营数据。

中商融通典当行没有配合北京市金融监管局完成监管工作、未按规定报送数据以及没有正当理由超过6个月未营业，违反了《典当管理办法》第二十一条“自核发营业执照之日起无正当理由超过6个月未营业，或者营业后自行停业连续达6个月以上的，省级商务主管部门、设区的市（地）级人民政府公安机关应当分别收回《典当经营许可证》《特种行业许可证》，原批准文件自动撤销”。

2020年4月8日，北京市地方金融监管局发出《关于中商融通典当（北京）有限公司失联情况的公告》，公告期60日满时，该典当行若仍未联系北京市金融监管局，并未在全国典当行监督管理信息系统填报数据，按照规定撤销该典当行的经营许可证。

为更好地理解典当行的监管，表 3-2 梳理了中国各个地方针对典当行的重要监管文件。由表 3-2 可知，小额贷款公司的监管可以追溯至 2002 年。在过去的近 20 年时间内，我国各地区陆续出台关于小额贷款公司的监管法规，规范了小额贷款公司的实施准则，促进小额贷款公司的有序运行。此外，2018 年之前，针对各地小额贷款公司的监管规则主要由省级商务厅发布，而之后则由地方金融监管局具体实施。

表 3-2 针对典当行的重要监管文件汇总

发布时间	文件名称	发文部门
2002 年 3 月	《安徽省典当行审批和管理暂行规定》	安徽省人民政府
2005 年 2 月	《典当管理办法》	商务部
2006 年 10 月	《湖南省商务厅　湖南省公安厅关于加强典当行监管工作的通知》	湖南商务厅、公安厅
2010 年 5 月	《河南省典当行现金管理暂行办法》	河南商务厅
2012 年 12 月	《典当行业监管规定》	商务部
2013 年 10 月	《江西省典当行业监督管理细则》	江西商务厅
2014 年 6 月	《内蒙古自治区典当行业监管规定实施细则》	内蒙古自治区商务厅
2016 年 12 月	《宁夏回族自治区典当行业监管实施细则》	宁夏商务厅
2017 年 1 月	《关于做好典当行设立工作的通知》	贵州商务厅
2019 年 12 月	《典当行及分支的设立与变更审批办事指南》	山东地方金融监管局
2019 年 4 月	《关于加强典当行当票管理的通知》	天津地方金融监督管理局
2020 年 1 月	《关于典当企业设立、变更及终止审核受理有关事项的通知》	湖南地方金融监督管理局

三、融资租赁公司监管实践

与典当行相同，2018 年 4 月 20 日起，融资租赁公司的监管职责由商务部划给银保监会。现行《融资租赁企业监督管理办法》（以下简称《办法》）由商务部于 2013 年 9 月 18 日发布。该《办法》旨在进一步完善融资租赁企业监管制度，提升融资租赁行业监管水平，规范融资租赁企业经营行为，防范行业风险，促进融资租赁业健康有序发展。

根据该《办法》，融资租赁企业是指根据有关规定从事融资租赁业务的企业，融资租赁业务则是指出租人根据承租人对出卖人、租赁物的选择，向出卖人购买租赁物，提供给承租人使用，承租人支付租金的交易活动。

此外，相关部门对融资租赁公司的监管有以下政策法规作为支撑，包含《金融租赁公司管理办法》《金融租赁公司专业子公司管理暂行规定》《关于加快融资租赁业发展的指导意见》《关于促进金融租赁业健康发展的指导意见》等。

对于融资租赁公司的监管主要包括市场准入、市场运行、市场退出三个方面。

（一）市场准入

融资租赁企业应具备与其业务规模相适应的资产规模、资金实力和风险管控能力。申请设立融资租赁企业的境外投资者，还须符合外商投资的相关规定。此外，融资租赁企业应配备具有金融、贸易、法律、会计等方面专业知识、技能和从业经验并具有良好从业记录的人员，拥有不少于3年融资租赁、租赁业务或金融机构运营管理经验的总经理、副总经理、风险控制主管等高管人员。

（二）市场运行

融资租赁企业可以在符合有关法律、法规及规章规定的条件下采取直接租赁、转租赁、售后回租、杠杆租赁、委托租赁、联合租赁等形式开展融资租赁业务，且应当以融资租赁等为主营业务，开展与融资租赁和租赁业务相关的租赁财产购买、租赁财产残值处理与维修、租赁交易咨询和担保、向第三方机构转让应收账款、接受租赁保证金及经审批部门批准的其他业务。融资租赁企业对委托租赁、转租赁的资产应当分别管理、单独建账。融资租赁企业和承租人应对与融资租赁业务有关的担保、保险等事项进行充分约定，维护交易安全。

融资租赁企业开展融资租赁业务应当以权属清晰、真实存在且能够产生收益权的租赁物为载体，不得从事吸收存款、发放贷款、受托发放贷款等金融业务。未经相关部门批准，融资租赁企业不得从事同业拆借等业务。严禁融资租赁企业借融资租赁的名义开展非法集资活动。

融资租赁企业进口租赁物涉及配额、许可等管理的，应由购买租赁物方或产权所有方按有关规定办理相关手续，经营业务过程中涉及外汇管理事项的，应当遵守国家外汇管理有关规定。

融资租赁企业应当建立完善的内部风险控制体系，形成良好的风险资产分类管理制度、承租人信用评估制度、事后追偿和处置制度以及风险预警机制等。

为控制和降低风险，融资租赁企业应当对融资租赁项目进行认真调查，充分考虑和评估承租人持续支付租金的能力，采取多种方式降低违约风险，并加强对融资租赁项目的检查及后期管理。

融资租赁企业的风险资产不得超过净资产总额的10倍，且应严格按照国家有关规定按时缴纳各种税款。

（三）市场退出

融资租赁企业变更名称、异地迁址、增减注册资本金、改变组织形式、调整股权结构等，应事先通报省级主管部门。外商投资企业涉及前述变更事项，应按有关规定履行审批、备案等相关手续。企业应在办理变更工商登记手续后5个工作日内登录全国融资租赁企业管理信息系统修改上述信息。

总体来看，我国融资租赁业运转良好，但融资租赁企业市场退出机制尚未形成，建立市场退出机制尚未引起租赁企业和管理部门的足够重视。

案例专栏

融资租赁公司监管实践案例——以国银金融租赁有限公司为例

国银金融租赁有限公司（以下简称“国银金融租赁”）是经中国银行业监督管理委员会批准，国家开发银行对原深圳金融租赁有限公司进行股权重组并增资后变更设立的非银行金融机构，注册资本80亿元。

2016年10月，广西壮族自治区来宾市政府同意将50项公益性资产无偿划入来宾交投公司，并同意来宾交投公司以上述公益性资产作为租赁物，采用售后回租形式与国银金融租赁开展融资租赁项目。来宾市政府授权工业区管委会与来宾交投公司签署《政府购买服务协议》，要求财政局将采购资金纳入财政预算，并同意将购买协议项下的采购资金用于归还融资租赁项下租金。

来宾交投公司与国银金融租赁签订融资租赁协议，通过售后回租对没有收益的市政道路、排洪河桥等公益性资产融资15亿元。后经通报，来宾市政府及相关部门经协商后已撤回相关函件，并把其已到账的7亿元租赁本金，退回至国银金融租赁。

2018年11月2日，国银金融租赁由于“向地方政府融资并接受担保，以公益性市政资产作为租赁物，严重违反审慎经营规则”，深圳银保监局根据《银行业监督管理法》第四十六条，认为其“严重违反审慎经营原则”处以国银金融租赁100万元罚款。

为更好地理解融资租赁公司的监管，表3-3梳理了中国各个地方针对典当行的重要监管文件。由表3－3可知，融资租赁公司的监管可以追溯至2013年。在过去的近10年时间内，我国各地区陆续出台关于融资租赁公司的监管法规，规范了融资租赁公司的实施准则，促进融资租赁公司的有序运行。此外，2018年之前，各地针对融资租赁公司的监管规则主要由商务部、政府办公厅发布，而之后则由地方金融监管局具体实施。

表3－3　针对融资租赁公司的重要监管文件汇总

发布时间	文件名称	发文部门
2013年9月	《融资租赁企业监督管理办法》	商务部
2014年3月	《金融租赁公司管理办法》	银监会
2014年7月	《金融租赁公司专业子公司管理暂行规定》	银监会
2015年12月	《河北省人民政府办公厅关于加快融资租赁业发展的实施意见》	河北省人民政府办公厅
2015年9月	《国务院办公厅关于加快融资租赁业发展的指导意见》	国务院办公厅
2015年9月	《国务院办公厅关于促进金融租赁业健康发展的指导意见》	国务院办公厅
2016年1月	《吉林省人民政府办公厅关于加快融资租赁业发展的实施意见》	吉林省人民政府办公厅
2016年1月	《内蒙古自治区人民政府办公厅关于加快融资租赁业发展的实施意见》	内蒙古自治区人民政府办公厅
2016年12月	《广西壮族自治区人民政府办公厅关于促进融资租赁业发展的实施意见》	广西壮族自治区人民政府办公厅
2016年3月	《云南省人民政府办公厅关于促进融资租赁业发展的实施意见》	云南省人民政府办公厅
2016年5月	《福建省人民政府办公厅关于促进融资租赁业发展的意见》	福建省人民政府办公厅
2016年6月	《广东省人民政府办公厅关于加快融资租赁业发展的实施意见》	广东省人民政府办公厅
2016年8月	《上海市人民政府办公厅关于加快本市融资租赁业发展的实施意见》	上海市人民政府办公厅
2017年11月	《海南省人民政府办公厅关于印发海南省加快融资租赁业发展实施方案的通知》	海南省人民政府办公厅
2017年7月	《新疆维吾尔自治区人民政府关于加快融资租赁业发展的实施意见》	新疆维吾尔自治区人民政府
2019年3月	《山东省地方金融监督管理局关于开展融资租赁业务有关工作的通知》	山东省地方金融监督管理局
2019年7月	《关于加强我市融资租赁公司监督管理工作的指导意见》	天津市地方金融监督管理局

四、农民专业合作社监管实践

自2006年10月30日出台《中华人民共和国农民专业合作社法》以来，我国农民专业合作社数量急剧上升，已成为全国户数较多的行业，它在增加农民收入、加快新农村建设等方面起着不可替代的重要作用。按照“先发展，再规范”的思路，国家政府相关部门陆续实施了一系列扶持政策和管理制度。2017年12月27日，十二届全国人大常委会第三十一次会议又通过了新修订的《中华人民共和国农民专业合作社法》。新法不仅丰富了农民出资形式、取消了同类产品限制，确立了农民专业合作社联合社的法律地位，还规定了对农民专业合作社连续两年未从事经营活动的吊销其营业执照等严管措施。

该法规定农民专业合作社，是指在农村家庭承包经营的基础上，农产品的生产经营者或者农业生产经营服务的提供者、利用者，自愿联合、民主管理的互助性经济组织。农民专业合作社以其成员为主要服务对象，开展以下一种或者多种业务：(1) 农业生产资料的购买、使用；(2) 农产品的生产、销售、加工、运输、贮藏及其他相关服务；(3) 农村民间工艺及制品、休闲农业和乡村旅游资源的开发经营等；(4) 与农业生产经营有关的技术、信息、设施建设运营等服务。同时，应当遵循下列原则：(1) 成员以农民为主体；(2) 以服务成员为宗旨，谋求全体成员的共同利益；(3) 入社自愿、退社自由；(4) 成员地位平等，实行民主管理；(5) 盈余主要按照成员与农民专业合作社的交易量（额）比例返还。此外，该法还规定县级以上人民政府应当建立农民专业合作社工作的综合协调机制，统筹指导、协调、推动农民专业合作社的建设和发展。

为使对农业专业合作社的监督管理更加具有针对性，国家有关部门先后发布《农民专业合作社登记管理条例》《农民专业合作社解散、破产清算时接受国家财政直接补助形成的财产处置暂行办法》，使农民专业合作社在登记、解散破产清算时有法可依。

对于农业专业合作社的监管主要包括市场准入、市场运行、市场退出三方面。

（一）市场准入

设立农民专业合作社，应当具备下列条件：(1) 有5名以上符合相关法规规定的成员；（2）有符合相关法规规定的章程；（3）有符合相关法规规定的组织机构；（4）有符合法律、行政法规规定的名称和章程确定的住所；（5）有符合章程规定的成员出资。

可以用货币出资，也可以用实物、知识产权、土地经营权、林权等可以用货币估价并可以依法转让的非货币财产以及章程规定的其他方式作价出资。但是，法律、行政法规规定不得作为出资的财产除外。农民专业合作社成员不得以对该社或者其他成员的债权，充抵出资；不得以缴纳的出资，抵销对该社或者其他成员的债务。

应当召开由全体设立人参加的设立大会。设立时自愿成为该社成员的人为设立人。设立大会行使下列职权：（1）通过本社章程，章程应当由全体设立人一致通过；（2）选举产生理事长、理事、执行监事或者监事会成员；（3）审议其他重大事项。

合作社章程应当载明下列事项：（1）名称和住所；（2）业务范围；（3）成员资格及入社、退社和除名；（4）成员的权利和义务；（5）组织机构及其产生办法、职权、任期、议事规则；（6）成员的出资方式、出资额，成员出资的转让、继承、担保；（7）财务管理和盈余分配、亏损处理；（8）章程修改程序；（9）解散事由和清算办法；（10）公告事项及发布方式；（11）附加表决权的设立、行使方式和行使范围；（12）需要载明的其他事项。

应当向工商行政管理部门提交下列文件，申请设立登记：（1）登记申请书；（2）全体设立人签名、盖章的设立大会纪要；（3）全体设立人签名、盖章的章程；（4）法定代表人、理事的任职文件及身份证明；（5）出资成员签名、盖章的出资清单；（6）住所使用证明；（7）法律、行政法规规定的其他文件。

农民专业合作社的成员中，农民至少应当占成员总数的80%。成员总数20人以下的，可以有一个企业、事业单位或者社会组织成员；成员总数超过20人的，企业、事业单位和社会组织成员不得超过成员总数的5%。

（二）市场运行

农民专业合作社应成立成员大会，是本社的权力机构，行使下列职权：（1）修改章程；（2）选举和罢免理事长、理事、执行监事或者监事会成员；（3）决定重大财产处置、对外投资、对外担保和生产经营活动中的其他重大事项；（4）批准年度业务报告、盈余分配方案、亏损处理方案；（5）对合并、分立、解散、清算以及设立、加入联合社等作出决议；（6）决定聘用经营管理人员和专业技术人员的数量、资格和任期；（7）听取理事长或者理事会关于成员变动情况的报告，对成员的入社、除名等作出决议；（8）公积金的提取及使用；（9）章程规定的其他职权。

成员大会每年至少召开一次，会议的召集由章程规定。有下列情形之一的，应当在20日内召开临时成员大会：（1）30%以上的成员提议；（2）执行监事或者监事会提议；（3）章程规定的其他情形。

农民专业合作社设理事长一名，可以设理事会。理事长为本社的法定代表人。农民专业合作社可以设执行监事或者监事会。理事长、理事、经理和财务会计人员不得兼任监事。理事长、理事、执行监事或者监事会成员，由成员大会从本社成员中选举产生，依照本法和章程的规定行使职权，对成员大会负责。理事会会议、监事会会议的表决，实行一人一票。理事长或者理事会应当按照章程规定，组织编制年度业务报告、盈余分配方案、亏损处理方案以及财务会计报告，于成员大会召开的15日前，置备于办公地点，供成员查阅。

农民专业合作社应当为每个成员设立成员账户，主要记载下列内容：（1）该成员的出资额；（2）量化为该成员的公积金份额；（3）该成员与本社的交易量（额）。

3个以上的农民专业合作社在自愿的基础上，可以出资设立农民专业合作社联合社。农民专业合作社联合社应当有自己的名称、组织机构和住所，由联合社全体成员制定并承认的章程，以及符合章程规定的成员出资。

（三）市场退出

农民专业合作社因下列原因解散：（1）章程规定的解散事由出现；（2）成员大会决议解散；（3）因合并或者分立需要解散；（4）依法被吊销营业执照或者被撤销。因前款第1项、第2项、第4项原因解散的，应当在解散事由出现之日起15日内由成员大会推举成员组成清算组，开始解散清算。逾期不能组成清算组的，成员、债权人可以向人民法院申请指定成员组成清算组进行清算，人民法院应当受理该申请，并及时指定成员组成清算组进行清算。

清算组自成立之日起接管农民专业合作社，负责处理与清算有关未了结业务，清理财产和债权、债务，分配清偿债务后的剩余财产，代表农民专业合作社参与诉讼、仲裁或者其他法律程序，并在清算结束时办理注销登记。

清算组应当自成立之日起10日内通知农民专业合作社成员和债权人，并于60日内在报纸上公告。债权人应当自接到通知之日起30日内，未接到通知的自公告之日起

45 日内，向清算组申报债权。如果在规定期间内全部成员、债权人均已收到通知，免除清算组的公告义务。债权人申报债权，应当说明债权的有关事项，并提供证明材料。清算组应当对债权进行审查、登记。在申报债权期间，清算组不得对债权人进行清偿。

清算组负责制定包括清偿农民专业合作社员工的工资及社会保险费用，清偿所欠税款和其他各项债务，以及分配剩余财产在内的清算方案，经成员大会通过或者申请人民法院确认后实施。清算组发现农民专业合作社的财产不足以清偿债务的，应当依法向人民法院申请破产。

农民专业合作社合并，应当自合并决议作出之日起 10 日内通知债权人。合并各方的债权、债务应当由合并后存续或者新设的组织承继。

农民专业合作社连续两年未从事经营活动的，吊销其营业执照。

（四）“三农”扶持措施

鉴于“三农”问题在我国的重要性，《中华人民共和国农民专业合作社法》还规定了相应的扶持措施：（1）国家支持发展农业和农村经济的建设项目，可以委托和安排有条件的农民专业合作社实施。（2）中央和地方财政应当分别安排资金，支持农民专业合作社开展信息、培训、农产品标准与认证、农业生产基础设施建设、市场营销和技术推广等服务。国家对革命老区、民族地区、边疆地区和贫困地区的农民专业合作社给予优先扶助。县级以上人民政府有关部门应当依法加强对财政补助资金使用情况的监督。（3）国家政策性金融机构应当采取多种形式，为农民专业合作社提供多渠道的资金支持。具体支持政策由国务院规定。国家鼓励商业性金融机构采取多种形式，为农民专业合作社及其成员提供金融服务。国家鼓励保险机构为农民专业合作社提供多种形式的农业保险服务。鼓励农民专业合作社依法开展互助保险。（4）农民专业合作社享受国家规定的对农业生产、加工、流通、服务和其他涉农经济活动相应的税收优惠。（5）农民专业合作社从事农产品初加工用电执行农业生产用电价格，农民专业合作社生产性配套辅助设施用地按农用地管理，具体办法由国务院有关部门规定。

案例专栏

农民专业合作社监管实践案例——以莘县农民专业合作社为例

2015 年，为了促进农民增收、突破农业融资瓶颈、完善农村金融服务体系，山东省聊城市莘县开始开展农民专业合作社信用互助业务试点。

农民专业合作社信用互助业务试点应当遵循的原则包括：坚持服务“三农”的本质要求，着力解决农民生产经营活动中“小额、分散”的资金需求，促进农业农村发展；坚持社员制、封闭性原则，不吸储放贷，不支付固定回报，不对外投资，不以营利为目的；坚持社员自愿，互助合作，风险自担；坚持立足农村社区，社员管理，民主决策，公开透明；坚持独立核算，规范运营，遵纪守法，诚实守信；坚持统筹兼顾，精心组织，稳妥推进。

《聊城市农民专业合作社信用互助业务试点方案》要求，要按照农业、林业、水产、畜牧、农机等主业经营范畴和供销社领办等6大类别，对莘县现有的农民专业合作社进行梳理，摸清底数。

按照工商部门核定的农民专业合作社经营范围和供销合作社确认管理的名单，对莘县农民专业合作社进行分类，按照“谁审批、谁负责”和“谁主管、谁负责”的要求，对于经批准开展信用合作的农民专业合作社，由审批部门会同业务主管部门负责进行引导规范；对未经批准自行开展信用合作的农民专业合作社，由农业行政主管部门会同有关业务部门负责进行引导规范。

对莘县农民专业合作社，在归口管理和深入调研的基础上，由聊城市农业、林业、水产、畜牧、农机、供销社等行业主管部门分别牵头，人行、银保监局、地方金融监管局等部门参与，对莘县从合法合规、组织架构、规章制度、经营管理、人员资质、业务开展等方面进行分类指导和引导规范，规范引导目前农民专业合作社信用互助业务自发性、不规范性、趋利性等问题，达到“有法可依、有章可循、为三农服务、可持续规范发展”的试点工作目标。

符合条件的农民专业合作社，由所在地镇政府（街道办事处）会同行业主管部门联合出具推荐意见，向莘县地方金融监督管理局提出申请，莘县地方金融监督管理局会同相关部门会审同意后，由莘县地方金融监督管理局出具资格认定书，允许其开展信用互助业务，并报聊城市地方金融监督管理局登记备案。

农民专业合作社信用互助业务试点因被撤销或自愿退出而终止的，由县（市、区）地方金融监管局收回资格认定书并公示，同时发函至相关部门取消其信用互助业务的资格。由县（市、区）地方金融监管局会同有关部门及第三方机构进行资产清算和稳妥处置相关事项后终止退出。

为更好地理解农民专业合作社的监管，表3－4梳理了中国各个地方针对农民专业合作社的重要监管文件。由表3-4可知，农民专业合作社的监管可以追溯至2004年。在过去的近20年时间内，我国各地区陆续出台关于农民专业合作社的监管法规，规范了农民专业合作社的实施准则，促进农民专业合作社的有序运行。此外，2018年之前，各地针对农民专业合作社的监管规则主要由人大常务委员会、工商局发布，而之后则由地方金融监管局具体实施。

表3-4　针对农民专业合作社的重要监管文件汇总

发布时间	文件名称	发文部门
2004年11月	《浙江省农民专业合作社条例》	浙江省人民代表大会常务委员会
2007年12月	《湖北省实施〈中华人民共和国农民专业合作社法〉办法》	湖北省人民代表大会常务委员会
2008年3月	《农民专业合作社登记管理条例》	国务院
2008年12月	《关于加快发展农民专业合作社的通知》	云南省人民政府办公厅
2019年3月	《吉林省农民专业合作社条例》	吉林省人民代表大会常务委员会
2009年11月	《湖南省实施〈中华人民共和国农民专业合作社法〉办法》	湖南省人民代表大会常务委员会
2009年12月	《黑龙江省农民专业合作社条例》	黑龙江省人民代表大会常务委员会
2010年3月	《山东省农民专业合作社条例》	山东省人民代表大会常务委员会
2010年4月	《安徽省实施〈中华人民共和国农民专业合作社法〉办法》	安徽省人民代表大会常务委员会
2011年3月	《重庆市实施〈中华人民共和国农民专业合作社法〉办法》	重庆市人民代表大会常务委员会
2011年9月	《山西省农民专业合作社条例》	山西省人民代表大会常务委员会
2011年11月	《海南经济特区农民专业合作社条例》	海南省人民代表大会常务委员会
2011年12月	《江西省农民专业合作社条例》	江西省人民代表大会常务委员会
2012年5月	《湖北省工商局　湖北省农业厅关于农民专业合作社联社登记管理工作的试行意见》	湖北省工商行政管理局、湖北省农业厅
2012年7月	《新疆维吾尔自治区实施〈中华人民共和国农民专业合作社法〉办法》	新疆维吾尔自治区人民代表大会常务委员会
2013年10月	《关于做好农民专业合作社联合社登记管理工作的意见》	河南省工商行政管理局
2014年6月	《关于印发贵州省农民专业合作社联合社登记管理暂行办法的通知》	贵州省工商行政管理局
2014年7月	《天津市农民专业合作社促进条例》	天津市人民代表大会常务委员会

续表

发布时间	文件名称	发文部门
2014 年 9 月	《河北省农民合作社条例》	河北省人民代表大会常务委员会
2016 年 4 月	《甘肃省工商行政管理局　甘肃省农牧厅农民专业合作社联合社登记管理办法》	甘肃省工商局、甘肃省农牧厅
2017 年 11 月	《陕西省农民专业合作社联合社登记管理暂行办法》	陕西省工商行政管理局、陕西省农业厅、陕西省林业厅
2017 年 12 月	《中华人民共和国农民专业合作社法》	全国人民代表大会常务委员会
2019 年 6 月	《山东省农民专业合作社信用互助业务试点管理办法》	山东省地方金融监督管理局
2019 年 6 月	《农民专业合作社解散、破产清算时接受国家财政直接补助形成的财产处置暂行办法》	财政部、农业农村部

第二节　投资与增信类民间金融监管实践

一、融资性担保公司监管实践

我国融资性担保行业发展较晚。因此，长期以来我国的融资性担保行业缺乏专门的监管和行业法律法规。直到 2010 年 3 月 11 日，我国专门针对融资性担保公司的第一部较为成型的监管法案《融资性担保公司管理暂行办法》才正式出台。这部法案由中国银监会、国家发展改革委、工业和信息化部、财政部、商务部、中国人民银行和国家商务总局联合发布。

该法案出台后，各省（直辖市）也根据各自的情况纷纷采取相应措施规范融资担保行为。例如：广东省自 2010 年 11 月 1 日起，正式施行《广东省〈融资性担保公司管理暂行办法〉实施细则》，该细则明确了融资性担保公司可从事和禁止从事的业务；2010 年 6 月，山东省政府办公厅发布了《关于开展全省融资性担保公司规范整顿工作的通知》，随后在山东省全省开始开展融资性担保公司规范整顿工作；2011 年，四川省政府出台了《四川省融资性担保公司管理暂行办法》，确定了省融资性担保公司的监管部门，明确了省“金融办”主要负责融资性担保业务监管工作。

融资性担保公司监管虽然已经取得了一定的成效，但是在监管过程中还存在很多不足。以四川省为例，融资性担保公司监管主要存在以下不足：

（一）监管强制手段不足

四川省融资性担保公司的监管力度还不够，尤其缺乏监管强制性措施。从《融资性担保公司管理暂行办法》中的一些条文规定中明显可以看出导致这种问题的原因。比如第四十九条规定，监管部门具有对不符合法律法规的融资性担保公司进行罚款的行政处罚权，但是却没有说明实施处罚的情形范围和金额标准，使监管部门没有一套处罚的标准，而无法进行合规的监管。再如第十五条对融资性担保公司的撤销权进行了创设，但这和《中华人民共和国行政处罚法》（以下简称《行政处罚法》）中的“部委规章只能设定警告和罚款”的规定相矛盾，显然设定撤销权违反了《行政处罚法》，因此该规定不具有可操作性。而银行业的监管与之不同，《中华人民共和国银行业监督管理法》相比《融资性担保公司管理暂行办法》，使监管部门具有了强制性的监管手段：一是，监管部门可以对不符合要求的银行业机构直接实施行政强制措施。比如，对存在严重危及该机构的稳健运行、损害存款人和其他客户合法权益行为的银行业机构，可以直接责令暂停部分业务、停止批准开办新业务，责令调整董事、高级管理人员或者限制其权利，停止批准增设分支机构等，银行业机构整改完毕并经监管部门验收合格后方可解除。二是，监管部门对违反法律法规的银行业机构可以实施行政处罚。这些处罚，包括警告、罚款、没收违法所得、取消高管人员任职资格、撤销机构等。从对银行业的监管强制手段可以看出，融资性担保监管部门的监管严重缺乏强制手段，从而导致对融资性担保公司的监管效果不佳。

（二）监管重点比较模糊

四川省各级监管部门对融资性担保公司的监管重心没有放在动态监管上，如在非现场监管、现场检查、风险评价等这些环节上的监管很少涉及。但是，四川省各级监管部门对设立审批、高管人员审批等审批环节要求比较严格。这种现象造成了四川省融资性担保公司缺乏监管。从四川省汇通担保失败案例中，通过分析发现，监管部门偏离了监管重点也是该事件发生的重要原因。如果监管部门早些认识到监管重点不是在准入审批环节而是在动态监管上，就不会让四川汇通公司担保失败而损失惨重。其实，行政审批权力并不能带来监管权威，但是大部分监管部门却混淆了这二者之间的区别。值得监管部门思考的是，仅加强审批环节，而忽视日常监管，可能会造成比行政审批某个环节遗漏更严重的后果。

（三）监管措施不完善

通过四川省融资性担保公司监管实践发现，很多监管措施不够完善，未能达到预期的监管效果。尤其是以下几项措施，有待完善：一是，非现场监管制度仅仅被当成了只需要收集月末、季末报表，而风险预警作用未被体现。此外，对非现场情形基本的监测、汇总和分析基本上没有涉及，组织实施报表数据抽查等确保非现场监管数据真实可靠的措施都未能被实施。四川省对融资性担保公司的非现场监管没有做好风险预警的工作，只是关注事后的处置工作。二是，未结合监管实际情况，完全仿效商业银行 CAMELS 评级体系，一些监管评级指标体系设置上缺乏市场风险状况、扶持小微企业情况等适合融资性担保行业的特征。此外，评级的设置程序也很不合理，仅仅由评审机构自身提出建议，很容易造成由于评级人员的主观，产生不公平现象。三是，对于融资性担保公司的信息披露缺乏及时和真实性。很多融资性担保公司存在着内部管理、财税管理及不合法经营等问题。因此，这些公司故意隐瞒自身的经营状况及其他真实信息，信息透明度较差，使监管部门很少看到真实的公司运营状况。很明显，这种状况加大了监管的难度，使融资性担保公司得不到有效的监管。

（四）监管资源未被有效利用

目前，四川省对融资性担保公司的监管存在着严重的监管资源未被有效利用的问题。很多资源未被合理统筹安排，导致了监管资源浪费，主要体现在以下三方面：一是，融资性担保协会的行业自律作用未被充分发挥。行业自律作用能充分制约融资性担保公司的不合规行为，但是各级监管部门却忽视了这种作用，使这种监管资源被浪费。二是，“一行两会”传统金融监管的经验和优势未能得到借鉴和学习，融资性担保行业监管应在传统的金融监管基础上进行改进、完善。三是，融资性担保行业厅际联席会议中各组成部门的优势力量未被有效整合。厅际联席会议有很多部门，各个部门各有优势。比如，具有督促落实省委、省政府金融工作部署职能的省“金融办”，并未利用这种职能优势对各部门和人员进行统筹协调。这种没有统筹协调浪费掉以下机会：（1）请审计部门对融资性担保公司财务状况进行审计；（2）请工商部门核查担保公司经营范围；（3）请公安经侦部门开展非法集资的调查。因此，由于没有将这些优势资源进行整合，加重了一些部门的工作负担，导致监管不力。

案例专栏

融资性担保公司监管案例——以汇通信用融资担保有限公司为例

汇通担保公司是经四川省“金融办”备案登记，四川省工商行政管理局批准登记注册的一家民营融资担保公司。该公司成立于2004年7月，注册资本1亿元，经营范围为贷款担保、票据承兑担保、贸易融资担保、项目融资担保等担保类业务。2009年9月，在不具备履约能力的情况下，为扩大经营规模和处理坏账，汇通公司实际控制人杨某与该公司董事刘某等人决定成立平台公司对外吸资。汇通担保主要以两种方式发售债权：一是，通过P2P、第三方理财等机构发售项目产品获得筹资；二是，通过旗下注册的壳公司发起项目自行筹资。以高额利息为诱饵，向社会不特定群众宣传公司实力强大、投资有保障，通过公司员工介绍或虚构投资项目，由汇通公司提供担保，经投资理财类公司居间，向社会不特定群众进行非法集资。自2010年开始至2014年案发前，汇通公司通过多个平台公司（融缘中心、盈泽公司等）以高息为诱惑从社会吸收资金共计50.33亿元，吸收资金主要用于高风险的对外放贷，以赚取利差，其自有资金明显不足以维系资金运作，也不具有相应担保能力。经成都市中级人民法院审理，2010年1月1日至2014年7月31日，融缘中心累计非法集资25亿余元，累计支利息4亿余元，累计退还集资款23.2亿余元，未退还集资款金额为1.8亿余元，非法集资共涉及1 370人、69家公司。

汇通担保风险事件发生后，为尽快肃清该事件给社会带来的恶劣影响，也为避免类似事件的重复发生，以四川金融办为牵头部门，政府进行了以下五方面的工作部署：

一是，成立资产负债清算小组。以四川“金融办”为牵头单位，相关政府职能部门、汇通公司财务人员代表、债权人代表组成了资产负债清算小组，核实清算公司的资产、债务及投资人损益，做到“数据清、账务明”，清算财务数据均通过审计后公示。

二是，定期公布事件进展程度。四川“金融办”牵头召集涉及汇通担保非法集资事件的债权人代表开会，公布这一事件的清算小组名单，以及处理这一事件的应急方案，定期向债权人代表通报事件进展程度，由债权人代表出面传达，以稳定人心。

三是，公安机关经侦介入调查。公安机关经侦部门成立专门案件工作组，对该事件专项立案，对涉嫌人员进行拘留调查，对潜逃者进行追捕，尽力追回携款资金，为群众挽回损失。

四是，银行机构监测账户异动。要求银行职能部门认真履行法律责任和社会责任，积极配合政府、公安等部门做好相关工作。第一，加强对客户账户日常异动情况和涉嫌非法集资行为的监测分析，主动向监管部门或公安部门报告发现的线索，做好信息反馈与沟通。第二，积极配合案件处置，重点要配合做好案件调查取证、账户冻结和资金清退等工作，为案件处置提供便利条件。

五是，规避执行中项目违约行为。对执行中的项目加强监管力度，避免执行过程中项目乘乱牟利。为规避企业在汇通担保事件发生后不正常履行合同，拒绝支付本金及利息，四川“金融办”对执行中的项目进行了监管，清理了执行中的项目的合同履约情况，对履约情况有异常的企业进行了书面警示，以维护市场正常秩序。

为更好地理解融资性担保公司的监管，表 3－5 梳理了中国各个地方针对融资性担保公司的重要监管文件。由表 3－5 可知，融资性担保公司的监管起步较晚，最早追溯至 2010 年。随后，我国各地区陆续出台关于融资性担保公司的监管法规，规范了融资性担保公司的实施准则，促进融资性担保公司的有序运行。此外，各地针对融资性担保公司的监管规则主要由人民政府、银保监会（2018 年 4 月之前为银监会）、发展改革委、地方金融监管局等多部门制定和出台。

表 3－5　针对融资性担保公司的重要监管文件汇总

发布时间	文件名称	发文部门
2010 年 1 月	《福建省人民政府办公厅关于明确融资性担保业务监管职责（暂行）的通知》	福建省政府
2010 年 3 月	《融资性担保公司管理暂行办法》	银监会、发展改革委等
2010 年 4 月	《辽宁省融资性担保机构管理暂行办法》	辽宁省人民政府办公厅
2010 年 7 月	《内蒙古自治区融资性担保公司监督管理实施细则》	内蒙古自治区人民政府办公厅
2010 年 9 月	《广东省〈融资性担保公司管理暂行办法〉实施细则》	广东省人民政府
2010 年 9 月	《天津市融资性担保公司管理暂行办法》	天津市人民政府
2010 年 9 月	《陕西省融资性担保机构管理暂行办法》	陕西省人民政府办公厅
2010 年 10 月	《广西壮族自治区融资性担保公司管理暂行办法》	广西壮族自治区人民政府
2010 年 10 月	《贵州省融资性担保机构管理暂行办法》	贵州省政府
2010 年 11 月	《四川省融资性担保公司管理暂行办法》	四川省人民政府

续表

发布时间	文件名称	发文部门
2010 年 12 月	《北京市融资性担保公司管理暂行办法》	北京市金融工作局等
2010 年 12 月	《湖南省融资性担保公司管理暂行办法》	湖南省人民政府办公厅
2010 年 12 月	《黑龙江省融资性担保公司管理暂行办法实施细则》	黑龙江省人民政府办公厅
2010 年 12 月	《重庆市融资性担保公司管理实施细则（试行）》	重庆市人民政府办公厅
2010 年 12 月	《新疆维吾尔自治区融资性担保公司管理暂行办法》	新疆维吾尔自治区人民政府
2010 年 12 月	《甘肃省融资性担保机构审批管理办法》	甘肃省人民政府
2011 年 2 月	《宁夏回族自治区融资性担保公司管理实施细则》	宁夏回族自治区人民政府办公厅
2011 年 3 月	《深圳市〈融资性担保公司管理暂行办法〉实施细则》	深圳市人民政府
2011 年 4 月	《江苏省融资性担保公司监管工作指引（试行）》	江苏省人民政府办公厅
2011 年 7 月	《河南省融资性担保公司管理暂行办法》	河南省人民政府办公厅
2011 年 8 月	《云南省融资性担保公司管理实施细则》	云南省政府
2012 年 2 月	《青海省融资性担保机构管理暂行办法》	青海省人民政府办公厅
2012 年 6 月	《湖北省融资性担保公司管理办法》	湖北省人民政府办公厅
2012 年 7 月	《河北省融资性担保公司管理办法》	河北省人民政府
2012 年 7 月	《浙江省融资性担保公司管理试行办法》	浙江省人民政府办公厅
2012 年 9 月	《海南省融资性担保公司管理办法》	海南省人民政府办公厅
2013 年 7 月	《山西省人民政府办公厅关于加强融资性担保机构风险处置和建立监管责任制的通知》	山西省人民政府办公厅
2014 年 8 月	《安徽省融资性担保公司财务管理暂行办法（修订版）》	安徽省财政厅
2015 年 7 月	《重庆市金融工作办公室关于印发《重庆市融资性担保公司区县监管工作指引（试行）》	重庆市金融办
2016 年 1 月	《上海市融资性担保公司管理办法》	上海市人民政府
2016 年 1 月	《吉林省融资性担保机构管理实施细则》	吉林省财政厅、工商行政管理局等
2016 年 12 月	《西藏自治区融资性担保公司管理办法（试行）》	西藏自治区工信厅、发改委、财政厅、商务厅等
2017 年 8 月	《融资担保公司监督管理条例》	国务院
2018 年 1 月	《湖南省融资担保公司分类评级暂行办法（试行）》	湖南省地方金融监督管理局
2018 年 4 月	《融资担保业务经营许可证管理办法》	银监会、发展改革委等
2018 年 4 月	《融资担保公司资产比例管理办法》	银监会、发展改革委等
2018 年 4 月	《融资担保责任余额计量办法》	银监会、发展改革委等
2018 年 12 月	《江西省融资担保公司监督管理实施细则》	江西省人民政府

二、商业保理公司监管实践

2009 年，商务部等单位印发《关于推动商业信用销售健康发展的意见》（商秩发〔2009〕88 号），首次提出“开展商业保理业务试点，促进应收账款流转”。此后，2012 年 6 月，商务部印发《关于商业保理试点有关工作的通知》（商资函〔2012〕419

号），提出“同意在天津滨海新区、上海浦东新区开展商业保理试点，探索商业保理发展途径，更好地发挥商业保理在扩大出口、促进流通等方面的积极作用，支持中小商贸企业发展”，明确了由地区商务主管部门作为商业保理行业主管部门，制定商业保理管理办法和指导性文件并报送商务部，正式拉开了商业保理业务在我国发展的序幕。

2012 年 6 月至 2013 年 8 月，商务部先后批复允许在天津滨海新区、上海浦东新区、深圳市、广州市、重庆两江新区、苏南现代化建设示范区、苏州工业园区 7 个区域设立商业保理试点，各试点区域的保理业务管理办法相继出台，商业保理行业初具雏形。2015 年 8 月，商务部印发《关于支持自由贸易试验区创新发展的意见》（商资发〔2015〕313 号），提出“支持自贸试验区开展商业保理试点”，试点范围进一步拓宽。

在监管职责划转前，行业运行的规范主要参照商务部印发的《关于商业保理试点有关工作的通知》（商资函〔2012〕419 号），以及各地政府、商务部门基于此制定的商业保理公司管理办法、暂行办法。这些管理办法存在“重准入、轻经营监管”的问题，且对注册资本、实缴比例、主出资人主体情况、高管管理经验、办公场地等方面各地区要求不一，存在一定的差异。2013 年，深圳市率先启动商事制度改革，把“先证后照”改为“先照后证”，相继出台了商事主体和行政许可的权责清单，简化各类审批流程。随着深圳市商事制度改革的逐步深入，类金融企业的准入条件相应放宽，深圳前海地区将商业保理企业视为一般工商企业直接登记注册，大大降低了注册门槛，成为全国最大的商业保理企业聚集地。截至 2016 年年末，前海地区商业保理企业注册量占全国总数 80% 以上，占广东省的 98%。与此同时，部分非试点地区也开始设立商业保理企业。2017 年第五次全国金融工作会议召开后，部分省市出现抢注现象，商业保理企业数量出现爆发式增长。据银保监会公布的数据显示，截至 2019 年 6 月末，全国已注册商业保理企业 12 081 家，较 2018 年、2019 年年初分别增加 4 222 家和 540 家；全行业注册资金 8 487 亿元，较 2018 年、2019 年年初分别增加 1 117 亿元和 457 亿元。

2018 年 5 月，商务部办公厅印发《关于融资租赁公司、商业保理公司和典当行管理职责调整有关事宜的通知》（商办流通函〔2018〕165 号），指出“商务部已将制定融资租赁公司、商业保理公司、典当行业务经营和监管规则职责划给中国银行保险监督管理委员会，自 4 月 20 日起，有关职责由银保监会履行”，商业保理行业监管步入新纪元。

2019 年 4 月至 6 月，天津市金融监督管理局、上海市金融监督管理局相继发布有关商业保理的试行管理办法，首批完成了地方人民政府与地方金融监管局的划转交接。2019 年 10 月 22 日，中国银保监会向各地方金融监督管理局下发了《关于加强商业保理企业监督管理的通知》（银保监办发〔2019〕205 号，以下简称“205 号文”），商业保理行业迎来了首份统一监管文件。

“205 号文”从依法合规经营、加强监督管理、稳妥推进分类处置、严把市场准入关、压实监管责任和优化营商环境等六个方面对全国商业保理行业提出了比较具体的监管要求。

（一）依法合规经营

商业保理业务是供应商将其基于真实交易的应收账款转让给商业保理企业。商业保理企业开展业务，应遵守《合同法》等法律法规的有关规定，回归本源、专注主业、诚实守信、合规经营，不断提升服务实体经济质效；应完善公司治理，健全内部控制制度和风险管理体系，防范化解各类风险，保障安全稳健运行。

具体来说，商业保理企业提供的商业保理业务主要包括：（1）保理融资；（2）销售分户（分类）账管理；（3）应收账款催收；（4）非商业性坏账担保。

商业保理企业应主要经营商业保理业务，同时还可经营客户资信调查与评估、与商业保理相关的咨询服务。

商业保理企业不得有以下行为或经营以下业务：（1）吸收或变相吸收公众存款；（2）通过网络借贷信息中介机构、地方各类交易场所、资产管理机构以及私募投资基金等机构融入资金；（3）与其他商业保理企业拆借或变相拆借资金；（4）发放贷款或受托发放贷款；（5）专门从事或受托开展与商业保理无关的催收业务、讨债业务；（6）基于不合法基础交易合同、寄售合同、权属不清的应收账款、因票据或其他有价证券而产生的付款请求权等开展保理融资业务；（7）国家规定不得从事的其他活动。

商业保理企业可以向银保监会监管的银行和非银行金融机构融资，也可以通过股东借款、发行债券、再保理等渠道融资。融资来源必须符合国家相关法律法规的规定。

商业保理企业应积极转变业务模式，逐步提高正向保理业务比重，惠及更多供应链上下游中小企业；重点支持符合国家产业政策方向、主业集中于实体经济、技术先进、有市场竞争力的产业链上下游中小企业，助力实体经济和中小企业发展。

（二）加强监督管理

商业保理企业应遵守以下监管要求：（1）受让同一债务人的应收账款，不得超过风险资产总额的50%；（2）受让以其关联企业为债务人的应收账款，不得超过风险资产总额的40%；（3）将逾期90天未收回或未实现的保理融资款纳入不良资产管理；（4）计提的风险准备金，不得低于融资保理业务期末余额的1%；（5）风险资产不得超过净资产的10倍。

各地方金融监督管理局（以下简称“金融监管局”）要重点分析商业保理企业的财务状况、业务开展情况及经营风险，评价公司治理、内部控制、风险管理措施的有效性，关注风险的外溢和交叉传染。

各金融监管局要全面持续收集商业保理企业的经营管理和风险信息，清晰连续地了解和掌握企业基本状况，要求其定期报送报表资料，包括财务会计、统计报表、经营管理资料及其他资料。

各金融监管局要结合非现场监管发现的问题和风险监管要求，加大现场检查的力度，提升现场检查的深度和广度，提高检查的质量和效率。

现场检查可采取询问商业保理企业工作人员，查阅、复制与检查事项相关的文件、资料、系统数据等方式，并可委托第三方中介机构实施。

商业保理企业应在下列事项发生后10个工作日内向金融监管局报告：（1）单笔金额超过净资产5%的重大关联交易；（2）单笔金额超过净资产10%的重大债务；（3）单笔金额超过净资产20%的或有负债；（4）超过净资产10%的重大损失或赔偿责任；（5）重大待决诉讼、仲裁。

各金融监管局可根据风险监管需要，采取窗口指导、提高信息报送频率、督促开展自查、作出风险提示和通报、进行监管约谈、开展现场检查等常规性监管措施。

（三）稳妥推进分类处置

各金融监管局要通过信息交叉比对、实地走访、接受信访投诉等方式，继续核查辖内商业保理企业的数量和风险底数，按照经营风险、违法违规情形划分为正常经营、非正常经营和违法违规经营等三类。

正常经营类是指依法合规经营的企业。各金融监管局要对正常经营类商业保理企业按注册地审核其营业执照，公司章程，股东名单，高级管理人员名单和简历，经审计的近两年的资产负债表、利润表、现金流量表及规定的其他资料。对于接受并配合监管、在注册地有经营场所且登录“商业保理信息管理系统”或金融监管局指定信息系统完整填报信息的企业，各金融监管局要在报银保监会审核后分批分次进行公示，纳入监管名单。

非正常经营类主要是指“失联”和“空壳”等经营异常的企业。其中，“失联”企业是指满足以下条件之一的企业：无法取得联系；在企业登记住所实地排查无法找到；虽然可以联系到企业工作人员，但其并不知情也不能联系到企业实际控制人；连续3个月未按监管要求报送月报。“空壳”企业是指满足以下条件之一的企业：上一年度市场监管部门年度报告显示无经营；近6个月监管月报显示无经营；近6个月无纳税记录或“零申报”；近6个月无社保缴纳记录。

各金融监管局要督促非正常经营类和违法违规经营类企业整改。非正常经营类企业整改验收合格的，可纳入监管名单。拒绝整改或整改验收不合格的，各金融监管局要协调市场监管部门将其纳入异常经营名录，劝导其申请变更企业名称和业务范围、自愿注销或依法吊销营业执照。

违法违规经营类是指经营行为违反法律法规的企业。违法违规情节较轻且整改验收合格的，可纳入监管名单。整改验收不合格或违法违规情节严重的，各金融监管局要依法处罚或取缔，涉嫌违法犯罪的及时移送公安机关依法查处。

（四）严把市场准入关

在商业保理企业市场准入管理办法出台前，各金融监管局要协调市场监管部门严控商业保理企业登记注册。确有必要新设的，要与市场监管部门建立会商机制。严格控制商业保理企业变更注册地址，禁止跨省、自治区、直辖市、计划单列市变更注册地址。

各金融监管局要严格审核监管名单内商业保理企业股权变更申请，对新股东的背景实力、入股动机、入股资金来源等加强审查，严禁新股东以债务资金或委托资金等非自有资金入股商业保理企业。

（五）压实监管责任

银保监会负责制定商业保理企业业务经营和监管规则。各省（区、市）人民政府负责对辖内商业保理企业实施监督管理。各金融监管局具体负责统一归口监管。除新设审批和行政处罚外，各金融监管局可授权省级以下地方金融监管部门负责其他监管工作。建立专职监管员制度，专职监管员的人数、能力要与被监管对象数量相匹配。

各金融监管局要推动成立商业保理行业清理规范工作领导小组。组长由省（区、市）人民政府分管负责人担任，办公室设在金融监管局，成员单位包括市场监管、公安、人民银行、银保监、税务等部门。主要职责是：研究解决辖内商业保理行业重大问题，制定相关政策措施，加强工作指导，确保 2020 年 6 月末前完成存量商业保理企业清理规范工作，并向银保监会报告。

商业保理企业住所地金融监管局要牵头负责跨区域经营商业保理企业的监管，加强与分支机构所在地金融监管局的协调配合，定期共享跨区域经营的商业保理企业分支机构名单和经营信息，避免重复监管和监管真空。

（六）优化营商环境

各金融监管局要推动出台风险补偿、奖励、贴息等政策，引导商业保理企业更好地为中小微企业提供融资服务。自由贸易试验区内的商业保理企业可以按照有关规定享受自由贸易试验区关于商业保理企业和支持企业发展的各项优惠政策。

鼓励和支持银行保险机构与监管名单内商业保理企业进行合作，按照平等、自愿、公平和诚实信用原则提供融资。鼓励银行业金融机构向商业保理企业提供境外合作渠道支持，助力商业保理企业拓展国际业务。支持保险公司在风险可控的前提下，研究探索与商业保理企业加强业务合作，提供保险保障服务，增强商业保理企业风险抵御能力。

各金融监管局要加强对商业保理行业重大问题的研究，深入总结行业发展经验，综合研判本地商业保理行业的发展现状与潜在问题，持续引导商业保理行业高质量发展。

地方商业保理行业协会要积极发挥作用，加大对商业保理行业的宣传和普及力度，提升社会认知度；引导企业诚实守信、公平竞争、依法合规经营；通过培训、交流等方式，不断提高从业人员合规意识、内控和风险管理水平，促进行业健康发展。

在地方上，越来越多的地方金融监管部门也增强了对商业保理活动的监管力度。以广东省为例，2019 年 12 月 5 日，广东地方金融监督管理局发布了《关于进一步组织开展商业保理行业清理规范工作的通知》（粤金监函〔2019〕872 号），进一步组织开展商业保理行业清理规范工作，提出如下要求。

1. 企业自查

对照银保监办发〔2019〕205号文第三条、第四条、第七条有关商业保理企业的经营业务范围、经营负面清单，受让同一债务人的应收账款、受让以其关联企业为债务人的应收账款、不良资产管理、计提风险准备金、风险资产占净资产比率等若干监管指标和要求，商业保理企业开展自查自纠，进行业务调整，满足各项监管标准和要求。

2. 非现场系统核查

商业保理企业自行登录广东省地方金融数据快报系统（以下简称“省快报系统”，网址：https：//fdrs. gzclearing. com：8 088）上传营业执照，公司章程，股东名单，高级管理人员名单和简历，经审计的近两年资产负债表、利润表、现金流量表及规定的其他资料。通过系统填写近6个月纳税记录、社保记录，并上传佐证材料。各市金融主管部门应对企业上传省快报系统资料的完整性作出核查，并及时通知企业进行补正。

3. 现场检查

完成自查满足各项监管标准和要求，且通过非现场系统核查的商业保理企业可向属地市级金融主管部门申请现场检查。现场检查由各市金融主管部门组织，可委托第三方中介机构实施，重点检查企业落实银保监办发〔2019〕205号文监管标准和要求情况、是否存在违法违规经营行为等。必要时，可协调市场监管、税务等部门提供企业经营、税收信息。现场检查结束后，各市金融主管部门填写“广东省商业保理企业现场检查登记表”，并登录省快报系统上报，确保“一企一表”。

4. 分类处置

分类处置由各市金融主管部门根据银保监办发〔2019〕205号文第十三条、第十四条、第十五条和第十六条组织实施。对“空壳”“失联”等非正常经营类企业，各市金融主管部门应事前统一通告，维护企业权益。要严格非正常经营类和违法违规情节较轻企业整改验收工作程序和要求，整改验收完成后填写“广东省非正常经营类和违法违规情节较轻商业保理企业整改验收确认表”和“广东省商业保理企业现场检查登记表”，并登录省快报系统上报，防止弄虚作假、徇私舞弊行为。

5. 纳入监管名单

各市金融主管部门按银保监办发〔2019〕205号文有关规定，将正常经营类企业、非正常经营类验收合格企业和违法违规情节较轻验收合格企业纳入监管名单，填写“广东省纳入监管商业保理企业名单”，于2020年6月20日前报送省地方金融监督管理局，之后可分批分次报送。全省纳入监管名单由省地方金融监督管理局汇总各市名单，会省商业保理行业专项清理排查专责小组成员单位确定，并报告银保监会后进行公示。对未能纳入监管名单的企业，各市金融主管部门应建立名录库，加强跟踪管理，引导企业良性退出。

案例专栏

商业保理公司监管实践案例——以皕信商业保理有限公司为例

皕信商业保理有限公司（以下简称“皕信保理”）于2015年5月在天津市自由贸易试验区登记成立，注册资本5 000万元。2018年10月，天津市滨海新区市场监督管理局以“通过登记的住所或者经营场所无法联系”为由，将皕信保理列入“经营异常”名单，2020年4月10日，皕信保理又因未按照规定向地方金融监督管理部门报送相关经营信息等文件和资料的情况，受到天津市地方金融监督管理局责令其改正违法行为及缴纳20万元罚款的行政处罚。处罚依据是《天津市地方金融监督管理条例》第三十八条“地方金融组织未按照规定报送经营报告、财务报告、注册会计师出具的年度审计报告及相关经营信息等文件和资料，或者未报告其发生的重大金融风险情况的，由市地方金融监督管理部门责令限期改正，处五万元以上二十万元以下的罚款”。

这也是自2019年7月1日《天津市地方金融监督管理条例》正式实施后首家被处罚的商业保理公司。

为更好地理解商业保理公司的监管，表3－6梳理了中国各个地方针对商业保理公司的重要监管文件。由表3－6可知，针对商业保理公司的监管起步较晚，最早追溯至2009年。随后，我国各地区陆续出台关于商业保理公司的监管法规，规范商业保理公司的实施准则，促进商业保理公司的有序运行。此外，各地针对商业保理公司的监管规则主要由商务部、人民政府、银保监会、地方金融监管局等多部门制定和出台。

表3－6 针对商业保理公司的重要监管文件汇总

发布时间	文件名称	发文部门
2009年3月	《关于推动商业信用销售健康发展的意见》	商务部等
2012年6月	《商务部关于商业保理试点有关工作的通知》	商务部
2012年10月	《关于商业保理试点实施方案的复函》	商务部

续表

发布时间	文件名称	发文部门
2012 年 12 月	《商务部关于香港、澳门服务提供者在深圳市、广州市试点设立商业保理企业的通知》	商务部
2012 年 12 月	《关于印发上海市浦东新区设立商业保理企业试行办法的通知》	浦东新区政府
2012 年 12 月	《天津市商业保理业试点管理办法的通知》	天津市政府
2013 年 8 月	《商务部关于在重庆两江新区、苏南现代化建设示范区、苏州工业园区开展商业保理试点有关问题的复函》	商务部
2013 年 8 月	《深圳市外资商业保理试点审批工作暂行细则》	深圳市经信委
2014 年 11 月	《关于审理保理合同纠纷案件若干问题的审判委员会纪要》	天津市高级人民法院
2014 年 2 月	《中国（上海）自由贸易试验区商业保理业务管理暂行办法》.	中国（上海）自由贸易试验区管理委员会
2014 年 2 月	《广州市外商投资商业保理业试点管理办法（试行）》	广州市外经贸局、广州市金融办
2014 年 5 月	《北京市石景山区设立商业保理公司试行办法》	北京市石景山区商务委员会
2015 年 6 月	《南京市政府关于印发南京市商业保理（试点）管理办法的通知》	南京市政府
2018 年 5 月	《商务部办公厅关于融资租赁公司、商业保理公司和典当行管理职责调整有关事宜的通知》	商务部
2019 年 4 月	《天津市商业保理试点管理办法（试行）》	天津市金融局
2019 年 6 月	《上海市地方金融监督管理局关于进一步促进本市融资租赁公司、商业保理公司、典当行等三类机构规范健康发展强化事中事后监管的若干意见》	上海市金融局
2019 年 10 月	《关于加强商业保理企业监督管理的通知》	银保监会

知识链接

保理监管新规解读

“205 号文”保理新规共包含六个章节二十五项细则，秉持着监管政策的稳定性、连续性、一致性的要求，部分内容延续了各地方商务部门及部分地方金融局印发的试点管理办法，并在业务范围、融资渠道、风险管理（包括关联情况、客户集中度、风险计提等）、经营分类等方面提出了新的监管要求。以下提取“205 号文”新规中关注度较高的几项条款，进行比较分析。

一、商业保理业务定义：回归贸易本源

商业保理业务是供应商将其基于真实交易的应收账款转让给商业保理企业，由商业保理企业向其提供以下服务：保理融资、销售分户（分类）账管理、应收账款催收、非商业性坏账担保。商业保理企业应主要经营商业保理业务，同时还可经营客户资信调查与评估、与商业保理相关的资信服务。

此处主要参考了《商业银行保理业务管理暂行办法》（中国银监会令2014年第5号）、《天津市商业保理试点管理办法（试行）》（津金监规范〔2019〕1号）。其中，有两点值得关注：

1. 应收账款定义范围更窄

商业保理业务中对于应收账款的定义通常指企业因提供商品、服务或者出租资产而形成的金钱债权及其产生的收益，不包括票据或其他有价证券而产生的付款请求权，并强调了债权人的属性为企业、排除了基于贷款等信用活动产生的债权。相比于《应收账款质押登记办法》（中国人民银行令〔2007〕第4号）中的定义，商业保理业务中的定义更加窄小。

在205号新规中，监管给出的定义范围进一步收窄，强调了“供应商”与“真实交易”，虽未有进一步的官方解读，但预期将趋向回归到贸易活动的本源。

2. 首提非商业性坏账担保

非商业性坏账担保，通常是指保理商在给供应商的客户核定了一定的信用销售额度后，对于已核准的信用销售额度内的应收账款提供的坏账担保服务，即当债务人对已核准的应收账款不予付款时，保理商将在约定日向供应商承担付款责任。保理公司提供的非商业性坏账担保服务，仍以贸易场景及应收账款的转让为基础，有别于融资担保公司提供的以营利为目的的融资性商业担保业务。

二、融资路径：网贷私募等融资受限、ABS等合法融资行为通畅

商业保理企业不得有以下行为或经营以下业务：吸收或变相吸收公众存款；通过网络借贷信息中介机构、地方各类交易场所、资产管理机构以及私募投资基金等机构融入资金；与其他商业保理企业拆借或变相拆借资金；发放贷款或受托发放贷款；专门从事或受托开展与商业保理无关的催收业务、讨债业务；基于不合法基础交易合同、寄售合同、权属不清的应收账款、因票据或其他有价证券而产生的付款请求权等开展保理融资业务；国家规定不得从事的其他活动。

商业保理企业可以向银保监会监管的银行和非银行金融机构融资，也可以通过股东借款、发行债券、再保理等渠道融资。融资来源必须符合国家相关法律法规规定。

这部分基本延续了各地方商务部门发布的保理试点管理办法，并结合了上海金融监督管理局官网发布的《关于进一步促进本市融资租赁公司、商业保理公司、典当行等三类机构规范健康发展强化事中事后监管的若干意见》中对于网贷、地方各类交易场所及私募等融资渠道的限制。

三、风险管理：维持十倍杠杆不变，新增单一客户集中度限制、关联交易限制、不良资产管理、风险准备金计提规则

预计会对核心企业旗下的保理公司或以开展供应链 ABS 反向保理业务为主的第三方保理公司产生一定的影响。此处对于：(1) 债务人的定义（仅看项目公司，或看核心企业整体）；(2) 风险资产的定义、风险资产总额的参考时点及标准；(3) 集中度比例限制的时点要求，是报告期末还是动态监管；均未给出明确的定义和官方的解读，后续如何执行仍须持续关注。

四、经营分类：加速“失联”“空壳”等经营异常企业的退场

205 号保理新规将保理企业分为正常经营、非正常经营和违法违规经营三类，对分类标准及不同类型企业的监管处置手段予以明确。针对近年来因准入门槛宽松、事中事后监管缺乏而产生的大批量“空壳”等经营异常企业，监管有意加速其退场，营造更好的保理行业环境。

综上分析，可以认为，205 号保理新规从整个行业层面规范了准入要求并提出了多项经营监管指标，迈出了统一监管的第一步，有重大指导性意义。商业保理业务在缓解中小企业融资难、建立商业信用体系层面一直发挥着重要作用，随着监管职责的划转、监管新规的出台，商业保理行业将围绕“促发展”“控风险”两个核心指标有序健康成长。

三、投资公司监管实践

（一）创业投资公司

2005 年 9 月 7 日，国家发展改革委、证监会等十部委联合颁布《创业投资企业管理暂行办法》（以下简称《创投企业管理办法》），在部门规章层面确立“创业投资”表述，并对创业投资企业、创业投资、创业企业的界定，创业投资企业的设立、备案等相关事项作了规定，同时明确了发展改革委对创业投资企业的监管职能。彼时，在创业投资基金尚无其他法规规范的前提下，创业投资基金当属《创投企业管理办法》专门监管的范畴。

《创投企业管理办法》发布后，国家发展改革委陆续印发《关于做好创业投资企业备案申请受理工作的通知》（发改办财金〔2006〕774号）、《关于配合财税部门做好创业投资企业税收优惠政策实施工作的通知》（发改财金〔2007〕609号）、《关于加强创业投资企业备案管理严格规范创业投资企业募资行为的通知》（发改财金〔2009〕1827号）等多项针对创业投资企业的规范性文件，对创业投资企业的募资行为、备案管理及税收优惠的实施等作了较为详细的规定。

2013年7月5日，中国证监会召开私募基金监管工作新闻发布会，解释和说明根据中央机构编制委员会办公室印发的《关于私募股权基金管理职责分工的通知》（中央编办发〔2013〕22号）。其中，证监会负责包括创业投资基金在内的私募股权基金的监管工作，发展改革委负责组织、拟订促进私募股权基金发展的政策措施。

2014年3月7日，中国证监会在新闻发布会上再次确认，根据《基金职责分工通知》和中央编办《关于创业投资基金管理职责问题意见的函》，证监会负责包括创业投资基金在内的私募股权基金的监管工作。创业投资基金管理人和创业投资基金（包括以公司、合伙企业等形式设立的创业投资基金）也应当向基金业协会履行登记备案手续。

2014年8月21日，中国证监会颁布《私募投资基金监督管理暂行办法》（以下简称《私募基金监管办法》），该办法将私募证券基金和包括创业投资基金在内的私募股权基金统一纳入调整范围。

对于创业投资公司的监管主要包括市场准入、投资运作、政策扶持、投资标的限制、清算与结业五个方面。

1. 市场准入

设立与备案，发展改革委监管体系下的备案，根据《创投企业管理办法》，国家对创业投资企业实行备案管理。明确了在发展改革委备案的创业投资企业的主要条件、投资限制等内容，规定未遵照该办法备案的创业投资企业，不受创业投资企业管理部门的监管，不享受政策扶持。同时，根据国家发展改革委历年印发的做好年度备案创业投资企业年检工作的通知，备案管理部门应当在备案的创业投资企业年度检查合格后向其出具证明文件，以确保其能够及时享受相应税收或其他政策优惠。

2. 投资运作

（1）创业投资企业不得从事担保业务和房地产业务，但是购买自用房地产除外。

（2）创业投资企业可以以全额资产对外投资。其中，对企业的投资，仅限于未上市企业。但是，所投资的未上市企业上市后，创业投资企业所持股份的未转让部分及其配售部分不在此限。其他资金只能存放银行、购买国债或其他固定收益类的证券。

（3）创业投资企业对单家企业的投资不得超过创业投资企业总资产的20%，创业投资企业应当在章程、委托管理协议等法律文件中，明确管理运营费用或管理顾问机构的管理顾问费用的计提方式，建立管理成本约束机制。创业投资企业可以从已实现投资收益中提取一定比例作为对管理人员或管理顾问机构的业绩报酬，建立业绩激励机制。创业投资企业可以在法律规定的范围内通过债权融资方式增强投资能力。

3. 政策扶持

发展改革委对于创投公司给予相应的税收优惠：公司制创业投资企业采取股权投资方式直接投资于种子期、初创期科技型企业（以下简称“初创科技型企业”）满2年的，可以按照投资额的70%在股权持有满2年的当年抵扣该公司制创业投资企业的应纳税所得额；当年不足抵扣的，可以在以后纳税年度结转抵扣。有限合伙制创业投资企业（以下简称“合伙创投企业”）采取股权投资方式直接投资于初创科技型企业满2年的，该合伙创投企业的合伙人分别按以下方式处理：第一，法人合伙人可以按照对初创科技型企业投资额的70%抵扣法人合伙人从合伙创投企业分得的所得；当年不足抵扣的，可以在以后纳税年度结转抵扣。第二，个人合伙人可以按照对初创科技型企业投资额的70%抵扣个人合伙人从合伙创投企业分得的经营所得；当年不足抵扣的，可以在以后纳税年度结转抵扣。

4. 投资标的限制

中国证监会发布《上市公司创业投资基金股东减持股份的特别规定》（以下简称《减持特别规定》），规定符合特定条件并在基金业协会备案的创业投资基金，在其投资的早期中小企业或者高新技术企业上市后，较其他普通股东可更快速地通过集合竞价交易减持其持有的公司首次公开发行前发行的股份。具体条件如下：

一般适用条件，投资范围限于未上市企业，但是所投资企业上市后所持股份的未转让部分及通过上市公司分派或者配售新股取得的部分除外，投资方式限于股权投资或者依法可转换为股权的权益投资；在对外投资金额中，对早期中小企业和高新技术企业的合计投资金额占比50%以上。

投资标的的限制，《减持特别规定》所称“早期中小企业”，是指创业投资基金公司首次投资该企业时，该企业符合下列条件：成立不满60个月；经企业所在地县级以上劳动和社会保障部门或社会保险基金管理单位核定，职工人数不超过 500 人；根据会计事务所审计的年度合并会计报表，年销售额不超过 2 亿元、资产总额不超过 2 亿元；高新技术企业指截至发行申请材料受理日，该企业依据《高新技术企业认定管理办法》（国科发火〔2016〕32 号）已取得高新技术企业证书。

5. 清算与结业

（1）管理部门应当在每个会计年度结束后的 5 个月内，对创业投资企业及其管理顾问机构是否遵守第二、第三章各条款规定，进行年度检查。在必要时，可在第二、第三章相关条款规定的范围内，对其投资运作进行不定期检查。

（2）省级（含副省级城市）管理部门应当及时向国务院管理部门报告所辖地区创业投资企业的备案情况，并于每个会计年度结束后的 6 个月内报告已纳入备案管理范围的创业投资企业的投资运作情况。

（3）国务院管理部门应当加强对省级（含副省级城市）管理部门的指导。对未履行管理职责或管理不善的，应当建议其改正。造成不良后果的，应当建议其追究相关管理人员的失职责任。

（二）国有投资公司

国有资本投资公司主要以服务国家战略、优化国有资本布局、提升产业竞争力为目标。在关系国家安全、国民经济命脉的重要行业和关键领域，按照政府确定的国有资本布局和结构优化要求，以对战略性核心业务控股为主，通过开展投资融资、产业培育和资本运作等，发挥投资引导和结构调整作用，推动产业集聚、化解过剩产能和转型升级，培育核心竞争力和创新能力，积极参与国际竞争，着力提升国有资本控制力、影响力。

2018 年 7 月 30 日，国务院颁布了《国务院关于推进国有资本投资、运营公司改革试点的实施意见》（国发〔2018〕23 号），改组组建国有资本投资、运营公司，是以管资本为主改革国有资本授权经营体制的重要举措。按照《中共中央 国务院关于深化国有企业改革的指导意见》（中发〔2015〕22 号）、《国务院关于改革和完善国有资产管理体制的若干意见》（国发〔2015〕63 号）有关要求和党中央、国务院工作部署，为加快推进国有资本投资、运营公司改革试点工作。

1. 组建方式

按照国家确定的目标任务和布局领域，国有资本投资、运营公司可采取改组和新设两种方式设立。根据国有资本投资、运营公司的具体定位和发展需要，通过无偿划转或市场化方式重组整合相关国有资本。

划入国有资本投资、运营公司的资产，为现有企业整体股权（资产）或部分股权。股权划入后，按现行政策加快剥离国有企业办社会职能和解决历史遗留问题，采取市场化方式处置不良资产和业务等。股权划入涉及上市公司的，应符合证券监管相关规定。

2. 授权机制

按照国有资产监管机构授予出资人职责和政府直接授予出资人职责两种模式开展国有资本投资、运营公司试点。

（1）国有资产监管机构授权模式。政府授权国有资产监管机构依法对国有资本投资、运营公司履行出资人职责。国有资产监管机构根据国有资本投资、运营公司具体定位和实际情况，按照“一企一策”原则，授权国有资本投资、运营公司履行出资人职责，制定监管清单和责任清单，明确对国有资本投资、运营公司的监管内容和方式，依法落实国有资本投资、运营公司董事会职权。国有资本投资、运营公司对授权范围内的国有资本履行出资人职责。国有资产监管机构负责对国有资本投资、运营公司进行考核和评价，并定期向本级人民政府报告，重点说明所监管国有资本投资、运营公司贯彻国家战略目标、国有资产保值增值等情况。

（2）政府直接授权模式。政府直接授权国有资本投资、运营公司对授权范围内的国有资本履行出资人职责。国有资本投资、运营公司根据授权自主开展国有资本运作，贯彻落实国家战略和政策目标，定期向政府报告年度工作情况，重大事项及时报告。政府直接对国有资本投资、运营公司进行考核和评价等。

3. 运营模式

（1）组织架构。国有资本投资、运营公司要按照市场化、规范化、专业化的管理导向，建立职责清晰、精简高效、运行专业的管控模式，分别结合职能定位具体负责战略规划、制度建设、资源配置、资本运营、财务监管、风险管控、绩效评价等事项。

（2）履职行权。国有资本投资、运营公司应积极推动所持股企业建立规范、完善的法人治理结构，并通过股东大会表决、委派董事和监事等方式行使股东权利，形成以资本为纽带的投资与被投资关系，协调和引导所持股企业发展，实现有关战略意图。国有资本投资、运营公司委派的董事、监事要依法履职行权，对企业负有忠实义务和勤勉义务，切实维护股东权益，不干预所持股企业日常经营。

（3）选人用人机制。国有资本投资、运营公司要建立派出董事、监事候选人员库，由董事会下设的提名委员会根据拟任职公司情况提出差额适任人选，报董事会审议、任命。同时，要加强对派出董事、监事的业务培训、管理和考核评价。

（4）财务监管。国有资本投资、运营公司应当严格按照国家有关财务制度规定，加强公司财务管理，防范财务风险，督促所持股企业加强财务管理，落实风险管控责任，提高运营效率。

（5）收益管理。国有资本投资、运营公司以出资人身份，按照有关法律法规和公司章程，对所持股企业的利润分配进行审议表决，及时收取分红，并依规上交国有资本收益和使用管理留存收益。

（6）考核机制。国有资本投资公司建立以战略目标和财务效益为主的管控模式，对所持股企业考核侧重于执行公司战略和资本回报状况。国有资本运营公司建立财务管控模式，对所持股企业考核侧重于国有资本流动和保值增值状况。

4. 监督与约束机制

（1）完善监督体系。整合出资人监管和审计、纪检监察、巡视等监督力量，建立监督工作会商机制，按照事前规范制度、事中加强监控、事后强化问责的原则，加强对国有资本投资、运营公司的统筹监督，提高监督效能。纪检监察机构加强对国有资本投资、运营公司党组织、董事会、经理层的监督，强化对国有资本投资、运营公司领导人员廉洁从业、行使权力等的监督。国有资本投资、运营公司要建立内部常态化监督审计机制和信息公开制度，加强对权力集中、资金密集、资源富集、资产聚集等重点部门和岗位的监管，在不涉及国家秘密和企业商业秘密的前提下，依法依规、及时准确地披露公司治理以及管理架构、国有资本整体运营状况、关联交易、企业负责人薪酬等信息，建设“阳光国企”，主动接受社会监督。

（2）实施绩效评价。国有资本投资、运营公司要接受政府或国有资产监管机构的综合考核评价。考核评价内容主要包括贯彻国家战略，落实国有资本布局和结构优化目标，执行各项法律法规制度和公司章程，重大问题决策和重要干部任免，国有资本运营效率、保值增值、财务效益等方面。

案例专栏

投资公司监管实践案例——以上海银沙创业投资有限公司为例

上海银沙创业投资有限公司（以下简称“银沙创投”）成立于2007年5月24日。其注册地位于上海市长宁区，注册资本10 000万元，经营范围为创业投资、创业投资咨询、资产委托管理以及企业管理。其大股东是报喜鸟集团有限公司

(持股比例为60%),第二股东是自然人叶某(持股36%),叶某任银沙创投董事长兼总经理。经证监会查明,叶某利用"王某杰"账户于2012年2月1日至3日买入报喜鸟股票379 402股,2012年7月3日卖出报喜鸟股票29 402股;于2012年8月28日至12月10日买入报喜鸟股票1 524 602股,2013年2月4日至20日卖出报喜鸟股票1 274 602股。叶某的上述行为违反了《证券法》第四十七条的规定,构成《证券法》第一百九十五条所述的短线交易行为。银沙创投利用"郑某云"个人账户自2013年2月5日开始交易"龙净环保""文峰股份""中储股份"等股票,合计获利2 242 218.21元。银沙创投利用"郑某云"个人账户进行股票交易,违反了《证券法》第八十条的规定,构成《证券法》第二百零八条所述的行为。时为银沙创投法定代表人叶某是直接负责的主管人员。

根据当事人违法行为的事实、性质、情节和社会危害程度,依据《证券法》第一百九十五条、第二百零八条的规定,证监会依法作出以下处罚决定:一是对叶某的短线交易行为给予警告,并处以3万元罚款;二是对银沙创投利用"郑某云"个人账户进行股票交易的行为,责令银沙创投改正违法行为,没收违法所得2 242 218.21元,并处以等额罚款,并对直接负责的主管人员叶某给予警告,处以3万元罚款。

为更好地理解投资公司的监管,表3-7梳理了我国针对投资公司的重要监管文件。由表3-7可知,投资公司的监管起步最早追溯至2005年。随后,我国陆续出台关于投资公司的其他监管法规,促进了投资公司的有序运行。此外,对于投资公司的监管规则主要由发展改革委、证监会等部门制定和出台。

表3-7　针对投资公司重要的监管文件汇总

发布时间	文件名称	发文部门
2005年9月	《创业投资企业管理暂行办法》	国家发展和改革委、证监会
2006年4月	《国家发展改革委办公厅关于做好创业投资企业备案申请受理工作的通知》(发改办财金〔2006〕774号)	国家发展和改革委
2007年	《国家发展改革委关于配合财税部门做好创业投资企业税收优惠政策实施工作的通知》(发改财金〔2007〕609号)	国家发展和改革委
2009年	《国家发展和改革委关于加强创业投资企业备案管理严格规范创业投资企业募资行为的通知》(发改财金〔2009〕1827号)	国家发展和改革委
2013年	《关于私募股权基金管理职责分工的通知》(中央编办发〔2013〕22号)	中央编办

续表

发布时间	文件名称	发文部门
2014 年 3 月	《关于创业投资基金管理职责问题意见的函》	证监会
2014 年 8 月	《私募投资基金监督管理暂行办法》	证监会

四、地方资产管理公司监管实践

（一）地方资产管理公司的监管法规

截至 2019 年 11 月 4 日，涉及地方资产管理公司等方面的政策法规有：《关于地方资产管理公司开展金融企业不良资产批量收购处置业务资质认可条件等有关问题的通知》（银监发〔2013〕45 号）、《关于适当调整地方资产管理公司有关政策的函》（银监会〔2016〕1738 号）以及《金融企业不良资产批量转让管理办法》（财金〔2012〕6 号）、《关于规范金融资产管理公司不良资产收购业务的通知》（银监办发〔2016〕56 号）、《关于公布云南省、湖南省、湖北省、福建省、山东省、广西壮族自治区、天津市地方资产管理公司名单的通知》（银监会〔2017〕702 号）、《关于加强地方资产管理公司监督管理工作的通知》（银保监办发〔2019〕153 号）。下文对以上重要的监管文件分别进行介绍。

1.《金融企业不良资产批量转让管理办法》。该办法于 2012 年 2 月由财政部和银监会（现为银保监会）联合印发。该《办法》指出，省级人民政府可以设立或者授权地方资产管理公司（限一家），参与本省金融企业不良资产的相关批量收购和处置工作。该《办法》明确各省、直辖市可自己成立或授权有关地方金融资产管理公司共同参与本省（包括直辖市）有关不良资产的收购及处置。

2.《关于地方资产管理公司开展金融企业不良资产批量收购处置业务资质认可条件等有关问题的通知》。2013 年 11 月，银保监会根据《金融企业不良资产批量转让管理办法》，发布该《通知》。该《通知》明确规定了地方有关不良资产管理公司的准入门槛，即注册资本不低于 10 亿元。该通知对于业务范围也有所限制，规定不得以转让方式处置不良资产，仅允许以重组的方式参与本省（包括直辖市）不良资产的处置（批量 10 户以上）。自此，我国明确了地方资产管理公司（AMC）的准入门槛，并且明确了地方 AMC 的资质条件。

3.《关于加强地方资产管理公司监督管理工作的通知》。该通知于 2019 年 7 月 5

日由银保监会正式下发。根据文件，地方资产管理公司所收购以及处置的不良资产须符合有效、真实等条件，须通过相应的评估、估值等程序来进行市场的公允定价，从而实现资产以及风险完全、真实转移。不得在转让合同等正式法律文件以外，同转让方签订达成影响资产、风险真实完全的转移，或者改变风险承担主体、交易结构以及相关权益的转移过程等的协议或约定，不得以任何形式设置回购条款，不得帮助金融企业以虚假出表等方式掩盖不良资产，不得借收购不良资产之名为企业、项目提供融资，不得收购无真实交易背景或无实际对应资产的债权资产，不得向关系人、股东输送非法利益，不得以非法手段来进行清收。

（二）地方资产管理公司监管成效

2008 年之前，我国仅上海、重庆等 6 省市成立国有独资的地方资产管理公司，地方 AMC 还处于探索阶段。自 2012 年以来，为了支持地方资产管理公司发展，银保监会颁布一系列法律法规，行业监管规则不断完善，各地方陆续发布了本地 AMC 监管规则。

1. 限制地方资产管理公司的投资运作范围，明确其准入门槛

2012 年财政部、银监会印发的 6 号文和银监会 2013 年发布的 45 号文都对地方 AMC 作了限制性规定，主要包括：每个省原则上只能设立 1 家，只能在本区域内批量受让（十户以上），而且处置方式只能采取债务重组的方式，不能对外转让。除了投资运作，在准入门槛上，2013 年银监会发布的 45 号文，首次对地方 AMC 的准入条件及运作方式作了明确的规定，同时共有 26 家地方 AMC 获得银监会的批复。

2. 地方资产管理公司发展迅速且资产处置效率提高

2016 年银保监会发布 1738 号文，该文件解除了地方 AMC 关于收购不良资产以后不得对外转让这一“紧箍咒”，允许地方 AMC 以对外转让、债务重组等方式处置不良资产，允许省政府增设一家地方资产管理公司。因此，地方资产管理公司迎来大扩容、获得了发展，其数量快速新增 27 家。

2017 年银监会印发的 702 号文将不良资产批量转让组包户数由 10 户以上降低为 3 户及以上，降低了不良资产处置门槛，有利于地方资产管理公司加速处置不良资产，意味着地方资产管理公司继续扩容的同时，资产处置效率将越来越高。地方 AMC 业务模式的多元化发展，使得其牌照价值凸显。

此外，因地方 AMC 未发放金融牌照，银保监会特许“具备不良资产批量转让处

置业务资质备案”的准金融机构，不属于金融机构。这些规定减少了阻碍，有利于地方资产管理公司开展业务。

3. 153号文严格标准，把好“市场入口”和“市场出口”两道关

2019年银保监会发布的153号文，对于拟成立地方资产管理公司或尚未取得银保监会批复备案的地方资产管理公司而言，在股东准入、监督管理、解散退出等方面，将面临更加严格的审核和监管。该通知对地方资产管理公司给的设立条件、退出路径等作了进一步的明确。

153号文虽然是由银保监会发布，但是银保监会不会对地方资产管理公司开展日常检查和监管，也不会开展现场检查。为了改变地方资产管理公司作为融资平台赚取差价或通道费的现状，同时也鉴于少数几家地方资产管理公司已经出现风险的情况，153号文及时地对地方资产管理公司监管进行明确。153号文件的出台，主要对地方资产管理公司起到以下作用。

第一，回归本源，专注主业。地方资产管理公司设立的初衷，就是化解区域不良风险，促进区域经济转型。153号文对于地方资产管理公司的要求，与党中央要求金融机构回归主业、服务实体经济的精神相契合。同时，强调回归本源，不能简单地做银行通道，不能简单脱离不良从事债权业务，变相从事项目融资，不能通过私募债等向公众融资扩大杠杆。

关于回购等限制性规定主要来自银发〔2014〕127号《关于规范金融机构同业业务的通知》。然而，后来在实践中，出现了不少绕开该文的模式。一些机构可能会通过第三方通道+收益权互换或存单质押等方式，绕开127号文。同时，由于地方资产管理公司不属于持牌金融机构，于是很多银行认为与地方资产管理公司签订回购条款并不违反127号文。所以，以受让地方资产管理公司资产同时与地方资产管理公司进行回购交易的形式提供融资，这种模式风靡一时。此次153号文明确要求“不得设置任何显性或隐性的回购条款”，正是旨在堵上这个绕监管模式。此前，地方资产管理公司因受到的监管相对宽松，且不受3+1贷款资金流向监管和一系列宏观条款限制，使其有机会给房地产企业或政府平台提供项目资金。153号文明确“不得以收购不良名义为企业或项目提供融资”，这就堵住了上述灰色通道，并将倒逼地方AMC回购主业。

第二，坚持问题导向，压实监管责任。地方金融监管机构的机构设置、人员专业素质、监管经验等，与银保监会相比，仍存在不小的差距。153号文进一步厘清了银

保监会、地方金融监管机构的监管职责。对于地方金融监管机构对地方AMC的监管方式、监管内容、监管协商制度、监管问责制度等进一步明确，有利于地方金融监管机构更进一步发挥作用。

第三，鼓励政策支持，营造良好环境。地方资产管理公司自成立之初，就面临着政策配套不完善、监管和司法保障不足等问题。例如，地方资产管理公司与四大资产管理公司没有平等的法律主体地位，享有的相关资金资源有限，可运用的金融工具相对不足，融资渠道狭窄，等等。可以说，一直以来，这些问题大幅制约了地方资产管理公司不良资产主业的开展。

153号文为地方资产管理公司争取破解当前所面临的不良资产业务发展的困境提供了原则性的依据。但这也仅仅是原则性的依据，更加具体、更加完善的政策性优惠扶持文件，尚待相关部门制定。

案例专栏

地方资产管理公司监管实践案例——以吉林省金融资产管理有限公司为例

吉林省金融资产管理有限公司（以下简称“吉林资产”）成立于2015年，是吉林省内首家获批的地方资产管理公司。其首期实缴注册资本10亿元。公司的两大股东分别为宏运集团和由吉林省国资委控股的吉林金控。经营范围包括但不限于：（1）金融企业不良资产的批量收购、经营、处置；（2）对所收购不良贷款形成的资产进行租赁或者以其他形式转让、重组，追偿债务；（3）债权转股权，并对企业持股；（4）资产管理范围内公司的上市推荐及债券、股票承销；（5）经相关部门批准的不良资产证券化；（6）运用现金资本金对所管理的不良贷款的抵债实物资产进行必要投资；（7）受托对资产进行经营、管理和处置，从事企业及各类资产投资、并购和重组；（8）对外投资；（9）投资设立金融机构或类金融机构；（10）开展资产及项目评估，提供企业上市、风险管理服务；（11）受托管理私募股权投资基金、并购基金、创业投资基金、产业引导基金等；（12）票据贴现及结算业务；（13）提供破产管理、关闭、审计和清算服务；（14）从事财务、投资、法律及风险管理和咨询服务；（15）担保业务等。

在吉林资产成立后，宏运集团公司利用其大股东的优势地位和对公司决策的支配力，大量从事不在其经营范围和公司章程内的业务，将公司的主要资本出借给关联公司，致使公司账面货币资金大量缩减，远远低于公司注册资本，导致吉林资产无法正常开展不良资产的处置和收购业务。在吉林省金融工作办公室向其发出《关于吉林省金融资产管理有限公司有关事宜的函》（吉金办函〔2016〕487号）后，宏运集团仍未按照要求，将长期借出资金全部归位于资产管理公司。鉴于此，吉林资产被法院依法解散。吉林资产也成为首例被最高法院解散的地方资产管理公司。

为更好地理解地方资产管理公司的监管，表3-8梳理了我国针对地方资产管理公司的重要监管文件。由表3-8可知，针对地方资产管理公司的监管起步较晚，最早追溯至2013年。随后，我国各地区陆续出台关于地方资产管理公司的监管法规，不断规范地方资产管理公司的实施准则，促进了地方资产管理公司的有序运行。此外，针对地方资产管理公司的监管规则主要由银保监会（2018年4月之前称为银监会）、地方金融监管局、工业和信息化厅等多部门制定和出台。

表3-8 针对地方资产管理公司的重要监管文件汇总

发布时间	文件名称	发文部门
2013年11月	《中国银监会关于地方资产管理公司开展金融企业不良资产批量收购处置业务资质认可条件等有关问题的通知》	银监会
2015年1月	《金融资产管理公司监管办法》	银监会、财政部等
2016年3月	《山东省地方金融条例》	山东省政府金融办
2017年10月	《江西省地方资产管理公司监管试行办法》	江西省政府金融办
2019年5月	《四川省地方金融监督管理条例》	四川省地方金融监督管理局
2019年5月	《天津市地方金融监督管理条例》	天津市地方金融监督管理局
2019年7月	《关于加强地方资产管理公司监督管理工作的通知》	银保监会
2019年7月	《广东省支持中小企业融资的若干政策措施》	广东省地方金融监管局、工业和信息化厅等

第三节 互联网科技类民间金融监管实践

一、互联网支付机构监管实践

（一）互联网支付概念

互联网支付，指客户为购买特定商品或服务，通过计算机等设备，依托互联网发起支付指令，实现货币资金转移的行为。互联网支付是一种网上交易形式，主要表现形式为网银、第三方支付、移动支付。

（二）监管主体

对于网上银行业务，银保监会是其主要的主管部门。对于第三方支付，中国人民银行及其分支机构是其法定的监督管理者，而银保监会、证监会外汇管理局等在各自的监管范围内各司其职。对于移动支付，我国尚未明确具体由哪个部门负责统筹监管这个产业，目前的监管职责分散于不同的部门：人民银行主要负责制定支付结算规则，对开展移动支付业务的非金融机构进行监管；银保监会仅对手机银行业务进行监管，不负责监管非银行类结算业务；工业和信息化部主要负责对运营商的移动支付业务内容进行监管。

（三）监管模式

目前，我国中央银行主要利用区域性监管模式对网上银行进行监管。监管方式主要有对各商业银行网点指标增减、业务凭证、报表的检查稽核等。

在第三方支付监管领域，监管部门主要采用事前许可、事中监管、事后追惩的监管方式。在事前许可阶段，中国人民银行依据《中国人民银行法》等法律法规，对非金融机构实行支付业务许可制度。只要符合《非金融机构支付服务管理办法》的规定，任何非金融机构均可以开展第三方支付业务。未经中国人民银行批准，任何非金融机构和个人均不得开展或变相开展第三方支付业务。第三方支付平台与金融行业的融合发展尚处于初期阶段。因此，需要对风险防控、提示与预警以及用户资金走向是否正常等方面进行事中监控，从而规避道德风险和金融风险。事后追惩主要是对第三方支付的违法行为进行处罚，以切实维护社会公众的合法权益，保障第三方支付的法律秩序。

我国对移动支付的监管一直采用多头监管模式，主要由中国人民银行、银保监会和工信部三个部门分别负责，分业经营和分业监管格局明显。

（四）监管依据

2001 年 6 月，中国人民银行制定、颁布了《网上银行业务管理暂行办法》（中国人民银行令〔2001〕第 6 号），规定了网上银行业务的市场准入、网上银行业务的风险管理、法律责任等问题，为我国网上银行业务的监管提供了基本规范和依据。

2004 年 8 月，全国人民代表大会常务委员会颁布了《电子签名法》。这标志着我国对电子商务及网上银行的安全性管理已经做到了有法可依，同时为第三方支付平台的建立和发展提供了基本的法律保障。

2005 年 10 月，中国人民银行印发了《电子支付指引（第一号）》（中国人民银行公告〔2005〕第 23 号），对银行从事电子支付活动提出了指导性要求。

2006 年 1 月，中国银行业监督管理委员会颁布了《电子银行业务管理办法》（中国银行业监督管理委员会令〔2006〕第 5 号），为进一步规范和管理我国的网上银行市场奠定了良好的基础。

2010 年 6 月，中国人民银行颁布了《非金融机构支付服务管理办法》（中国人民银行令〔2010〕第 2 号），提出了针对非金融机构提供支付服务的准入批准、监督管理、处分处罚等管理措施，使我国的第三方支付企业有了明确的身份定位，是我国监管第三方支付的主要法规依据。同年 12 月，中国人民银行颁布了《非金融机构支付服务管理办法实施细则》（中国人民银行公告〔2010〕第 17 号），对《非金融机构支付服务管理办法》进行进一步补充和阐释。2011 年 6 月，中国人民银行颁布了《非金融机构支付服务业务系统认证管理规定》（中国人民银行公告〔2011〕第 14 号），配合前两部法律落实对第三方支付机构业务系统、通信系统等的支付业务安全管理要求。

2012 年 8 月，中国人民银行颁布了《中国人民银行关于建立支付机构监管报告制度的通知》（银发〔2012〕176 号），制定支付机构年度监管报告制度，通过对支付机构的公司治理、业务运营、内部控制、系统运行、风险管理等事项进行定期披露，达到对支付机构进行综合评价和全面监管的效果。

2013 年 6 月，中国人民银行颁布了《支付机构客户备付金存管办法》（中国人民银行公告〔2013〕第 6 号），对互联网第三方支付过程中客户备付金的使用、存放、划转等进行了法律规制。同年，中国人民银行颁布了《关于建立支付机构客户备付金信息核对校验机制文件的通知》（银发〔2013〕256 号），作为对《支付机构客户备付金存管办法》的补充性文件，提出了具体操作意见。

2014 年 4 月，中国银监会颁布了《中国银监会中国人民银行关于加强商业银行与第三方支付机构合作业务管理的通知》（银监发〔2014〕10 号），从客户身份认证、信息安全、交易限额、交易通知、赔付责任、第三方支付机构资质和行为、银行的相关风险管控等方面提出具体要求。

2015 年 7 月，中国人民银行、中国银监会、中国证监会等联合颁布了《关于促进互联网金融健康发展的指导意见》（银发〔2015〕221 号），支持金融机构开展互联网金融业务，鼓励开设互联网金融平台、产品和服务创新，鼓励银行业金融机构为第三方支付机构和网络贷款平台等提供资金存管、支付清算等配套服务。

2015 年 12 月，中国人民银行颁布了《非银行支付机构网络支付业务管理办法》（中国人民银行公告〔2015〕第 43 号），以规范非银行支付机构网络支付业务，防范支付风险，保护当事人合法权益。

2016 年 4 月，中国人民银行、中宣部、中央维稳办联合颁布了《十四部委关于印发〈非银行支付机构风险专项整治工作实施方案〉的通知》（银发〔2016〕112 号），为提升支付行业服务质量和效率，切实防范支付风险，重点针对以下两方面开展整治工作：（1）开展支付机构客户备付金风险和跨机构清算业务整治；（2）开展无证经营支付业务整治。

2015 年 12 月，中国人民银行颁布了《非银行支付机构分类评级管理办法》（以下简称《办法》）。《办法》以支付机构的合规经营情况、风险管理水平、可持续发展能力为基础，建立监管指标和子类管理指标，进行分类评级和管理。支付机构将被分为 5 类 11 级，央行将根据支付机构的分类评级结果采取差异化、针对性的监管措施。2016 年 7 月，中国人民银行颁布了《非银行支付机构网络支付业务管理办法》，要求支付机构依照有关规定接受分类评价，并执行相应的分类监管措施。

2017 年 7 月，中国人民银行颁布了《中国人民银行办公厅关于实施支付机构客户备付金集中存管有关事项的通知》（银办发〔2017〕10 号），自 2017 年 4 月 17 日起，支付机构应将客户备付金按照一定比例交存至指定机构专用存款账户。该账户资金暂定不计付利息。

2017 年 8 月，中国人民银行发布了《中国人民银行支付结算司关于将非银行支付机构网络支付业务由直连模式迁移至网联平台处理的通知》（银支付〔2017〕209 号）。自 2018 年 6 月 30 日起，支付机构受理的涉及银行账户的网络支付业务全部通过网联平台处理。同时，各银行和支付机构应于 2017 年 10 月 15 日前完成接入网联平台和业务迁移相关准备工作。

案例专栏

互联网支付机构监管实践案例——以支付宝网络技术有限公司为例

支付宝网络技术有限公司（以下简称“支付宝”）是国内领先的互联网第三方支付平台，成立于2004年。发展初期，支付宝并没有受到强监管。随着互联网第三方支付平台的发展，支付安全、资金流向等问题开始冒出来。例如，有些用户连接了黑Wi-Fi后导致支付宝账户被不法分子截获，不法分子则通过免密支付将资金转移。这种情况出现以后，既造成个人信息泄露，又造成个人损失。2016年“双十二”期间，苏州就出现过多起支付宝盗刷案件。当受害人打开支付宝的时候发现账号显示已退出登录，再次登录时地址却变成了广东，明显出现异常。此外，当卖家收到款后绝大多数卖家并不提现，而是将资金沉淀在支付宝账户。此后，卖家用该沉淀资金来进货，卖家支付宝余额转移到生产厂商的支付宝余额，生产厂商再用支付宝余额给员工发工资，员工再用支付宝消费。从而，这部分交易将在支付宝余额中形成闭环，最终造成央行对货币流通速度的误判和增大洗钱风险。

针对这些问题，国密局颁布了《关于开展商用密码检测认证工作的实施意见》，对互联网支付密码问题进行管理。人民银行颁布了《中国人民银行支付结算司关于将非银行支付机构网络支付业务由直连模式迁移至网联平台处理的通知》，要求第三方支付平台必须通过网联进行清算，将第三方平台的沉淀资金纳入金融体系。

为更好地理解互联网支付机构的监管，表3－9梳理了我国针对互联网支付机构的重要监管文件。由表3－9可知，针对互联网支付机构的监管起步最早追溯至2001年。随后，我国陆续出台关于互联网支付机构的其他监管法规，促进了互联网支付机构的有序运行。此外，对于互联网支付机构的监管规则主要由中国人民银行、银保监会（2018年之前称为银监会）等部门制定和出台。

表3－9 针对互联网支付机构的重要监管文件汇总

发布时间	文件名称	发文部门
2001年6月	《网上银行业务管理暂行办法》	中国人民银行
2004年8月	《电子签名法》	全国人大常务委员会
2005年10月	《电子支付指引（第一号）》	中国人民银行

续表

发布时间	文件名称	发文部门
2006 年 1 月	《电子银行业务管理办法》	银监会
2010 年 6 月	《非金融机构支付服务管理办法》	中国人民银行
2012 年 8 月	《中国人民银行关于建立支付机构监管报告制度的通知》	中国人民银行
2013 年 6 月	《支付机构客户备付金存管办法》	中国人民银行
2014 年 4 月	《中国银监会　中国人民银行关于加强商业银行与第三方支付机构合作业务管理的通知》	银监会等
2015 年 7 月	《关于促进互联网金融健康发展的指导意见》	中国人民银行等
2015 年 12 月	《非银行支付机构网络支付业务管理办法》	中国人民银行
2015 年 12 月	《非银行支付机构分类评级管理办法》	中国人民银行
2016 年 4 月	《十四部委关于印发〈非银行支付机构风险专项整治工作实施方案〉的通知》	中国人民银行等
2016 年 7 月	《非银行支付机构网络支付业务管理办法》	中国人民银行
2017 年 7 月	《中国人民银行办公厅关于实施支付机构客户备付金集中存管有关事项的通知》	中国人民银行
2017 年 8 月	《关于将非银行支付机构网络支付业务由直连模式迁移至网联平台处理的通知》	中国人民银行

二、互联网借贷机构监管实践

（一）互联网借贷概念

P2P 网络借贷，又称 P2P 网贷。其典型的模式为：网络信贷公司提供平台，由借贷双方自由竞价，撮合成交。资金借出人获取利息收益，并承担风险。资金借入人到期偿还本金；网络信贷公司收取中介服务费。P2P 网贷最大的优越性在于使传统银行难以覆盖的借款人在虚拟世界里能充分享受贷款的高效与便捷。

（二）监管主体

从《网络借贷信息中介机构业务活动管理暂行办法》规定来看，我国对 P2P 网络借贷行业的监管实行了“中央＋地方”的分权模式。(1) 在中央层面，银保监会负责制定行业发展政策和监管制度，并对地方监管部门进行指导。工业和信息化部负责对 P2P 网络借贷平台所涉及的电信业务进行监管。公安部负责打击金融犯罪维护网络安全。国家互联网信息办公室负责对金融信息服务、互联网信息内容进行监管。(2) 在地方层面，各地金融监管部门负责本辖区内 P2P 网络借贷平台的规范引导、备案管理、风险防范与处置。

（三）监管模式

根据《网络借贷信息中介机构业务活动管理暂行办法》来看，我国采取“备案管理+负面清单”模式对P2P网络借贷行业进行监管。在市场准入方面，我国采取事后备案制而不是审批制，这主要是为了充分发挥市场的自我调节作用。然而，市场准入的放宽，不可避免会带来一系列问题。这就要通过加大事后监管力度加以解决。

（四）监管依据

2011年4月，银监会发布《关于人人贷有关风险提示的通知》（银监办发〔2011〕254号），指出了P2P网络借贷的七大主要问题与风险，并要求银行业金融机构建立与人人贷中介公司之间的“防火墙”、加强银行从业人员管理、加强与工商管理部门的沟通，以此做好风险预警监测与防范工作。

2014年，国务院将P2P网络借贷的监管职责划归于银监会；2015年，银监会正式将P2P网络借贷平台等互联网金融机构纳入监管范围，相继制定了“四条红线”“五条导向”“十大原则”等。

2015年6月，最高人民法院审判委员会颁布了《最高人民法院关于审理民间借贷案件适用法律若干问题的规定》，划定了P2P网络借贷的利率红线：24%以下的年利率属于合法范围，24%—36%为灰色地带，36%以上不受法律保护。

2015年7月，中国银监会、中国人民银行、工业和信息化部等十部门联合印发了《关于促进互联网金融健康发展的指导意见》（银发〔2015〕221号），对P2P网络借贷的合法性进行了界定，将P2P网络借贷界定为合法的民间借贷。

2016年8月，中国银监会、工业和信息化部、公安部、国家互联网信息办公室联合发布《网络借贷信息中介机构业务活动管理暂行办法》（银监会令〔2016〕1号）（以下简称《办法》）。该《办法》将P2P网络监管平台的监管主体资格赋予地方金融监管部门，即各省级人民政府承担地方金融监管职责的部门，实行银监会和地方金融管理部门的“双负责”监管原则和“行为监管与机构监管并行”的监管思路。不仅如此，该办法还规定了中国互联网金融协会作为行业自律组织在网络借贷平台管理方面的具体职责。这标志着我国P2P网络监管正式进入监管时代。

2019年11月27日，“互金整治办”和“网贷整治办”共同发布了《关于网络借贷信息中介机构转型为小额贷款公司试点的指导意见》（整治办函〔2019〕83号），该文件指出，转型试点工作是在国务院金融稳定委员会统一领导下，由“互金整治办”和“网贷整治办”负责转型试点工作的组织和协调。拟转型网贷机构设立的单一省级区域经营的小贷公司注册资本不低于5 000万元（出资形式为货币）。拟转型网贷机构设立的全国经营的小贷公司注册资本不低于10亿元（出资形式为货币），首期实缴货币资本不低于5亿元，且为股东自有资金，其余部分子公司成立之日起6个月内缴足。同时，为提高风险处置和化解能力，小贷公司的首期实缴货币资本还应同时满足不低于转型时网贷机构借贷余额的1/10的要求。该文件还明确要求：转型平台必须承诺对存量业务承担兜底风险，同时签署相应的承诺函等法律文件。对新设的小贷公司前三年利润股东不得分红，用于弥补机构以前业务亏损。在转型时，新、老股东另有协议约定的除外。关于转型期限，该文件明确规定：网贷机构转型为小贷公司的期限，原则上不超过1年。存量业务规模在50亿元以上且借款期限大部分在1年以上的网贷机构，转型期限原则上不超过2年。自地方金融监管部门出具临时牌照批复文件之日起算，网贷机构应在转型期限内完成存量网贷业务清零并按规定完成相关整改。拟转型为全国经营的小贷公司的网贷机构还应具备符合条件的经营网络小额贷款业务的互联网平台，临时牌照方可更换为正式牌照。

案例专栏

互联网借贷机构监管实践案例——以淘金贷为例

淘金贷公司于2012年6月3日上线运营，以“秒标”活动开场。所谓秒标是淘金贷发布一个50万元的标，每笔投资最高限制3 888元，投满后公司立即支付本金与利息，利息为8.88%，同时额外获得0.28%的奖励，一个50万元的标短短几分钟内就已标满。6月6日，参与活动的投资者申请提现却发现无法操作。淘金贷回复称由于网站刚成立，出现技术故障导致无法提现，并保证第二天提现。6月7日，公司又以工作人员休息为由表示无法提现，随后多位客户致电淘金贷账户托管方环讯支付公司（以下简称“环讯支付”）。环讯支付限制淘金贷交易，6月8日，淘金贷在环讯支付托管的账户资金已经全部被划走，投资者无法登录淘金贷官方网站，淘金贷负责人陈某与外界失去联系。该事件涉及逾80名投资人，金额超过100万元。

随之警方介入，逮捕了犯罪嫌疑人，为投资者挽回了部分损失。但该事件引起了社会大众对互联网借贷平台的关注，行业信誉因此遭到了巨大打击。为规范网络借贷信息中介机构的业务活动，促进网络借贷行业的健康发展，2016 年银监会、工业和信息化部、公安部以及国家互联网信息办公室联合制定了《网络借贷信息中介机构业务活动管理暂行办法》。2018 年，针对 P2P 平台因逾期兑付问题或经营不善而停业、因涉嫌非法吸收公众存款被公安机关立案侦查等问题，P2P 网络借贷风险专项整治工作领导小组办公室正式下发《P2P 合规检查问题清单》，为网贷行业合规发展划定了统一标准。2020 年 3 月，中国银保监会发布的《关于预防银行业保险业从业人员金融违法犯罪的指导意见》对银行与互联网企业信贷等业务的合作作出了明确的规定。

为更好地理解互联网借贷机构的监管，表 3－10 梳理了我国针对互联网借贷机构的重要监管文件。由表 3－10 可知，针对互联网借贷机构的监管起步最早追溯至 2011 年。随后，我国陆续出台关于互联网借贷机构的其他监管法规，促进了互联网借贷机构的有序运行。此外，对于互联网借贷机构的监管规则主要由银保监会（2018 年之前称为“银监会”）制定和出台。

表 3－10 针对互联网借贷机构的重要监管文件汇总

发布时间	文件名称	发文部门
2011 年 4 月	《中国银监会办公厅关于人人贷有关风险提示的通知》	银监会
2015 年 6 月	《最高人民法院关于审理民间借贷案件适用法律若干问题的规定》	最高人民法院
2015 年 7 月	《中国人民银行 工业和信息化部 公安部 财政部 工商总局 法制办 银监会 证监会 保监会 国家互联网信息办公室关于促进互联网金融健康发展的指导意见》	银监会等
2016 年 8 月	《网络借贷信息中介机构业务活动管理暂行办法》	银监会等
2019 年 11 月	《关于网络借贷信息中介机构转型为小额贷款公司试点的指导意见》	互金整治办和网贷整治办

三、互联网众筹机构监管实践

（一）众筹的概念

众筹指利用互联网和 SNS 传播的特性，通过团购＋预购的形式，向网友募集项目资金的模式。众筹具有低门槛、多样性、依靠大众力量、注重创新等特征。

（二）监管主体

《关于促进互联网金融健康发展的指导意见》（银发〔2015〕221号）对互联网金融业态确立了“依法监管、适度监管、分类监管、协同监管、创新监管”的原则，确立了互联网支付、网络借贷、股权众筹融资、互联网基金销售、互联网保险、互联网信托和互联网消费金融等互联网金融主要业态的监管职责分工，落实了监管责任。其中，股权众筹融资业务由证监会负责监管。依据《私募股权众筹融资管理办法（试行）》（征求意见稿），对股权众筹融资行业的监管可能会向在证监会和地方证券管理部门的统一监管下、由中国证券业协会进行自律管理的方向发展。

（三）监管依据

1. 股权众筹监管

在股权众筹发展初期，众筹主要参照已有的《刑法》《证券法》《公司法》等法律、行政法规和部门规章进行监管。

发展至今，我国主要依照分级管理的监管思路对股权众筹平台进行监管。根据股权众筹的人群、是否公开、合格投资者的标准、是否豁免注册等指标，将对股权众筹的监管划分为三个监管层级，分别是股权众筹、互联网非公开股权融资（即私募股权众筹）、股权融资。从监管的严格程度来说，对股权众筹层级采取最为严格的监管，私募股权众筹层级次之，股权融资层级最低。

（1）股权众筹的监管依据。2015年7月，中国人民银行等十部委联合发布了《关于促进互联网金融健康发展的指导意见》（银发〔2015〕221号），明确了股权众筹的定义，明确了由证监会负责监管，肯定了股权众筹对我国资本市场的意义，被业界誉为互联网金融行业的“基本法”。

2015年8月，证监会发布了《关于对通过互联网开展股权融资活动的机构进行专项检查的通知》（证监办发〔2015〕44号，以下简称《通知》）。该《通知》明确指出：股权众筹融资主要是指通过互联网形式进行公开小额股权融资的活动。具体而言，是指创新创业者或小微企业通过股权众筹融资中介机构、互联网平台（互联网网站或其他类似的电子媒介）公开募集股本的活动。由于其具有“公开、小额、大众”的特征，涉及社会公众利益和国家金融安全，必须依法监管。该《通知》明确规定：未经国务院证券监督管理机构批准，任何单位和个人不得开展股权众筹融资活动。这条规定基本框定了股权众筹的门槛和监管尺度。

我国目前对融资平台、股权众筹项目、投资者门槛等条件设定及监管，甚至如何处理股权众筹与资本市场 IPO 的关系等，尚无明确规定。

（2）私募股权众筹的监管依据。2014 年 12 月，中国证券业协会发布了《私募股权众筹融资管理办法（试行）》（征求意见稿）（中证协发〔2014〕236 号，以下简称《办法》）。该《办法》第二条规定，私募股权众筹融资是指融资者通过股权众筹融资互联网平台（以下简称“股权众筹平台”）以非公开发行方式进行的股权融资活动。该《办法》对从事私募股权众筹的平台资格进行了明确的规定，融资者的范围是中小微企业或其发起人，并且对参与私募股权众筹融资的合格投资者进行了规定，其合格投资者的标准和我国证监会颁布的《私募投资基金监督管理暂行办法》对合格投资者规定的标准完全一致。可以看出，私募股权众筹实际就是私募股权投资基金的线上募资。

2015 年 7 月，中国证券业协会发布了《场外证券业务备案管理办法》，将“私募股权众筹”修改为“互联网非公开股权融资”，明确了官方对于股权众筹业态的界定。除了阿里巴巴、京东和平安取得股权众筹试点资质外，其他大部分互联网股权融资平台的业务被归属为“互联网非公开股权融资”的范畴。在上海、深圳证券交易所、期货交易所和全国中小企业股份转让系统以外开展的证券业务，纳入场内证券业务。

（3）股权融资的监管依据。一直以来，股权融资在我们的生产生活和经济活动中都占有重要地位。随着移动互联网的迅速发展和普及，大数据、云计算、第三方支付等基础的互联网基础设施日益完善，以此实现的人与人之间的多维度链接激发并扩大了线上股权融资的规模。当前，为了实现更加灵活的平台运作以及有技巧、有限度的规避监管，大部分开展股权融资业务的平台，例如京东东家、蚂蚁达客、36 氪、天使汇等，在名称上都刻意绕开了“股权众筹”“私募股权融资”的字眼。但以下两条监管红线是必须要严格遵循的：一是不能演变成非法发行证券的活动；二是不能逾越非法集资的刑法底线。

2. 商品众筹监管

虚假刷单是商品众筹监管面临的最为棘手的问题。所谓虚假刷单，是指通过刷单制造虚假的筹资金额、支持人数和评价，形成产品热销的假象。这种行为不仅严重误导了消费者、损害了消费者权益，而且还破坏了公平竞争的市场秩序。

2014年1月，国家工商行政管理总局颁布了《网络交易管理办法》（国家工商行政管理总局令〔2014〕第60号，以下简称《办法》）。该《办法》第十九条规定，虚假刷单行为构成“以虚构交易、删除不利评价等形式，为自己或他人提升商业信誉”的不正当竞争行为，应按照《反不正当竞争法》第二十四条的规定进行处罚，由监管部门责令停止违法行为，消除影响，并可以根据情节处以一万元以上二十万元以下的罚款。

案例专栏

互联网众筹机构监管实践案例
——以武汉融盈众筹服务有限公司与潘某合同纠纷案为例

武汉融盈众筹服务有限公司（以下简称“融盈公司”）于2015年4月24日成立。据武汉市硚口区人民法院民事判决书显示，原告融盈公司诉称，原、被告（自然人潘某）于2015年10月签订《众筹服务协议》，协议中约定原告为被告位于武汉市江汉区屋里烤吧项目提供众筹中介服务，被告向原告支付服务费，被告保证将本次众筹所获得的资金用于众筹项目公司的运营，不得挪作他用。众筹项目开始后，第三人通过原告参加了被告的众筹项目，并向被告支付了投资金额。其中，罗某支付5万元，其余16人各支付了1万元，共计21万元。但是，被告违反协议约定，在众筹完成前，私自将资金挪用。被告于2015年12月1日，向原告出具承诺书承认挪用事实，且承诺于2015年12月15日将该款项转交原告托管，但到期后被告却拒绝转交。原告向第三人告知了所有事实，第三人要求被告将投资金额返还。原告为避免群体性事件发生，与第三人分别达成债权转让协议，由原告向第三人代为返还其向被告支付的众筹投资金额21万元。第三人将其与被告之间所产生的追究被告违约责任的权利一并转移给原告，由原告代为追偿。现原告已向第三人垫付完毕，并将债权转让事实通知了被告，故原告诉至法院，请求判令：（1）被告偿付原告21万元及截至实际偿付之日的利息（利息按中国人民银行同期贷款利率计算，从2015年12月15日开始计算至付清之日）；（2）被告承担本案诉讼费用。

武汉市硚口区人民法院经调查取证后认为，被告潘某通过原告融盈公司在网络上发布众筹信息，第三人罗某等17人根据众筹信息向被告出资共计21万元。虽然众筹信息上以“每股”“股权”来表述该众筹项目，但是被告潘某与第三人罗某等17人的法律关系应按实际情况来判断。在本案中，屋里烧烤店在众筹前已经成立为个体工商户，作为个体工商户并不具有公司法意义上的股份。而在被告潘某收取第三人的款项后，各方也并未成立以被告及第三人为股东的有限责任公司。故被告潘某与第三人罗某等17人之间不能被视作公司法意义上的公司股东关系，第三人罗某等17人的出资行为并非入股行为。

对于众筹之后如何经营该项目，原告、被告及第三人均表示应该成立合伙企业。现双方之间尚未达成口头或书面的合伙协议，而第三人也未参与店铺的实际经营及合伙利益分配。故原告及第三人之间未成立合伙关系，第三人的投资款亦不能认定为合伙出资。在被告潘某及第三人就出资事宜无法达成口头或书面协议的情况下，第三人的投资目的不能实现，其有权选择收回投资款的方式来保护自己的民事权益。另外，就第三人罗某等17人而言，其基于对原告融盈公司众筹广告中载明的投资收益的期望，而向该项目出资，被告潘某收到投资款后，将投资款挪作他用，并且未在承诺的期限内将该款项交给原告融盈公司托管，第三人罗某等17人基于对其资金安全的考虑及投资行为能否实现预期收益的合理怀疑，有权终止投资行为，要求原告返还投资款。另外，被告收到投资款后，并不当然地有权单独处置该投资款。如何处理这些资金应依法进行，被告潘某作为筹资行动的发起人，尤其应当谨慎行事。

综上所述，债权人可将合同的权利全部或部分转让。原告融盈公司与第三人罗某等17人签订的《债权转让协议》，是当事人的真实意思表示，未违反法律法规的强制性规定，合法有效。第三人罗某等17人将其对被告因众筹项目所产生的债权及其附属的一切权利转让给原告融盈公司，该债权转让协议签订后，也通知了被告，该转让行为对被告发生效力。故原告融盈公司有权要求被告返还投资款21万元，并赔偿损失。原告融盈公司请求被告潘某按照中国人民银行同期贷款利率计算2015年12月15日起至该款付清之日止的利息损失，法院予以支持。

为更好地理解互联网众筹机构的监管，表3－11梳理了我国针对互联网众筹机构的重要监管文件。由表3－11可知，针对互联网众筹机构的监管起步比较晚，最早追溯至2014年。随后，我国陆续出台关于互联网众筹机构的其他监管法规。此外，对于互联网众筹机构的监管规则主要由证监会、中国人民银行等部门制定和出台。

表 3-11　针对互联网众筹机构的重要监管文件汇总

发布时间	文件名称	发文部门
2014 年 12 月	《私募股权众筹融资管理办法（试行）（征求意见稿）》	证券业协会
2015 年 7 月	《场外证券业务备案管理办法》	证券业协会
2015 年 7 月	《关于促进互联网金融健康发展的指导意见》	中国人民银行等
2015 年 8 月	《关于对通过互联网开展股权融资活动的机构进行专项检查的通知》	证监会

四、互联网供应链金融监管实践

2019 年 7 月，银保监会向各大银行、保险机构下发《中国银保监会办公厅关于推动供应链金融服务实体经济的指导意见》（银保监办发〔2019〕155 号），要求银行保险机构应依托供应链核心企业，基于核心企业与上下游链条企业之间的真实交易，整合物流、信息流、资金流等各类信息，为供应链上下游链条企业提供融资、结算、现金管理等一揽子综合金融服务。

（一）监管依据

2016 年 2 月，中国人民银行等八部委联合发布了《关于金融支持工业稳增长调结构增效益的若干意见》（以下简称《意见》）。该《意见》提出，推动更多供应链加入应收账款质押融资服务平台，支持商业银行进一步扩大应收账款质押融资规模。

2017 年 5 月，中国人民银行等五部委联合发布《小微企业应收账款融资专项行动工作方案（2017—2019 年）》指出，要推动地方政府为中小企业开展政府采购项下融资业务提供便利，支持政府采购供应商依法依规开展融资。要动员国有大企业、大型民营企业等供应链核心企业支持小微企业供应商开展在线应收账款融资业务。

2017 年 10 月，国务院办公厅发布了《关于积极推进供应链创新与应用的指导意见》（国办发〔2017〕84 号），提出到 2020 年，形成一批适合我国国情的供应链发展新技术和新模式，基本形成覆盖我国重点产业的智慧供应链体系。供应链在促进降本增效、供需匹配和产业升级中的作用显著增强，成为供给侧结构性改革的重要支撑。培育 100 家左右的全球供应链领先企业。重点产业的供应链竞争力进入世界前列，中国成为全球供应链创新与应用的重要中心。

2018 年 4 月，商务部等八部委联合发布了《关于开展供应链创新与应用试点的通知》，提出推动供应链核心企业与商业银行、相关企业等开展合作，创新供应链金融服务模式，发挥上海票据交易所、中征应收账款融资服务平台和动产融资统一登记公示系统等金融基础设施作用。在有效防范风险的基础上，积极稳妥开展供应链金融业务，为资金进入实体经济提供安全通道，为符合条件的中小微企业提供成本较低、高效快捷的金融服务。

2019 年 7 月，银保监会向各大银行、保险机构下发《中国银保监会办公厅关于推动供应链金融服务实体经济的指导意见》（银保监办发〔2019〕155 号，以下简称《意见》），对指导银行保险机构规范开展供应链金融业务，规范创新供应链金融业务模式，加强供应链金融风险管控作出更为细化的规定。其中，明确要求坚持全面管控风险。

（二）监管原则

《意见》指出，银行保险机构在开展供应链金融业务时应坚持四大基本原则：

一是，坚持精准金融服务。以市场需求为导向，重点支持符合国家产业政策方向、主业集中于实体经济、技术先进、有市场竞争力的产业链链条企业。

二是，坚持交易背景真实，严防虚假交易、虚构融资、非法获利现象。

三是，坚持交易信息可得，确保直接获取第一手的原始交易信息和数据。

四是，坚持全面管控风险，既要关注核心企业的风险变化，也要监测上下游链条企业的风险。

（三）供应链金融风险管控要求

《意见》指出，在规范创新供应链金融业务模式方面，要做到以下七个方面：一是，提供全产业链金融服务。鼓励银行业金融机构在充分保障客户信息安全的前提下，将金融服务向上游供应前端和下游消费终端延伸，提供覆盖全产业链的金融服务。应根据产业链特点和各交易环节融资需求，量身定制供应链综合金融服务方案。二是，依托核心企业。鼓励银行业金融机构加强与供应链核心企业的合作，推动核心企业为上下游链条企业增信或向银行提供有效信息，实现全产业链协同健康发展。对于上游企业供应链融资业务，推动核心企业将账款直接付款至专户。对于下游企业供应链融资业务，推动核心企业协助银行整合“三流”信息，并合理承担担保、回购、差额补足等责任。三是，创新发展在线业务。鼓励银行业金融机构在依法合规、信息交互充分、风险管控有效的基础上，运用互联网、物联网、区块链、生物识别、人工智能等技术，与核心企业等合作搭建服务上下游链条企业的供应链金融服务平台，完善风险管控技术和模型，创新发展在线金融产品和服务，实施在线审批和放款，更好地满足企业融资需求。四是，优化结算业务。银行业金融机构应根据供应链上下游链条企业的行业结算特点，以及不同交易环节的结算需求，拓展符合企业实际的支付结算和现金管理服务，提升供应链支付结算效率。五是，发展保险业务。保险机构应根据供应链发展特点，在供应链融资业务中稳妥开展各类信用保证保险业务，为上下游链条企业获取融资提供增信支持。六是，加强小微民营企业金融服务。鼓励银行保险机构加强对供应链上下游小微企业、民营企业的金融支持，提高金融服务的覆盖面、可得性和便利性，合理确定贷款期限，努力降低企业融资成本。七是，加强“三农”金融服务。鼓励银行保险机构开展农业供应链金融服务和创新，支持订单农户参加农业保险，将金融服务延伸至种植户、养殖户等终端农户，以核心企业带动农村企业和农户发展，促进乡村振兴。

案例专栏

互联网供应链金融监管实践案例——以京东金融、湖湘财富为例

京东金融涉足互联网供应链金融领域的代表平台是“京保贝”。“京保贝”于2013年年底上线，其业务模式是中小企业用账单和应收账款等作为质押担保物在京东供应链平台上获取银行授信贷款。“京保贝”主营服务分别是：单笔应收账款融资、单笔订单融资、应收账款池融资和订单池融资。按照相关监管原则，“京保贝”只受理与京东商城合作满3个月，且为实物供应商（虚拟物品销售如机票，充值卡等无法准入）的融资申请，且根据供应商的产品的入库情况、销售情况、合作时间等作出评级，评级较高者才可获得融资，以此来保证交易背景真实、交易信息可得，避免虚假交易、虚构融资等违法现象。

湖湘财富于2013年11月上线运营，是长沙博澳投资管理有限公司旗下的互联网供应链金融平台。据湖湘财富官网介绍，湖湘财富于2017年引进湖南中安资源集团公司和张家界华瑞国有资产经营管理有限公司两大国企。湖湘财富旨在为有资金需求的借款人和有理财需求的出借人，提供专业、安全、便捷、高效的金融科技服务。其供应链金融产品主要有“砂石宝”“旅游宝”等，但从其借款合同及出借须知等文件上却没有看到供应链融资的特征，却与P2P网贷业务特征一样。从交

易特征上看，湖湘财富打着互联网供应链金融融资业务的旗号，却实际从事 P2P 网贷业务。2019 年，长沙市公安局在接到众多湖湘财富平台集资参与人报案后，依法对长沙博澳投资管理有限公司涉嫌非法吸收公众存款案立案侦查。2019 年 10 月 16 日，湖南省地方金融监管管理局发布公告，对包括湖湘财富在内的 24 家网贷机构开展的 P2P 业务一并予以取缔，截至 2020 年 4 月 30 日，湖湘财富官方网站联系电话已无法打通。

为更好地理解互联网供应链金融行业的监管，表 3－12 梳理了我国针对互联网供应链金融行业的重要监管文件。由表 3－12 可知，针对互联网借贷机构的监管起步最早追溯至 2016 年。随后，我国陆续出台关于互联网供应链金融行业的其他监管法规，促进了互联网供应链金融行业的有序运行。此外，对于互联网供应链金融行业的监管规则主要由中国人民银行、银保监会（2018 年之前称为银监会）制定和出台。

表 3－12 针对互联网供应链金融行业的重要监管文件汇总

发布时间	文件名称	发文部门
2016 年 2 月	《关于金融支持工业稳增长调结构增效益的若干意见》	中国人民银行等
2017 年 5 月	《小微企业应收账款融资专项行动工作方案（2017—2019 年）》	中国人民银行等
2017 年 10 月	《国务院办公厅关于积极推进供应链创新与应用的指导意见》	国务院
2018 年 4 月	《关于开展供应链创新与应用试点的通知》	商务部等
2019 年 7 月	《中国银保监会办公厅关于推动供应链金融服务实体经济的指导意见》	银保监会

第四节 交易平台类民间金融监管实践

一、区域性股权交易平台监管实践

国务院于 2011 年 11 月 11 日以国发〔2011〕38 号文的形式下发了《关于清理整顿各类交易场所切实防范金融风险的决定》（以下简称“国务院 38 号文”）。就目前情况来看，我国区域性股权交易市场的发展逐渐受到国家重视，各项法律法规也在相继出台。区域性股权交易市场是按照属地原则，接受省级人民政府监管。可是，这种监管并不是完全的属地监管。也就是说，区域性股权交易市场的发展并不完全是由省级人民政府监管。然而，根据自律监管和集中监管的定义，区域性股权交易市场的监管既没有由证券业协会、证券交易所等组织进行自律监管，也不是在全国证券监管法规下的政府集中监管，而是在省级人民政府的扶持下成立，并接受省级人民政府的监管，但又不完全由省级人民政府监管。这种监管模式极其特别。其实，就像前面所说，区域性股权交易市场作为中国资本主义市场的最底层，有一定的特殊性。至今，我国都没有出台明确的针对三板市场的配套规定和措施。然而，四板市场与三板市场之间紧密相关。新修改的证券法虽然对场外交易的合法性给予了法律上的明确肯定地位，但仍然没有对具体的监管制定相配套的规定，从而使得这一法律上的正名的象征意义大于实际意义。而对于市场急需的解决措施依然“杳无音讯”，并不符合证券市场追寻效率、争分夺秒的本质需求。

2017年国务院下发《国务院办公厅关于规范发展区域性股权市场的通知》（以下简称《通知》），中国各区域性股权交易所由此正式进入规范发展阶段。该《通知》明确了各项规范发展的硬性指标，为各地方股权交易中心的业务活动规定了相应的条例与法律规范。此后，为正式落实《通知》，中国证券监督管理委员会随后出台《区域性股权市场监督管理试行办法》，对统一区域性股权交易市场的业务规则和监管标准，完善多层次资本市场体系，贯彻落实“大众创业、万众创新”的号召，大力推进供给侧结构性改革，推行企业去杠杆等均具有积极意义。该《办法》明确了区域股权市场的管理细节、业务标准、监管体系。这些规范对监管协同机制的进步起到一定作用，能够更好地防范监管空白、套利以及多种违法违规行为，减少金融风险，为投资者的合法权益提供有力保护。我国区域性股权交易市场目前正是缺少法律的规范以及制度的完善，越来越多的政策法规出台也标志着我国区域性股权交易市场正朝着稳定、规范的方向大步发展。

我国区域股权市场监管的特殊性具体表现如下。

（1）国家和地方监管的矛盾。在我国，由中国证监会对全国证券市场进行统一监管。虽然区域性股权交易市场并不是全国性交易市场，但依然受到中国证监会的监管。同时，区域性股权交易市场作为发展地方金融产业的一个重要部分，根据属地原则，理所应当地受到地方政府的监管。

（2）高级市场抑制底层市场。目前，我国多层次资本主义市场共分为交易所市场（主板、中小板、创业板）和场外市场（全国中小企业股份系统）、区域股权市场（俗称四板市场）。区域性股权交易市场作为多层次资本主义市场的最底层，受到高层市场的压制，而无法进行充分的构建和发展。交易所市场是以主板、中小板和创业板构成的高级市场。其发展时间早于场外市场，且市场占有量远远大于底层市场，中小微企业发展受到压制。

（3）区域性股权交易市场的地位仍未明确。区域性股权交易市场作为场外交易的构成部分已经不容置疑。虽然我国证监会出台《关于规范证券公司参与区域性股权交易市场的指导意见（试行）》，以及国务院办公厅正式发布《关于金融支持小微企业发展的实施意见》，但是其实质研究仍停留在产权交易市场的此块主营项目基础之上。所以，对产权交易市场发展的定位迫在眉睫，区域股权市场抑或是证券场外交易市场现阶段的构建都需要官方层面的认可与定性。

作为建立多层次资本市场体系和实现统一监管下的股份转让制度的一项重要探索，发展区域性股权交易市场能否成功，与区域股权挂牌转让市场是否能有效地控制市场风险息息相关。而对市场风险的有效控制还取决于市场是否拥有一套完善、有效的监管机制。我国目前区域股权市场的建设还不够完善，因此监管现状也是需要建设与完善的一部分。就目前我国证券监管的情况来看，区域性股权交易市场是以地方政府监管为主的监管模式。但没有具体的监管机构、监管措施和监管规定，对现行的交易市场进行有效监管。我国地域广阔，中小型企业分布遍布全国的不同区域。随着场外市场中交易品种和交易规模的不断扩大，监管成本和有效监管之间的矛盾会越来越突出。因此，是否能够有效且低成本的监管是场外监管制度设计的基础。在监管主体的选择上，需要根据实际情况，更多地考虑成本相对较低的监管中介机构（如证券业协会和做市商等）。实行监管制度的市场化运作，通过市场本身的自我调节机制来管理市场，政府在监管中站在宏观的监管角度来管理市场，这也许是解决区域性股权交易市场监管难题的一条有效途径。

案例专栏

区域性股权交易平台监管实践案例——以前海股权交易中心为例

前海股权交易中心有限公司是在深圳前海深港现代服务业合作区建设的国有企业控股、市场化运作的区域性股权交易市场。目前，是中国最大的场外交易市场。

2013 年 5 月 30 日，前海中心正式开业。当日挂牌企业即达到 1 200 家，一举抢占了全国场外资本市场的制高点，并始终保持在“新四板”中的领先地位。目前，前海中心挂牌企业已超过 1 万家，成为全国最大规模的场外资本市场。从整体上来看，前海中心主要依靠自身力量进行市场化运作，形成了独树一帜的“前海模式”，有力推动了全国“新四板”市场的建设和发展。

经过两年多的运作，前海中心已经初步构建了一个全方位、系列化服务中小企业的生态型市场体系，逐步形成了三个系列的战略布局：一是，创建一个中小企业挂牌展示系统。二是，全方位满足企业从创立到成长、上市不同阶段的需求。三是，针对细分市场的出现，设立若干专业性子公司，进行垂直化服务战略布局。公司率先推出了企业挂牌展示系统，并与融资及其他服务环节相分离，使之成为一种独立的市场形态，从而有效改善中小企业成长的外部环境。针对交易所市场状况，前海中心提出了“十无”模式。实际上，这是对目前资本市场中的各项规定进行了十个方面的改变，也是对场内资本市场规则的重要突破和创新。特别地，前海中心规定的市场准入门槛相对较低，且成本不高，打破了原来交易所市场只有股份制企业才能筹资的障碍。

目前，前海中心已初步创建了一个适应中小企业发展需要的私募债发行新平台。此外，前海中心正在构建全国最大规模的股权交易平台。该平台致力于实现场外股权交易的规模化定制，以全面满足股权投资时代的发展需要。规模化定制真正实现后，可以发挥两方面的作用：一方面，能够有效满足广大中小企业和投资人的股权投融资需求，为社会资本进入实体经济提供合法途径；另一方面，将形成一个既能集合资源，又能分散风险的市场体系，真正促进中小企业发展。

中心成功设立若干个服务细分市场的专业化公司，构建平台生态圈。根据“平台生态、统筹服务、细分市场、自主经营”的原则，前海中心不断嫁接外部资源，引入高端人才和专业团队，目前已经设立了超过 30 家服务细分市场的专业化公司，涉及股权投资、并购基金、培训咨询、企业孵化等众多领域。此外，除对自身直接参与的中介服务做到遵守底线要求、防止利益输送之外，前海中心还充分考虑到了自身与引入的其他中介机构之间的关系，制定了严格的中介机构准入及管理、投资者准入等一系列重要制度，清晰地划分责权利边界。同时，在业务开展过程中，要求相关部门制定严谨的业务流程和操作规范，确保业务开展合法合规。

表 3－13 列示了针对区域性股权交易平台的重要监管文件。为更好地理解针对互联网众筹机构的监管，表 3－13 梳理了我国针对互联网众筹机构的重要监管文件。由表 3－13 可知，针对互联网众筹机构的监管起步比较晚，最早追溯至 2014 年。随后，我国陆续出台关于互联网众筹机构的其他监管法规。此外，对于互联网众筹机构的监管规则主要由证监会、中国人民银行等部门制定和出台。

表 3-13 针对区域性股权交易平台的重要监管文件汇总

发布时间	文件名称	发文部门
2001 年 9 月	《关于加强对上市公司非流通股协议转让活动规范管理》	证监会
2012 年 7 月	《国务院办公厅关于清理整顿各类交易场所的实施意见》	国务院
2012 年 8 月	《关于规范证券公司参与区域性股权交易市场的指导意见（试行）》	证监会
2013 年 8 月	《国务院办公厅关于金融支持小微企业发展的实施意见》	国务院
2017 年 1 月	《国务院办公厅关于规范发展区域性股权市场的通知》	国务院
2017 年 4 月	《区域性股权市场监督管理试行办法》	证监会

二、地方产权交易平台的监管实践

（一）国资监管机构成为产权交易市场的实际监管部门

为了规范企业国有产权交易行为、防止国有资产流失，国务院国资委与财政部联合发布了《企业国有产权转让管理暂行办法》。除直接协议转让外，要求企业国有产权转让必须进场交易。随后，国务院国资委又发布了《关于做好产权交易机构选择确定工作的指导意见》，要求从全国现有的产权交易机构中为企业国有产权转让选择交易机构。上述两份政策性法规文件，一是奠定了企业国有产权进场交易制度，二是明确了企业国有产权交易的机构。

各级国资委不仅是国有资产的出资人代表，而且还是国有资产的监管人。为了加强对企业国有产权转让行为的监督管理，对企业国有产权从交易审批到进场后的交易程序、规则等方面作了详细规定。产权交易机构必须按照国资委的要求组织企业国有产权交易。同时，由于在产权交易机构中交易的主要是国有产权，为了生存，产权交易机构也愿意接受国资委的监管。最后形成的结果是：一方面，产权交易机构由一个为各类产权交易服务的市场平台转变成为国有产权转让服务的专属市场平台；另一方面，国资委成为产权交易机构的实际监管者。

（二）制定了系统的产权交易监管制度

没有规矩不成方圆。市场经济是法治经济。法治经济的前提是要有法可依、有章可循。随着企业国有产权交易的市场化，政府这只“看得见的手”不能直接干预企业国有产权交易，只能通过制定“游戏规则”去规范、监督市场，由市场运用游戏规则组织企业国有产权交易。

（三）实现了监管手段的网络化

在建章立制、完善监管制度建设的同时，国务院国资委一直非常重视监管手段的完善和创新。网络监测手段可以提高监管效率、降低监管成本。近年来，国务院国资委积极利用现代网络技术，不断提高对企业国有产权交易的监管水平和能力。国务院国资委网络化监测工作可分为三个阶段。

第一阶段，试点运行阶段。2005 年 9 月，国务院国资委委托北京中百信工程咨询有限公司开发产权交易监测网项目建设。同时，选择北京、天津、上海三家试点机构。2006 年 6 月至 7 月，京津沪 3 家产权交易机构全部通过了接入验收。

第二阶段，省级联网阶段。2006 年 9 月 25 日至今，国务院国资委开始推动省级产权交易机构与国资管理部门的联网。截至 2019 年 12 月，全国已有 32 家省级产权交易机构与国资管理部门完成了对接，实现了国务院国资委与省级国资监管机构和产权交易机构的联网。

第三阶段，全国联网阶段。全国产权交易机构、国资管理部门、工商行政管理等部门实现横向联网。目前，网络化监管工作已完成了第二阶段。企业国有产权交易信息监测系统的建立和联网，为企业国有产权转让信息的集中发布搭建了平台，有利于提高产权市场信息披露和价格发现功能，为实现产权交易全过程动态监管提供了手段。全国联网还有利于进一步规范国有产权交易行为，为统计分析企业国有产权交易信息提供便利，有利于建立企业国有产权交易的监测预警系统。

（四）形成了联合监督检查机制

一种有效的产权交易监管机制，在空间维度上，应该是全方位、多层次的，不能仅仅依靠国资委一方的力量，必须与有关部门加强联系，形成监管合力。在时间维度上，不仅要重视事前和事中的监管，更应该注重事后的监督检查。在企业国有产权交易过程中，各级国资委积极探索与努力，与工商部门建立联动监督工作机制。对于每一次的企业国有产权转让变更登记事项，工商部门均要求出具产权交易鉴证，才能进行工商变更登记。产权交易作为中纪委治理商业贿赂的主要领域之一，还需要接受纪委的监督。对于产权交易中的腐败行为，纪委要求积极介入。

2005 年以来，在国务院国资委牵头下，逐步形成了由中纪委、财政部、国家工商总局、国家发展改革委和中国证监会等单位组成的企业国有产权交易年度联合检查工作机制。每年对中央企业的国有产权交易进行检查，对发现的问题及时处理、及时纠正。各个省级国资监管部门也形成了由国资委牵头，省纪委、省检察厅、省工商局和产权交易机构为成员的检查组，每年对本省的国有产权交易进行监督管理、核查纠正。

案例专栏

地方产权交易平台监管实践案例——以甘肃省产权交易所为例

1992 年，经甘肃省体改委和甘肃省计委批准，成立了甘肃省产权交易中心和兰州市产权交易市场。然而，由于受场地、资金和外部大环境等方面的影响，一直未能正常运转。这些交易市场，除承办过很少的几项产权交易业务外，基本上没有开展过产权交易活动。甘肃省产权交易中心实际上处于有名无实的状态，兰州市产权交易市场因没有产权交易业务自行消亡。

1998 年，根据省委、省政府尽快启动甘肃的产权交易市场的指示要求，省体改委、省经贸委、财政厅和兰州市政府联合印发《关于改建“甘肃省产权交易中心”的通知》，决定对原甘肃省产权交易中心进行改组改建，并更名为甘肃省产权交易所。该交易所与兰州国际商品拍卖中心是“两块牌子，一套人马”，合并运行，作为甘肃省中心产权交易市场。这时候的产权交易所，主要以兰州国际商品拍卖中心为主开展拍卖活动，产权交易项目不多。

2002 年 9 月，经省政府授权，产权交易所承担全省未上市股份公司、有限责任公司及股份合作制企业的股权集中登记、托管等业务，同时还可以为企业改制、资产重组、建立现代企业制度提供咨询、改制策划等。

2004 年年初，经甘肃省体改办批准，甘肃省产交所整合组建为有限责任公司，实行市场化运作。根据国务院国资委颁布的《企业国有产权转让管理暂行办法》，2004 年 6 月，甘肃省产权交易所被指定为全省企业国有产权进场交易平台。

为加强与全国其他省市产权交易所的联系和沟通、实现产权交易的跨地区流动，甘肃省产权交易所积极推动与全国其他产权交易所进行合作。目前，甘肃省产权交易所参与发起了中国西部、中国黄河流域、中国北方产权交易共同市场。通过参与设立产权交易共同市场，为探索和推动中国产权交易市场的统一作出了积极贡献。

此外，根据《甘肃省行政事业单位国有资产管理办法》，2009 年 7 月，甘肃省产权交易所被省财政厅确定为全省行政事业单位国有资产产权交易指定平台。2010年3月24日，又被省财政厅确定为承办地方金融企业国有资产产权交易业务的指定机构，并被推荐为承办中央金融企业国有资产交易业务的指定机构。目前，甘肃省产权交易所已与各资产管理公司的兰州办事处、中央在甘金融机构和地方金融企业等金融机构签订了系列战略合作协议，为金融资产产权交易的顺利开展打下了良好的基础。行政事业单位国有资产和金融类国有资产进入甘肃省产权交易所内交易，为建立全省统一的产权交易市场奠定坚实的基础。

为更好地理解地方产权交易平台的监管，表3-14梳理了我国针对地方产权交易平台的重要监管文件。由表3-14可知，针对地方产权交易平台的监管起步最早追溯至2004年。随后，我国陆续出台关于地方产权交易平台的其他监管法规。此外，对于地方产权交易平台的监管规则主要由国资委制定和出台。

表3-14　针对地方产权交易平台的重要监管文件汇总

发布时间	文件名称	发文部门
2004年2月	《企业国有产权转让管理暂行办法》	国资委等
2004年7月	《关于做好产权交易机构选择确定工作的指导意见》	国资委等
2015年8月	《关于深化国有企业改革的指导意见》	国务院
2016年7月	《企业国有资产交易监督管理办法》	国资委等

三、地方金融资产交易平台的监管实践

（一）中央层面的监管制度安排

1. 建立中央层面监管协调机构。国发〔2011〕38号文提出建立“清理整顿各类交易场所部际联席会议”（以下简称“联席会议”）制度，作为中央层面的监管协调机构。联席会议主要负责统筹、协调有关部门和省级人民政府开展对“金交所”的清理整顿工作。除此之外，各省设立“金交所”，在省级人民政府批准前，应先报联席会议同意。

2. 明确“金交所”设立原则和监管主体。国办发〔2012〕37号文提出省级人民政府应当遵循“总量控制、合理布局、审慎审批”的原则，审慎批准设立交易场所。地方金融资产交易场所包括交易所、交易中心、交易市场等，按照属地原则，

由省级人民政府批准设立并实施监管，负责交易场所的统计监测、违规处理和风险处置工作。

3. 明确“金交所”展业禁止行为。国办发〔2012〕37号文明确提出交易场所在开展业务过程中的限制性规定，包括：不得将任何权益拆分为均等份额公开发行，金融资产的权益持有人累计不得超过200人；不得采取集中交易方式或将权益按照标准化交易单位持续挂牌的方式进行交易；未经国务院相关金融管理部门批准，不得从事保险、信贷、黄金等金融产品交易。

（二）地方层面的监管制度安排

1. 建立地方法律监管体系

国发〔2011〕38号文提出，由地方政府制定交易场所监督管理办法。截至2017年12月30日，我国已有23个省份制定了交易场所监督管理办法。这些管理办法从交易场所的市场准入、交易制度、监督管理等层面进行规范。然而，仍有部分省份存在法律制度建设缺位的情况，包括河北、安徽、山西等都未制定交易场所监管办法。其中，个别省份都设有“金交所”，地方政府对“金交所”的监管缺少法律依据，从而使其具有较强的政策性。

2. 细化地方金融监管框架

国发〔2011〕38号文规定由省级人民政府对地方“金交所”进行监管。这属于中央与地方在金融监管权力上的划分，从而将“金交所”纳入地方金融监管体系。同时，各省份制定的交易场所监管办法进一步明确了地方政府进行监管的权力来源，而且对“金交所”的具体监管框架进行细化。省级人民政府负责“金交所”的批准设立工作，并统筹“金交所”跨地域风险防范。“金交所”的日常监管按照“谁申请、谁监管、谁负责”的原则，由地方各级金融监管部门（金融办）负责并担任风险处置第一责任人。

3. 规范设立审批程序

大部分省份要求“金交所”在申请前应当加入交易场所行业协会，并接受自律管理。申请设立“金交所”，应当遵循“筹建”“开业”两个阶段，监管部门同意设立后方可进行工商注册，经省级金融监管部门验收后才能进行经营业务。“金交所”申请材料应当包括各项具体的交易制度，如投资者适当性、会员管理制度、风险防范制度等。这些交易制度强调了“金交所”的自律管理职能。

案例专栏

地方产权交易平台监管实践案例——以浙江金融资产交易中心为例

浙江金融资产交易中心（以下简称“金交中心”）成立于2013年12月，是一家综合性金融资产及相关产品的专业交易平台。金交中心由浙江省金控集团下属的浙江省金融市场投资有限公司、宁波市国资委下属的宁波城建投资控股有限公司、民生银行下属的民生置业有限公司、杭州民置投资管理有限公司、国信证券下属的国信弘盛创业投资有限公司共同出资组建。金交中心归属浙江省地方金融监督管理局监管。

2017年9月初，浙江省金融办下发《省金融办关于进一步加强金融资产交易中心监管工作的通知》（浙金融办〔2017〕64号，以下简称“浙64号文”），要求金交中心不得开展基础资产为一行三会监管金融产品的业务，强化规范投资者适当性管理，严格规范信息披露工作，作出对存量业务进一步摸排整改等八项规定。

第一，“浙64号文”强调，金交中心不得开展基础资产为一行三会监管金融产品的业务。《清理整顿各类交易场所部际联席会议第三次会议纪要》（清整联办〔2017〕31号）中规定：“……以上金融产品，包括人民银行、银保监会、证监会、保监会监管的所有金融产品，含票据、信托产品、信托受益权、私募证券、私募基金份额、资产证券化产品、保险资产等。”按照“实质重于形式”的穿透式监管原则，各金交中心的交易产品要穿透至底层基础资产进行认定。此外，“浙64号文”规定，暂停经穿透后融资主体、基础资产在省外的业务。此外，如果交易场所在风控技术、企业资源等方面具备独特优势，确有必要开展省外业务，应经所在地设区市级监管部门同意，可适当开展部分省外业务。其中，省属交易场所应经省“金融办”同意。

第二，强化规范投资者适当性管理。各金交中心应向合格投资者提供产品。合格投资者应当具有较强风险识别和承受能力，并符合下列条件之一：

（1）证券公司、期货公司、基金管理公司及其子公司、商业银行、保险公司、信托公司、财务公司等依法经批准设立的金融机构，以及依法备案或者登记的证券公司子公司、期货公司子公司、私募基金管理人。

（2）证券公司资产管理产品、基金管理公司及其子公司产品、期货公司资产管理产品、银行理财产品、保险产品、信托产品等金融机构依法管理的投资性计划。

（3）社会保障基金、企业年金等养老基金，慈善基金等社会公益基金，以及依法备案的私募基金。

（4）依法设立且净资产不低于一定指标的法人或者其他组织。

（5）自然人投资者名下金融资产不低于50万元人民币，且具有2年以上金融产品投资经历或者2年以上金融行业及相关工作经历。金融资产包括银行存款、股票、债券、基金份额、资产管理计划、银行理财产品、信托计划、保险产品、期货权益等。

第三，严格规范信息披露工作。要健全业务产品信息披露制度，全面、真实、清晰地向投资者披露有关业务的基础资产情况、资产负债情况、资金用途、担保方式及其他增信措施情况。明确向投资者告知交易场所的职责界定，并在发生可能对已发行产品产生较大影响的重要事件时，披露临时报告。

第四，"浙64号文"表示，各金交中心要对存量业务进一步摸排整改，形成书面报告，并于2017年9月15日前上报所在地设区市级监管部门（省属交易场所直接报省金融办），同时抄送交易场所股东单位。各级监管部门要认真核查，及时提出监管工作要求并督促落实。如存在违规问题，应立即进行整改。对存量违规业务加强风险排查，做好兑付工作，严禁新增违规业务。在整改到位之前，暂停新设交易产品报备工作。

第五，"浙64号文"还重申了几点要求，包括实际持有人累计不得突破或变相突破200人限制，产品发行应坚持私募性质，并要求建立防范利益冲突机制和完善风险防控制度和应急处置机制。

表3－15列示了针对地方金融资产交易平台的重要监管文件。为更好地理解针对地方金融资产交易平台的监管，表3－15梳理了我国针对地方金融资产交易平台的重要监管文件。由表3－15可知，针对地方金融资产交易平台的监管起步比较晚，最早追溯至2011年。随后，我国陆续出台关于地方金融资产交易平台的其他监管法规。此外，对于地方金融资产交易平台的监管规则主要由国务院、证监会等部门制定和出台。

表3－15 针对地方金融资产交易平台的重要监管文件汇总

发布时间	文件名称	发文部门
2011年11月	《国务院关于清理整顿各类交易场所切实防范金融风险的决定》	国务院
2012年3月	《关于做好清理整顿各类交易场所相关工作的通知》	保监会
2012年7月	《国务院办公厅关于清理整顿各类交易场所的实施意见》	国务院

续表

发布时间	文件名称	发文部门
2014 年 4 月	《福建省交易场所管理办法》	福建省政府
2014 年 6 月	《关于开展各类交易场所现场检查的通知》	国务院部际联席会议
2014 年 8 月	《中国证券监督管理委员会信访工作规则》	证监会
2017 年 6 月	《河南省权益类交易场所监督管理办法（试行）》	河南省政府
2019 年 4 月	《北京市交易场所管理办法》	北京市政府

四、区域衍生品交易平台的监管实践

区域衍生品交易中心，是指“一行两会”批准，并由地方政府下发牌照成立的衍生品交易中心。区域衍生品交易中心的业务范围是跨区域的，不仅包括区域现货延期交易中心（介于股票和期货之间的金融衍生品），还包括区域环境权益类金融衍生品交易中心等交易中心。由于上海期货交易所、中国金融期货交易所、大连商品交易所、郑州商品交易所及上海国际能源交易中心这五大交易所都是经国务院同意、证监会批准的期货交易所，所以这五大交易所不属于区域衍生品交易中心的范畴。同理，由于金融衍生品如期货、期权等都是各个期货经纪商通过上述五大交易所完成交易结算的，故也不属于本书讨论范围。但厦门石油交易中心（厦门）、齐鲁商品交易中心（青岛）、广东省药品交易所（广东）、前海油金所国际石油中心（深圳）、新华商品交易所（黑龙江）、广州碳排放交易中心（广东）、广东省环境权益交易所（广东）等交易中心则属于区域衍生品交易中心。

2011 年，国务院发布《国务院关于清理整顿各类交易场所切实防范金融风险的决定》，2012 年，国务院发布《国务院办公厅关于清理整顿各类交易场所的实施意见》，对区域性衍生品交易中心的成立与运营进行了明确规定。

案例专栏

区域衍生品交易平台监管实践案例——以广州碳排放权交易所为例

广州碳排放权交易所（以下简称“广碳所”）的前身为广州环境资源交易所，于 2009 年 4 月完成工商注册。广碳所由广州交易所集团独资设立，正式挂牌成立于 2012 年 9 月，是中国国内第一家以“碳排放权”命名的交易所。2013 年 1 月成为国家发展改革委首批认定碳排放权的交易机构之一，自国家发展改革委开展碳排放权交易试点工作以来，完成首例碳配额交易。

广碳所自2012年启动至今，逐步纳入了电力、水泥、钢铁、石化、造纸和民航6个行业，依法开展碳排放权、自愿排放量、碳汇、节能减排技术和节能量交易，提供二氧化硫、化学需氧量和氮氧化物等主要污染物排放权交易服务及相关的投融资、咨询、培训等配套服务。

2012年9月7日，广东省人民政府根据国务院《“十二五”控制温室气体排放工作方案》，印发了《广东省碳排放权交易试点工作实施方案》（以下简称《实施方案》）。该《实施方案》提出，到2015年，基本建立碳排放权在市场主体之间的地区之间合理配置的管理工作体系，初步形成适应省情、制度健全、管理规范、运作良好的碳排放权交易机制和在全国具有重要地位的区域碳排放权交易市场。到2020年，省内碳排放权交易机制不断完善，省际碳排放权交易机制基本建立。该《实施方案》对碳交易试点作了具有创新性的制单设计，分别界定交易产品、明确交易主体、确定交易场所、发放碳排放配额。

为更好地理解针对区域衍生品交易平台的监管，表3－16梳理了我国针对区域衍生品交易平台的重要监管文件。由表3－16可知，针对区域衍生品交易平台的监管起步比较晚，最早追溯至2011年。随后，我国陆续出台关于区域衍生品交易平台的其他监管法规。此外，对于区域衍生品交易平台的监管规则主要由国务院、证监会等部门制定和出台。

表3－16 针对区域衍生品交易平台的重要监管文件汇总

发布时间	文件名称	发文部门
2011年11月	《国务院关于清理整顿各类交易场所切实防范金融风险的决定》	国务院
2012年3月	《关于做好清理整顿各类交易场所相关工作的通知》	保监会
2012年7月	《国务院办公厅关于清理整顿各类交易场所的实施意见》	国务院
2014年4月	《福建省交易场所管理办法》	福建省政府
2014年6月	《关于开展各类交易场所现场检查的通知》	国务院部际联席会议
2014年8月	《中国证券监督管理委员会信访工作规则》	证监会
2017年6月	《河南省权益类交易场所监督管理办法（试行）》	河南省政府
2019年4月	《北京市交易场所管理办法》	北京市政府

本章小结

本章重点介绍了当前民间金融监管实践，分别从信贷类、投资与增信类、互联网科技类、交易平台类等四大类业态阐述了监管现状，并附加具体的监管案例。

本章重要概念

监管实践　融资性担保　互联网支付　互联网众筹　互联网财富管理　区域性股权交易平台　单一债务人　区域性股权交易平台　地方产权交易平台　地方金融资产交易平台　区域衍生品交易平台

本章思考题

1. 针对小额信贷公司监管的实践存在哪些问题？应如何改进？
2. 针对 P2P 平台公司监管的实践中遇到哪些问题？未来的监管方向是什么？
3. 如何对互联网供应链进行有效的风险管控？
4. 区域性股权交易平台的监管主体有哪些？监管部门的监管职责是什么？
5. 针对地方产权交易平台的监管实践中如何实现监管手段的网络化？

本章参考文献

[1] 陈俊良. 股权众筹平台监管制度研究 [J]. 法制与经济，2019 (7)：108－110.

[2] 陈兰兰. 场外金融衍生品交易系统交易监管研究 [C]. 中国银行法学研究会，2012：162－180.

[3] 陈晓，陈昌锋. 政府性投资公司管理现状及监管——基于镇海区的个案分析 [J]. 宁波经济 (三江论坛)，2013 (3)：32－35.

[4] 崔悦. 小额贷款公司的法律问题研究 [D]. 长春：吉林财经大学，2017.

[5] 何翠萍. 融资性担保公司监管法律制度研究 [D]. 绵阳：西南科技大学，2016.

[6] 何炜. 广州产权交易市场监管体制研究 [D]. 广州：华南理工大学，2017.

[7] 董新义. 略论穿透式金融监管 [J]. 经济法研究，2018，21 (2)：32－34.

[8] 胡丁鑫. 现行经济环境下第三方支付平台风险与监管分析——以支付宝为例 [J]. 企业科技与发展，2019 (10)：229－230.

[9] 胡吉祥，吴颖萌. 众筹融资的发展及监管 [J]. 证券市场导报，2013 (12)：60－65.

[10] 胡鹏翔．融资性担保公司监管法律问题探讨——华鼎担保事件引发的思考[J]．国家行政学院学报，2013（1）：69－74.

[11] 胡明霞，胡耘通，黄胜忠．农民专业合作社规范运行的监管机制探析 [J]．农村经济，2015（6）：125－129.

[12] 黄夫祥．地方金融资产交易场所监管问题研究 [D]．重庆：西南政法大学，2018.

[13] 李博，董亮．互联网金融的模式与发展 [J]．中国金融，2013（10）：19－21.

[14] 李建华．菏泽市小额贷款公司的政府监管问题研究 [D]．济南：山东大学，2012.

[15] 李铭，杨海静．我国区域性股权市场制度设计的若干问题——兼评《区域性股权市场监督管理试行办法（征求意见稿）》[J]．政法学刊，2016，33（2）：120－128.

[16] 李有星，陈飞，金幼芳．互联网金融监管的探析 [J]．浙江大学学报（人文社会科学版），2014，44（4）：87－97.

[17] 梁培金，王纬鹏．监管新规下区域性股权市场发展研究——基于 PEST 分析[J]．福建金融，2018（8）：72－77.

[18] 廖天虎．论我国民间金融监管制度的演变——基于新中国成立后的相关制度变迁的分析 [J]．经济社会体制比较，2017（1）：111－118.

[19] 廖愉平．我国互联网金融发展及其风险监管研究——以 P2P 平台、余额宝、第三方支付为例 [J]．经济与管理，2015，29（2）：51－57.

[20] 刘国媛．互联网金融股权众筹的刑事司法认定及规制路径 [J]．检察调研与指导，2019（4）：1－6.

[21] 刘宪权．论互联网金融刑法规制的“两面性” [J]．法学家，2014（5）：77－91，178.

[22] 刘怡莹．融资性担保公司监管法律问题研究 [D]．太原：山西财经大学，2014.

[23] 刘树艳，许晓蒙．区域性股权交易市场发展问题研究——以齐鲁股权交易中心为例 [J]．青岛科技大学学报（社会科学版），2015，31（4）：43－47.

[24] 刘越，徐超，于品显．互联网金融：缘起、风险及其监管 [J]．社会科学研究，2014（3）：28－33.

[25] 吕婷婷．我国商业保理法律规制存在的问题及对策 [D]．苏州：苏州大

学，2018.

［26］倪剑．地方资产管理公司的定位与监管研究［J］．上海金融，2015（1）：49－53.

［27］皮六一，薛中文．加密资产交易监管安排及国际实践［J］．证券市场导报，2019（7）：4－12.

［28］邱勋，陈月波．股权众筹：融资模式、价值与风险监管［J］．新金融，2014（9）：58－62.

［29］仇晓光．民间金融开放中高利贷问题法律规制研究［J］．社会科学研究，2017（3）：69－74.

［30］任彦祥．中国金融租赁公司监管研究［D］．成都：西南财经大学，2011.

［31］孙雪峰．区域性股权交易市场监管问题研究［J］．中外企业家，2016（13）：158－159.

［32］唐小梅．供应链金融运作模式探讨［D］．长沙：湖南师范大学，2014.

［33］田辉．如何理解监管分割下的中国保理业［J］．发展研究，2015（3）：15－19.

［34］王刚．地方资产管理公司监管框架［J］．中国金融，2017（15）：60－62.

［35］王慧，吕臣，李秀．互联网金融法制监管现状及对策研究［J］．金融理论探索，2019（5）：59－64，80.

［36］吴弘侃．我国融资性担保公司准入监管法律问题研究［D］．成都：西南财经大学，2012.

［37］吴晋科．地方金融资产交易场所发展现状及风险问题研究［J］．金融经济，2019（8）：84－86.

［38］仵希亮．中国农民专业合作社发展研究［D］．咸阳：西北农林科技大学，2010.

［39］肖霞．论地方金融资产交易中心的法律制度构建［D］．杭州：浙江大学，2014.

［40］谢平，邹传伟，刘海二．互联网金融监管的必要性与核心原则［J］．国际金融研究，2014（8）：3－9.

［41］谢平，邹传伟，刘海二．互联网金融的基础理论［J］．金融研究，2015（8）：1－12.

[42] 颜浩龙，王琳．互联网金融视域下供应链金融模式创新研究 [J]．财务与金融，2015 (3)：78－82，95.

[43] 杨东．互联网金融的法律规制——基于信息工具的视角 [J]．中国社会科学，2015 (4)：107－126，206.

[44] 杨松松．我国商业保理监管制度研究 [D]．天津：天津工业大学，2018.

[45] 叶湘榕．P2 借贷的模式风险与监管研究 [J]．金融监管研究，2014 (3)：71－82.

[46] 尹俊玲．"互联网＋"背景下知识产权交易平台建设研究 [D]．合肥：中国科学技术大学，2018.

[47] 俞林，康灿华，王龙．互联网金融监管博弈研究：以 P2P 网贷模式为例 [J]．南开经济研究，2015 (5)：126－139.

[48] 臧博．我国融资性担保机构法律问题研究 [D]．武汉：武汉大学，2012.

[49] 张存萍．我国互联网金融风险防范及政策建议 [J]．技术经济与管理研究，2019 (11)：78－83.

[50] 张付琪．区域性股权交易市场的法律监管问题研究 [D]．成都：四川省社会科学院，2014.

[51] 张晓晗．互联网时代洗钱罪的转变 [J]．法制与社会，2019 (32)：207－209.

[52] 张晓朴．互联网金融监管的原则：探索新金融监管范式 [J]．金融监管研究，2014 (2)：6－17.

[53] 张乾，夏芸．地方资产管理公司发展现状、存在问题及相关建议 [J]．财会研究，2017 (10)：61－64.

[54] 赵瑞华．小额贷款公司的法律监管问题研究 [D]．济南：山东大学，2016.

[55] 周凯，史燕平，李虹含．论我国融资租赁业监管：必要性、监管目标与建议 [J]．现代管理科学，2016 (8)：12－14.

第四章　民间金融监管体系

本章导读

改革开放以来，民间金融获得了迅速发展，民间金融的规模、业务种类、从业人员数量等均不断增长。同时，一些问题甚至乱象也从无到有、逐渐增多，对整体金融体系的安全产生了负面影响。鉴于此，我国针对新出现的问题出台了相应的监管措施来管控、切断风险来源，有力地控制了民间金融风险的蔓延。客观上看，这些监管措施来自监管体系的共同努力，各级监管部门、行业自律机构、市场监督机构等分别从法规制定、市场准入、经营检查、自律约束等方面共同建立了民间金融安全网。

民间金融监管体系是监管赖以施行的基础保障。它从人力、物力、财力等方面保障了监管行为的实施。民间金融监管体系包含的内容较多，应从多角度、多层面进行深入探究才能真正理解一个完善的民间金融监管体系的丰富内涵。

本章学习目标

本章从多个方面介绍了我国民间金融监管体系的构成。通过学习，读者应全面了解我国民间金融监管体系的特点与模式，了解监管组织框架的变革历程，掌握监管制度规定、监管科技的发展动态和应用现状。从而能够根据我国特殊国情理解监管措施变革的必然性。

本章知识结构图

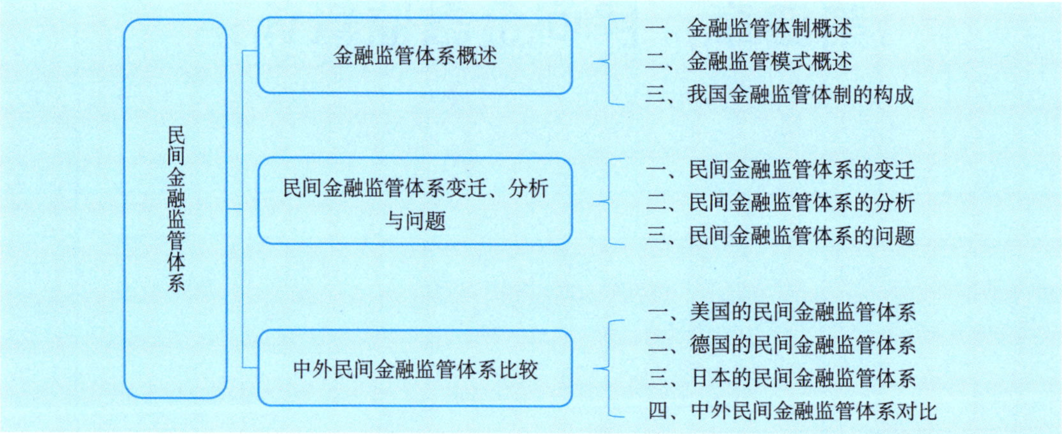

第一节　金融监管体系概述

一、金融监管体制概述

金融监管体制，是指金融监管组织体系和制度系统，是金融监管行为发起、施行和结束的一系列制度规定。从广义上讲，金融监管体制包括监管法规、监管当局、监管文化、监管理念、监管工具等。但从实施主体和实施依据来看，监管体制的核心元素是监管当局和监管法规。

监管当局是依法对民间金融业实施监管与管理的政府机构，是金融业监督和管理的主体。金融监管是政府行为，其目的是维护公众对金融体系的信心，控制金融体系风险，为国民经济和社会发展创造一个稳定的金融环境。

金融监管当局具有权威性、独立性、公共性等特征。权威性是指，监管机构作为一国（或地区）的最高金融监管权力机构，履行金融监管法律赋予的职责和权力，其监管决策对金融业相应经济活动或行为主体具有强制力和不可逆性，被监管对象必须认真执行。独立性是指，监管机构依法对其监管地域范围内的所有金融活动实施监督和管理，直接对立法机构负责。其他任何组织、单位和个人都无权对金融监管当局的监管工作进行干预。公共性是指，其履行的监管权力属于公共权力的范畴。监管机构是政府公共管理部门的一部分，它代表了社会公众的利益，并以维护金融稳定、促进经济发展和社会稳定、维护国家的经济安全和金融稳定为责任。

对我国金融监管当局而言，现阶段的监管当局主要有：人民银行（含各分行及支行）、银保监会（局）、地方金融监督管理局等。除此之外，党中央的中央财经委员会对金融监管具有很强的间接影响，国务院的金融稳定发展委员会对金融监管有很强的直接或者间接影响，商务部和发展改革委的部分职能具有监管金融机构的作用。

随着经济社会的变化发展以及国外环境的变化，金融监管当局构成和监管制度也进行了相应的更改。监管体制由改革开放前的人民银行一家监管转变为现在的多部门、央地联合监管。监管法规也由之前单一的、覆盖面狭窄的监管制度完善至当今全方位式的金融安全网。

二、金融监管模式概述

金融监管模式是指一国对民间金融机构和金融市场实施监督管理的一整套机构及组织结构的架构和执行体系，是监管主体的确立及其权限划分。

截至当前，金融监管模式主要有三种类型，即一元多头式、二元多头式、集中单一式，如表 4-1 所示。其中，一元多头式以德国和法国为代表，二元多头式以美国、加拿大为代表，集中单一式以英国、日本为代表。

表 4-1　当前主流的金融监管模式

模　式	代表国家
一元多头式	德国、法国
二元多头式	美国、加拿大
集中单一式	英国、日本

（一）一元多头式

一元多头式也称单元多头式或集权多头式。具体而言，其指的是包括民间金融在内的全国金融监管权集中于中央，地方没有独立的权利，在中央一级由两家或两家以上监管机构共同负责的一种监管模式。该模式以德国、法国、日本（1998 年以前）为代表，尤其以德国最为典型。

（二）二元多头式

二元多头式也称双元多头式、双线多头式或分权多头式。具体而言，其指的是中央和地方都对金融机构或金融业务（含民间金融）拥有监管权，且不同的金融机构或金融业务由不同的监管机关实施监管。该模式以美国、加拿大等联邦制国家为代表。

（三）集中单一式

集中单一式也称集权式或一元集中式。具体而言，其指的是由中央的一家监管机构集中行使金融监管权。该模式以英国（1997 年后）、日本（1998 年后）为代表。

三、我国金融监管体制的构成

我国民间金融监管的主体由中央金融监管机构和地方各级金融监管机构组成。过去，中央的专门金融监管机构包括中国人民银行（本章简称“央行”）、中国证券监督管理委员会（本章简称“证监会”）、中国银行业监督管理委员会（本章简称“银监会”）、中国保险监督管理委员会（本章简称“保监会”）。2018 年 3 月，全国人大确定银监会、保监会合并，成立中国银行保险监督管理委员会（本章简称“银保监会”），职能包括原银监会、保监会的大部分职能。2018 年 4 月 8 日，银保监会挂牌成立，开始履行其金融监管的职能，原“一行三会”的格局改为现今的“一行两会”的中央金融监管机构格局。

我国的民间金融监管主体，也包括地方各级金融监管机构，其中，包括省（含直辖市）级和市级的地方金融监督管理局，其他非金融监管部门如财政厅（局）、司法厅（局）在特定情况下可以依法对本地金融机构进行管理。不仅地方政府会成立地方金融监管机构，中央金融监管机构也会派出地方机构，或者在地方设立分支机构。中国人民银行在全国设立了 9 个分行、2 个营业管理部、25 个地方中心支行这些分支机构。证监会向全国派出了 36 个证监局和上海、深圳两个专员办。银监会向全国派出了 36 个地方银监局。保监会向全国派出了 36 个地方保监局和 5 个地方保监分局。2018 年 12 月，银保监会对派出机构统一揭牌，将原银监会、原保监会的派出机构统一合并为银保监局。这些派出机构对当地金融业也负有一定的监管权利和义务。但是，由于各地的地方金融监管机构保持对中央金融监管机构很强的依赖性和从属性，在中央金融监管机构的指导下开展工作，在地方层面履行中央金融监管机构授权的职能，独立性比较弱而且没有独立职能。因此，本节我们把重点放在对中央金融监管机构的论述上。

党的十八大召开后，随着党中央打好“防范化解重大风险”攻坚战的全面展开，2017 年 11 月，国家金融稳定发展委员会成立。除了政府层面，2018 年 3 月，在原中央财经领导小组的基础上，党中央成立了中央财经委员会。这两个部门虽然并非专门的金融监管机构，不直接履行金融监管职能，但是也对中国金融监管有很大的影响。

（一）央行

根据《中华人民共和国中国人民银行法》，央行的法定职能包括以下几个方面：（1）发布与履行其职责有关的命令和规章；（2）依法制定和执行货币政策；（3）发行人民币，管理人民币流通；（4）监督管理银行间同业拆借市场和银行间债券市场；（5）实施外汇管理，监督管理银行间外汇市场；（6）监督管理黄金市场；（7）持有、管理、经营国家外汇储备、黄金储备；（8）经营管理国库；（9）维护支付、清算系统的正常运行；（10）指导、部署金融业反洗钱工作，负责反洗钱的资金监测；（11）负责金融业的调查、统计、分析、预测；（12）作为国家的中央银行，从事有关的国际金融活动；（13）国务院规定的其他职责。

其中，与金融监管有关的职能包括（3）、（4）、（5）、（6）、（7）、（9）、（10），而（3）、（4）、（5）、（9）、（10）和民间金融关系较为密切，属于对民间金融机构拥有监管义务的职能。从央行的法定职能可以判断，央行的监管客体主要针对各类银行，尤其是商业银行，其次是具有资金融通、证券交易功能的非银行金融机构。

同时，根据《非金融机构支付服务管理办法》，央行还拥有给符合资质的非金融机构发放第三方支付牌照的职能。

各地的人民银行除了贯彻落实央行的责任和义务之外，也在职能范围内对所属地的金融机构以及业务进行相应的监管。

（二）证监会

1992 年，中国证监会正式成立。1997 年，上海、深圳两个证券交易所开始归证监会管辖。根据《中华人民共和国证券法》，国务院证券监督管理机构（也就是证监会）在对证券市场实施监督管理中履行下列职责：（1）依法制定有关证券市场监督管理的规章、规则，并依法行使审批或者核准权；（2）依法对证券的发行、上市、交易、登记、存管、结算进行监督管理；（3）依法对证券发行人、上市公司、证券公司、证券投资基金管理公司、证券服务机构、证券交易所、证券登记结算机构的证券业务活动，进行监督管理；（4）依法制定从事证券业务人员的资格标准和行为准则，并监督实施；（5）依法监督检查证券发行、上市和交易的信息公开情况；（6）依法对证券业协会的活动进行指导和监督；（7）依法对违反证券市场监督管理法律、行政法规的行为进行查处；（8）法律、行政法规规定的其他职责。同时，《中华人民共和国证券法》还规定了证监会履行职责的一系列有权采取的具体措施。除此之外，国家法律还规定了证监会对境外机构在中国境内的证券投资也负有管理责任。

可以判断，这八条法定职责均与金融监管有关，其中，民间金融活动关系密切的有（1）、（2）、（3）、（4）、（5）、（7）。

从证监会的组织机构构成分析可知，证监会下属机构基金监管部、期货监管一部、期货监管二部，也对期货和基金的市场交易负有监管责任。

在金融牌照发放方面，证监会有权对金融机构发放公募基金牌照、基金子公司牌照、基金销售牌照、基金销售支付牌照、券商牌照、期货牌照等 6 个与金融市场相关的牌照。

证监会对金融市场的监管，以金融资产交易为中心，尤其是对涉及证券发行、承销、销售的机构进行监管。

各地省级、市级的证监会派出机构贯彻、执行证监会的职责、对所属地的金融机构以及相关业务进行职能范围内的监管。

（三）银保监会

原银监会成立于 2003 年，对所有在中国境内开设金融业务、设立分支机构的商业银行，吸收存款的城市信用合作社和农村信用合作社、政策性银行负有监管责任。根据《中华人民共和国银行业监督管理法》，国务院银行监督管理机构（即原银监会）对银行业的监督管理职责包括以下：（1）制定并发布对银行业金融机构及其业务活动监督管理的规章、规则；（2）审查批准银行业金融机构的设立、变更、终止以及业务范围；（3）应当对银行业金融机构大股东的资金来源、财务状况、资本补充能力和诚信状况进行审查；（4）银行业金融机构业务范围内的业务品种，应当按照规定经国务院银行业监督管理机构审查批准或者备案。需要审查批准或者备案的业务品种，由国务院银行业监督管理机构依照法律、行政法规作出规定并公布；（5）对银行业金融机构的董事和高级管理人员实行任职资格管理；（6）建立银行业金融机构的审慎经营规则；（7）银行业监督管理机构应当对银行业金融机构的业务活动及其风险状况进行非现场监管和现场检查；(8) 应当对银行业金融机构实行并表监督管理；(9) 应当建立银行业金融机构监督管理评级体系和风险预警机制；(10) 应当建立银行业突发事件的发现、报告岗位责任制度；(11) 会同中国人民银行、国务院财政部门等有关部门建立银行业突发事件处置制度，制定银行业突发事件处置预案；(12) 负责统一编制全国银行业金融机构的统计数据、报表，并按照国家有关规定予以公布；(13) 银行业自律组织的活动进行指导和监督；(14) 以开展与银行业监督管理有关的国际交流、合作活动。同时,《中华人民共和国银行业监督管理法》也规定了一系列原银监会可以采取的监管措施。

从金融牌照角度看，原银监会可以对具有银行职能的金融机构发放银行牌照、信托牌照、金融租赁牌照。然而，实际上，中国获得相应牌照的民营银行数量相比国有和外资银行较少，而且全部为地方性银行。原银监会在牌照发放上倾向于国有银行，而民营银行获得牌照较为困难，因此原银监会的监管也不主要针对民间金融。

从原银监会法定职能可以判断，原银监会法定职能仅限于银行业、监管对象仅包括商业银行、信用合作社以及政策性银行。

原保监会成立于 1998 年，对保险业和保险业金融机构进行监管。《中华人民共和国保险法》规定，保险公司成立必须经过国务院保险业监督管理机构批准，国务院保险业监督管理机构（即原保监会）职能包括：(1) 制定并发布有关保险业监督管理的规章；(2) 批准关系社会公众利益的保险险种、依法实行强制保险的险种和新开发的人寿保险险种等的保险条款和保险费率，备案其他保险险种的保险条款和保险费率；(3) 保险公司使用的保险条款和保险费率违反法律、行政法规或者国务院保险监督管理机构的有关规定的，由保险监督管理机构责令停止使用，限期修改；(4) 应当建立健全保险公司偿付能力监管体系，对保险公司的偿付能力实施监控，将偿付能力不足的保险公司，列为重点监管对象；(5) 对违法违规的保险公司采取整顿、接管等措施，对保险公司大股东、董事以及高层管理人员进行约束引导，建立信息披露制度，必要时采取措施。

原保监会对金融市场的监管针对保险公司，负责发放保险牌照。这些法定职能同所有的民营保险公司均有密切关系。

2018 年 8 月，根据国务院《中国银行保险监督管理委员会职能配置、内设机构和人员编制规定》，新成立的银保监会负有以下职责：(1) 依法依规对全国银行业和保险业实行统一监督管理，维护银行业和保险业合法、稳健运行，对派出机构实行垂直领导；（2）对银行业和保险业改革开放和监管有效性开展系统性研究；（3）依据审慎监管和金融消费者保护基本制度，制定银行业和保险业审慎监管与行为监管规则；（4）依法依规对银行业和保险业机构及其业务范围实行准入管理，审查高级管理人员任职资格；（5）对银行业和保险业机构的公司治理、风险管理、内部控制、资本充足状况、偿付能力、经营行为和信息披露等实施监管；（6）对银行业和保险业机构实行现场检查与非现场监管，开展风险与合规评估，保护金融消费者的合法权益，依法查处违法违规行为；（7）负责统一编制全国银行业和保险业监管数据报表，按照国家有关规定予以发布，履行金融业综合统计相关工作职责；（8）建立银行业和保险业风险监控、评价和预警体系，跟踪分析、监测、预测银行业和保险业运行状况；（9）会同有关部门提出存款类金融机构和保险业机构紧急风险处置的意见和建议并组织实施；（10）依法依规打击非法金融活动，负责非法集资的认定、查处和取缔以及相关组织协调工作；（11）根据职责分工，负责指导和监督地方金融监管部门相关业务工作；（12）参加银行业和保险业国际组织与国际监管规则的制定，开展银行业和保险业的对外交流与国际合作事务；（13）负责国有重点银行业金融机构监事会的日常管理工作；（14）完成党中央、国务院交办的其他任务；（15）职能转变。由原银监会、原保监会拟定银行业、保险业重要法律法规草案和审慎监管基本制度的职责归入中国人民银行。

通过对比新的银保监会与原银监会、原保监会的职责变化可以看出，新的银保监会的职能更加强调对金融风险的预防、建立风险预警机制，即不断强化事前监管。此外，银保监会的监管对象仍然是银行业、保险业的从业金融机构，包括商业银行、农村和城市信用合作社、政策性银行、保险公司。银保监会的监管范围仍然是银行业和保险业相关业务。

在银保监会的职能中，（2）、（9）、（14）、（15）与金融监管没有直接关系，（11）、（12）不针对金融机构，其他职能均与金融市场的监管直接相关，也与民间金融的监管直接相关。而（3）直接指出要“制定小额贷款公司、融资性担保公司、典当行、融资租赁公司、商业保理公司、地方资产管理公司等其他类型机构的经营规则和监管规则”。因此，涉及银行业、保险业的民间金融活动，毫无疑问要接受银保监会的监管。

各地省级和市级的银保监会派出机构负责贯彻、执行银保监会的职能，对当地金融机构以及相关业务进行职能范围内的监管。

（四）非专门金融监管机构

1. 中华人民共和国商务部（本章简称“商务部”）

在2018年4月20日之前，制定融资租赁公司、商业保理公司、典当行业务经营和监管规则的职责归属中华人民共和国商务部。商务部可以对资质符合要求的公司发放融资租赁牌照、典当牌照。在国家机构改革过程中，商务部将此职责移交给银保监会，由银保监会履行对此类金融机构监管的职责。自此，商务部基本退出直接的金融监管。

但是，在失信责任人惩戒方面，商务部则与人民银行、证监会、银保监会之间存在合作关系。

2. 中华人民共和国国家发展和改革委员会（本章简称“发展改革委”）

发展改革委对金融市场的监管，可以是单独参与金融监管，也可能是同央行、银保监会、证监会共同参与监管。在金融行业失信责任人惩戒、金融机构（目前主要是银行）债转股等方面，发展改革委同央行、银保监会、证监会共同监管。而在债券发行审批、促进企业融资等方面，发展改革委一般单独通过审批进行监管。

总体而言，发展改革委对金融市场的监管主要方式是行政审批，而且常常伴随着影响非金融企业的生产经营。各省级、市级的地方发展改革委的职能是贯彻发展改革委的职能、在地方执行发展改革委的职责。

（五）经济新常态下统筹领导金融监管

党的十九大之后，为了强化金融监管机构在防范化解金融风险、推动金融支持实体经济的作用，国家调整了金融监管体制。2017年11月，成立了国务院下属的国务院金融稳定发展委员会，本章称之为“金融稳定发展委员会”。2018年3月，原中央财经领导小组改组成立中国共产党中央财经委员会，本章称之为“中央财经委员会”。中央财经委员会和金融稳定发展委员会的成立对我国金融监管体制的变化起到了重要的推动和领导作用。

1. 中央财经委员会

2018年3月，为了实现经济新常态下党对金融工作的领导、贯彻落实党的十九大对金融工作的新要求、更好地维护金融稳定和促进金融支持实体经济，原中央财经领导小组改组为中央财经委员会。中央财经委员会的主要职责是：加强党中央对财经工作的领导，负责经济领域的顶层设计、总体布局、统筹协调、整体推进、督促落实，确保防范化解重大风险、全面脱贫、污染防治三大攻坚战全面取胜，并且指导经济新常态下的全党全国的经济工作。

从金融监管的角度看，中央财经委员会并不直接参与金融监管，但其在防范化解金融风险、加强金融支持实体经济、遏制脱实向虚和去杠杆等问题上的领导作用间接对金融监管产生影响，进而对民间金融机构以及其业务产生了影响。

2018 年以来，在中央财经委员会关于防范化解金融风险、加强支持实体经济等决策的背景下，《关于规范金融机构资产管理业务的指导意见》《关于加强非金融企业投资金融机构监管的指导意见》《关于全面推进金融业综合统计工作的意见》等与民间金融活动有关的法律法规政策条例相继出台。同时，2019 年中央开始筹备针对金融控股公司的监管条例。由此可见，虽然中央财经委员会并不直接参与金融监管，但是也对民间金融的监管有着不可忽视的影响。

2. 国务院金融稳定发展委员会

2017 年 11 月，国务院成立了金融稳定发展委员会。截至 2020 年 5 月，金融稳定发展委员会共召开了 28 次会议。金融稳定发展委员会的主要职责包括：落实党中央、国务院关于金融工作的决策部署；审议金融业改革发展重大规划；统筹金融改革发展与监管，协调货币政策与金融监管相关事项，统筹协调金融监管重大事项，协调金融政策与相关财政政策、产业政策等；分析研判国际国内金融形势，做好国际金融风险应对，研究系统性金融风险防范处置和维护金融稳定重大政策；指导地方金融改革发展与监管，对金融管理部门和地方政府进行业务监督和履职问责等。金融稳定发展委员会直接统筹、领导现有金融监管机构的监管，在召开的 28 次会议中分别针对防范化解金融风险、加强服务实体经济、深化金融体制改革、缓解中小企业融资难、加快金融支持疫情防控和支持社会经济发展等专题进行了部署，对民间金融的活动产生了一定影响。

从金融监管的角度看，金融稳定发展委员会通过实现强化金融监管协调、维护金融消费者合法权益、提高统筹防范风险能力、保障国家金融安全等职责的方式对金融监管产生了影响。金融稳定发展委员会加强了我国的宏观审慎监管，有利于金融监管部门进行跨机构、跨行业的监管，有力地遏制了金融风险的爆发。金融稳定发展委员会在结构性去杠杆、收缩高风险金融业务、抑制少数机构野蛮扩张、约束市场主体行为、引导树立审慎经营理念做了诸多工作，从而对民间金融机构的经营活动产生了影响。总体而言，国务院金融稳定发展委员会的监管活动有利于减少民间金融机构经营风险、规范业务行为、实现长期稳定发展。

第二节　民间金融监管体系变迁、分析与问题

一、民间金融监管体系的变迁

（一）体系变迁的背景

我国属于单一制国家。国家权力的纵向配置大体属于中央集权模式。类似于中央与地方总体关系的演进，我国的民间金融管理体制改革也始终在中央与地方政府利益博弈的格局下不断反复，历经了收放循环的过程。在民间金融监管的制度变迁过程中，面临各种制度约束。

一是，政治制度约束。政治因素在我国各项制度建设中都扮演着至关重要的角色，金融监管体制的选择也不例外。地方金融监管权力的配置，归根结底还是取决于中央政府的需求，需要保持与国家总体制度框架的兼容。我国宪法规定了单一制的国家制度，中央政府在事实上形成了高度集权的特征。同时，在经济上也适度分权以保证一定的激励，表现出“政治集权，经济分权”的特征。这种制度框架决定了金融监管权纵向分权的可能性，同时也限定了金融监管权纵向配置的操作空间。整个监管框架具有中央主导、地方辅助的性质。

二是，金融制度约束。民间金融监管制度的选择同样也应当服从于整个金融制度。我国金融制度一直以来呈现“双层结构”——发达而富有控制力的上层结构、流动性强且分散化的下层结构。在上、下两层结构之间缺乏严密有效且富于协调功能的中间结构。在金融市场上，相应地也形成了二元结构。一方面，我国拥有按照现代金融理论建立起来的传统金融体系，立法机构为正规金融体系制定了相对完整的监管规则。另一方面，地方还广泛存在大量的非正规金融机构，如投资担保公司、典当行和小额信贷公司等。这些非正规金融机构的诞生与发展具有非制度化、渐进性、自下而上的特征。我国金融市场的二元结构，本质上是中央与地方分配金融资源的结果。在财政分权和金融集权的体制搭配下，地方政府面临财权与事权不对等的问题。地方政府财力处于非饱和状态，市场融资手段匮乏导致地方政府具有明显的干预金融倾向。而且，

越是落后的地方，此类问题越突出。地方政府在中央集权范围之外不断寻求干预金融的渠道，而我国金融监管制度的纵向安排也以防控地方干预金融为主线不断演变与发展。

三是，政府职能约束。我国目前在中央与地方关系、存款保险制度和金融机构破产等领域还存在法律制度缺失的问题。法律制度滞后于金融制度的改革与金融市场的需要。我国金融市场秩序主要是由政府管理部门以大量的文件设定监管规则来确立。因此，金融监管会受到政府职能的约束，即当政府作为金融监管的主体时，金融规则的制定与实施不仅需要服从单纯的金融稳定目标，可能还需要服从其他政府职能目标。尤其需要指出的是，对于金融监管的纵向权力安排而言，中央政府与地方政府之间还存在经济学意义上的委托代理关系。地方政府的职能冲突可能会产生代理问题，从而影响我国地方金融监管的有效性。

（二）体系变迁的阶段

中华人民共和国成立以来，民间金融由于对社会经济和群众生活具有巨大的实用性而获得了长足发展，其风险也随着行业发展而持续累积并时常爆发，进而给社会经济和群众生活带来很大的损失。有鉴于此，我国民间金融监管部分针对不同时期民间金融的不同特征而采取了有针对性、差异化的监管思路。同时，伴随着计划经济体制向社会主义市场经济体制的逐步转型，金融领域内中央和地方、政府与市场之间的关系也随之不断演进。在经济渐进转型的大背景下，民间金融领域的权利配置表现为时而分权、时而集权。我国民间金融监管的纵向制度变迁本质上是中央与地方政府基于金融资源配置的动态博弈。地方政府通过在中央集权之外的领域实施干预来“倒逼”金融分权，通过鼓励金融组织形式创新从银行体系扩展至非银行金融体系，通过新型农村金融市场建设从城市转至农村，随着金融科技的发展而从线下转移至线上。相应地，为了兼顾促进民间金融良性发展与抑制地方金融干预，我国民间金融监管体制的纵向制度安排也从中央垂直监管模式过渡为双层金融监管模式。也就是，在坚持民间金融监管中央事权的前提下，地方政府负责监管实施。

总的来说，中华人民共和国成立以来，民间金融监管体制共经历了四个阶段。

1. “大一统”管理阶段（1949—1978 年）

自中华人民共和国成立至改革开放前夕，全国金融业以银行业为主，统一归属中国人民银行管理，人民银行集货币政策、金融经营和管理职能于一身。1951 年 5 月，第一届全国农村金融工作会议召开，确定了农村信用社的性质、功能、业务范围等原则，成为指导农村信用社发展的指南。然而，只凭农村信用社无法完全满足农村金融需求，农村高利贷仍存在并交易活跃。在当时的历史环境下，农村高利贷经营者在政治上被认为"新的剥削阶层"，管理农村高利贷被纳入阶级斗争的范畴，实行严控严打。因此，从1963年开始，国家有关部门运用经济、行政和政治运动等手段严厉打击农村高利贷。这种监管理念和监管举措虽然在一定程度上打击了高利贷乱象，但由于没有考虑到农村实际的社会经济生态，从而不能根除高利贷。反而，这种监管因为导致高利贷资金供给的减少而加剧了农村高利贷风险溢价。

2. 垂直监管阶段（1979—2003年）

（1）时代背景。1978年，我国开始实施经济体制改革。为配合以农村家庭联产承包责任制改革、国企改革、财政体制改革、城市改革等为主要内容的经济体制改革，国家相应启动了金融体制改革，中国"大一统""统存统贷"的金融体系随之逐步被拆解。在"放权让利"和地方政府"自下而上"金融改革的推动下，为了满足非公有制经济与地方经济发展对资金和金融服务的需求，国家相继批准设立了一批全国性股份制银行和总部设在地方、带有地方性质的股份制商业银行，推动地方金融的迅速发展。与此同时，在地方政府的推动下，以城市信用社为代表的地方金融机构迅速设立并得到了快速发展，以信托公司为代表的非银行金融机构、以资金拆借市场为代表的地方金融市场也逐步建立并发展起来。虽然在1983年和1986年，国务院先后发布文件明确了人民银行作为中央银行和金融监管当局的职责，在名义上形成了对信贷政策、金融机构业务、银行、非银行金融机构以及各类金融市场进行统一监督与管理的集权式金融管理体制。

但在"放权让利"的大背景下，为提高地方分行的积极性，人民银行总行一开始就将诸如贷款规模调剂权、资金融通权、地方性金融机构及金融市场的审批权下放给地方分行，而地方政府则对地方分行拥有较大的影响力。客观上，当时中央银行对按行政区划设立分支机构的组织管理体制垂直控制力不够，容易受到地方政府的干预。

在此背景下，我国在20世纪80年代初期发生了"金融三乱"的问题。"金融三乱"是指一些地方、部门、企事业单位和个人"乱集资、乱批设金融机构和乱办金融业务"，扰乱了金融秩序，损害了群众利益，影响了社会安定。"金融三乱"发生的本质，是由于金融权利无论是横向还是纵向并未进行合理的划分。在经济高速发展时期，国家金融机构无法满足日益增长的资金需求，由政府号召社会来办金融，解决资金供求矛盾又导致畸形发展的问题，在一定程度上还反映我国金融改革落后于现实的矛盾。1992 年，我国出现了明显的泡沫经济现象，具体体现在：银行信贷资金通过信托公司、资金拆借市场大量进入房地产市场和股票市场。许多非银行金融机构借助关联银行进行不正当竞争，形成了大量的不良资产。与此同时，国有企业相继出现大面积的亏损。由于存在地方政府干预金融的现象，在预算软约束下，国有企业的亏损最终向银行积聚，不良贷款进一步增加，倒逼中央银行超发货币，造成了较严重的通货膨胀问题。在这一阶段，频频发生的金融乱象和区域性金融风险直接导致 20 世纪 90 年代中后期开始将金融监管权力从地方回收的结果，进而重新建立起中央集权的金融监管体制。

（2）变迁过程。1978 年党的十一届三中全会通过了《中共中央关于加快农业发展若干问题的决定（草案）》，该文件明确提出支持农村信贷事业。随后，中国农业银行于 1979 年得以恢复。1983 年下半年，农村基金会在我国一些农村地区开始产生和发展，得到了地方政府部门的支持。1986 年 1 月，国务院发布了《中华人民共和国银行管理暂行条例》，明确规定：个人不得设立银行和其他金融机构。1992 年，农村合作金融组织的改革试验进入普及发展和配套改革阶段，意在解决农村融资难的问题。与此同时，我国沿海一带由于市场化改革迅速推进，民营经济发展迅猛，但这些民营企业在体制之外，得不到明确的社会地位。因而，民营企业很难获得国家正规金融的支持，这也间接推动了民间金融在我国沿海地区得到较快的发展。1988 年，我国经济出现过热，通货膨胀严重，导致各个行业的资金面非常紧张，从而抬高民间借贷的利率，致使“抬会”等各种类型的民间金融组织大量出现并流行开来。

党的十四大提出建立社会主义市场经济体制，推动了金融体制的根本性变革。一个直接的结果体现为证监会、保监会和银监会的成立，确立了分业监管体制。立法部门还先后颁布了银行法和保险法等法律法规，我国的金融监管开始进入专业化、法治化阶段。1995 年，全国人大常委会通过了《商业银行法》，首次提出了“非法吸收公众存款”的概念。1996 年 8 月，国务院发布了《关于农村金融体制改革的决定》，提出建立以合作金融为基础、商业性和政策性金融分工协作的农村金融体系。当年，我国的农业银行与农村信用社脱钩而分开经营。1997 年 8 月，中国人民银行发布《关于对农村合作基金会进行清理整顿、切实规范管理的报告》，国家开始清理泛滥发展的农村合作基金会，并于 1997 年 11 月决定全面整顿农村合作基金会。此外，鉴于 1998 年亚洲金融危机爆发的巨大影响和深刻教训，国务院于 1998 年 7 月发布了《非法金融机构和非法金融业务活动取缔办法》，定义了非法金融机构和非法金融业务活动，民间金融被视为“非法”。根据国务院的上述规定，人民银行又先后发布了《整顿乱集资、乱批金融机构和乱办金融业务实施方案》和《金融违法行为处罚办法》。在严厉的政策打压下，民间金融活动遂彻底转入“地下”状态。但为了提高地方发展的积极性，中央还是给予了地方一定的金融监管权限，如鼓励农村信用社的发展。2003 年 8 月，国务院发出《关于印发深化农村信用社改革试点方案的通知》，要求加快农村信用社管理体制和产权制度改革。

3. 中央与地方监管博弈阶段（2003—2012 年）

（1）时代背景。经过中央对地方金融权力的回收，地方金融机构数量锐减，地方政府对金融机构的干预能力大大下降。借鉴上一时期金融整顿的教训，中央在下放金融权力时更加慎重，注重在促进金融支持经济发展的同时兼顾金融风险的防范。2003 年，中央将农村信用社的风险救助责任下放给地方政府，同时将其管理权下放给省级信用联社，但农村信用联社的准入权以及监管权仍由银监会负责。随着经济的高速发展，地方对于金融资源的需求不断增加。因此，地方政府通过各种方式与中央争夺金融资源和金融权力来解决金融资源短缺的困境。

2006 年开始的新型农村金融市场建设成为地方政府大力发展民间金融的契机。为解决农村地区银行业金融机构网点覆盖率低、金融供给不足、竞争不充分等问题，银监会于 2006 年发布了《关于调整放宽农村地区银行业金融机构准入政策更好支持社会新农村建设的若干建议》，指出要适度调整和放宽农村地区银行业金融机构的准入政策，降低准入门槛，强化监管约束，加大政策支持，促进农村地区形成投资多元、种类多样、覆盖全面、治理灵活、服务高效的银行业金融服务体系。地方政府借此机遇大力发展村镇银行、贷款公司和农村资金互助社等地方性新型农村金融机构。这在一定程度上弥补了传统金融供给不足、覆盖面不足的缺陷。与此同时，该措施还可以支援新农村建设、盘活地方经济，在一定程度上解决了地方金融资源短缺的难题。

为了更好地发挥服务中小企业的功能，同时弥补信息不对称和中央监管力量不足导致的监管真空问题，中央相继将小额贷款公司、融资性担保公司以及典当行等非传统金融机构的监管权下放给地方政府。2008 年，小额贷款公司的准入和监管权下放给地方政府。2009 年，融资性担保机构的准入及监管权下放给地方政府。2011 年，资本规模小于 5 亿元人民币的股权投资公司的管理由地方政府相关部门负责。2012 年，第四次全国金融工作会议提出将区域性小型金融机构的监管职责赋予地方政府。2012 年

12月，典当行的监管权下放给地方政府。金融监管权和金融资源配置权的下放极大地激发了地方政府发展的积极性。各地方政府纷纷成立地方金融监管机构，如设立金融办、金融局，来行使地方金融监管的权力。自2006年以来，国务院也两次出台文件将地方金融风险处置工作职责交予地方政府，明确要求完善地方金融监管机制，强化地方政府对地方中小金融机构的金融监管职责和风险处置责任。

（2）变迁过程。2002年9月，上海市率先成立了金融服务办公室，为全国首个地方金融办。在最初的一段时间，金融办被定义为议事协调机构。当时，上海金融办并不在政府序列，也不具有行政审批权，主要任务是联系并配合“一行三会”和全国性金融机构在上海的工作。2002年12月，北京市政府金融工作办公室成立，为全国第二家省级金融办。2005年初，北京市撤销金融工委和金融办，其相关职能被并入北京市国资委增设的金融处。随后，全国各地普遍建立类似金融办的地区金融管理机构。然而，这一时期地方金融办的职能不明确，一般定位为服务、规划和协调机构。实际上，地方金融办并不拥有金融监管职权，更多的是地方政府与中央金融监管机构的议事协调机构。然而，面对民间金融业态的蓬勃发展，中央金融监管部门的分支机构力量愈显不足，在很多方面形成监管空白，从而地方金融监管力量供不应求。为此，中央下放部分金融监管权力给地方政府部门。自2008年起，中央有关监管当局陆续出台《关于小额贷款公司试点的指导意见》《融资性担保公司管理暂行办法》《典当行业监督管理规定》和《融资租赁企业监督管理办法》，对相关行业属地监管权限进行规定，并赋予地方政府内设金融办等相关机构来监管上述业务。中央金融监管部门将部分权力委托给地方政府（不限于金融办）代为行使，包括有限的规则制定权、市场准入权、监督检查权。同时，银行、证券、保险等传统金融业务依然由人民银行的分支机构和“三会”派出机构负责监管。民间金融监管权力的纵向分配形成了“有限分权的集权”格局。监管权力逐渐下放后，各级地方政府顺势而为，纷纷设立了地方金融办（或金融局）对民间金融进行监督管理，并逐渐赋予其更大的职权。自2002年9月上海市在全国率先设立金融办以来，基本上所有省及直辖市政府设立了金融办（或金融局），并且其组织架构逐渐下沉至县市级政府。金融办也由最初单一的议事协调慢慢扩展到兼具监管协调、风险处置以及规划制定等多项职责。

经过金融秩序的整顿，中央收回对银行体系与非银行金融体系的监管权力，并建立垂直监管模式。地方政府只能借助新型农村金融市场建设的契机，以“倒逼”方式（如鼓励金融组织创新、地方金融中心建设）或隐性方式（如违规审批、设立地方金融机构，默许农商行扩张表外业务和违规放贷），从中央获取部分监管权。最终，在名义金融集权之下取得了一定的实际金融分权，具体表现为两个方面：一方面，地方政府通过“自下而上”的金融改革与创新，“倒逼”中央金融分权。地方政府不断地创新金融组织形式来满足地方经济发展的需求，游离于传统金融体系之外的非传统金融体系逐渐发展起来，如小额贷款公司、融资担保公司、典当行、融资租赁公司和商业保理公司等。另一方面，为推动地方经济发展、吸引金融资源向某地方流入，地方政府通常将地方金融发展与管理作为重要的战略举措，从优化地方金融生态，到成立地方金融控股集团并最终发展到建设区域甚至全国金融中心。由此可知，地方政府不仅进行纵向（地方“倒逼”中央）金融资源的争夺，也进行省际金融资源的争夺。

地方政府通过自下而上的方式“倒逼”中央下放了部分权力。然而，由于制度环境的约束，这一时期地方金融监管权力的配置呈现出如下特征。

一是，内容配置上的非结构化。受我国历史上金融风险的影响，中央一直严格地控制金融监管权。金融监管权的分配不是按行政事权和公共产品的服务范围在中央与地方之间划分。为方便地方政府履行经济管理职能，一些区域性的非传统金融机构由地方负责监管，大部分的金融监管职能则还是由中央与地方共同分担。也就是说，中央统一制定规则交由地方具体实施。由此，可能产生权力与责任配置不对等的问题。这个不对称问题具体表现在：（1）将一些由中央负责垂直监管的金融机构风险处置责任交由地方政府。这在一定程度上强化了地方政府的责任，但并未将相关的权力与之相匹配，从而降低了地方政府的积极性。（2）对一些由地方政府批准设立的非传统金融机构，因为缺乏相对应的监督与问责机制，未能压实地方政府风险处置的责任，从而容易引发地方政府的道德风险。

二是，配置方式的非制度化。从大的框架看，中央与地方未完全建立制度化、法律化的中央与地方权限、职责分工体系，而是包含着大量“协调办事”的非制度性因素。这就决定了，在权力的配置方式上，监管权的纵向配置主要采取行政调整而非法律固化的形式。中央和地方之间的权力分配内容、分配区域和分权期限由中央决定，不但使地方的监管权力存在极大的不确定性，而且影响地方政府监管权力来源的合法性。地方金融监管的权力一般由中央政府或中央政府部门通过规范性文件而非法律形式赋予，存在权力来源合法性的缺陷。以市场准入权为例，我国《行政许可法》实质上排除了部门规章设定行政许可的权利，但从现行民间金融机构的准入来看，大部分是由国务院各部委制定的规章甚至是规范性文件来设定准入条件。同时，地方政府往往借助于这种非制度化的权力配置，通过“打擦边球”“用足政策”等方式自行扩张中央赋予的权力，服务于自身的效用目标，从而突破中央政府设定的边界。一些地方政府为了金融管理或维护地区金融稳定而自设权力，或者采取隐性管理手段行使监管职能，导致大量无法律依据的监管行为存在。

三是，权力运行的非规范化。中央与地方关系的“条块分割”：以中央的“条”的专业管理来分割本来属于地方政府在“块”上的综合管理权限。在条块分割的状态下，管理体制同时存在“条的分散性”与“块的分散性”，从而使得权力关系在任何一种状态下都呈现出分散特征。金融分条垂直监管与金融资源在区域内横向共享之间产生矛盾，中央重风险防控与地方政府重金融发展的理念之间缺少相关制度予以协调，中央严格控制地方的金融服务供给权与地方政府着力扩张监管权力之间存在冲突。组织架构上的设置使中央垂直管理部门与地方政府之间形成各自为政的局面，影响了金融监管的协同效应。

4. 审慎监管、双层监管阶段（2013 年至今）

（1）时代背景。2013 年 7 月，随着经济增速的放缓，中央要求金融业向民营经济开放，并将成立民营银行支持民营经济发展作为一项重要的改革举措。这种举措再一次为地方金融组织的创新提供了契机。借着这一契机，融资担保公司、小额信贷公司等民间金融机构因为其对正规金融机构的补充作用和民营化特征而备受推崇。此时，金融科技的发展也为我国民间金融组织创新提供了新思路。2013 年我国兴起了“互联网 +”的发展模式，对于民间金融机构产生了巨大的吸引力。互联网的运作方式与民间金融业态相结合产生了 P2P 网贷、股权众筹和区域性资产交易中心等新兴的民间金融组织形式，并迅速在全国各地蔓延开来。

金融科技的发展有两方面的作用：一方面，促进了地方金融的发展，为我国普惠金融和共享金融的发展提供了机遇；另一方面，也诱发了诸如线上非法集资屡禁不止、股权众筹跑路频发和区域资产交易中心秩序紊乱等地方金融乱象。这些金融乱象的背后除了监管依据不足、监管规则漏洞和监管工具局限的作用外，更多的是纵向金融监管体制下中央和地方激励不相容所致。地方政府既要负责地方金融业的发展以促进经济增长，又要履行地方金融监管的职责以防止金融风险。在财政分权与经济下行的情况下，目标之间存在冲突，造成了金融稳定的目标往往屈从于地方政府的施政目标。

金融科技的发展在一定程度上激化了此类激励不相容，加剧了经济学意义上的地方政府的代理问题。首先，金融科技的发展催生了一些新兴金融业态。例如，将线下的小额贷款转移至线上，形成P2P网络借贷等新兴金融产业。去实体化的经营特征使得小额信贷摆脱了对物理网点的依赖，不受空间和时间的限制。也就是说，小额信贷虽然设立于地区内部，但是经营却横跨多个区域。这种收益本地化、风险外部化的特征进一步激发地方政府的冒险倾向，降低互联网金融的准入门槛，并通过互联网的覆盖范围和传播范围广的特性将冒险成本外部化。这可能产生的问题是，一家金融科技公司的倒闭就引发区域性金融风险，甚至是系统性金融风险。其次，经济下行激化了地方政府财权和事权不对等的矛盾。政府倾向于通过金融和财政双手段来分担财权。传统的银行、证券、保险属于中央集权，受人民银行分支机构和“两会”派出机构监管，在帮助地方政府分担财权方面作用有限，而小额信贷等属于金融分权的非传统金融体系就成了政府的突破口。金融科技发展背景下兴起的互联网金融、股权众筹和区域资产交易中心，不仅可以躲避监管限制，还可以突破金融集权的限制，减轻政府的财政负担。在监管主体缺位和监管依据不足的背景下，地方金融业无序扩张，导致风险日渐积累。在此背景下，加强地方金融监管的重要性与必要性又逐渐迫切起来。

（2）变迁过程。2013年11月，党的十八届三中全会通过的《中共中央关于全面深化改革若干重大问题的决定》明确指出“界定中央和地方金融监管职责与风险处置责任”。彼时，多头监管模式不利于预防和化解潜在的地方金融风险，使得民间金融风险向地方政府聚集，并由其承担不合理的无限责任。省级地方政府承担农村信用社、小额贷款公司、融资性担保公司的金融风险处置责任，但均未对省级政府处置民间金融机构金融风险的资金来源提出明确要求。在短期内筹措金融风险处置资金困难的情况下，省级政府最终往往会求助于中央政府，结果是地方政府将应该由其承担的地方金融机构金融风险处置责任转嫁给中央政府，造成风险处置责任虚置。

一方面，民间金融业态蓬勃发展；另一方面，民间金融的监管存在界限模糊、职能定位不清、监管职能分散以及监管能力不足等问题。为此，基于民间金融体系的特征和互联网金融的特点来明确民间金融监管的权力、职责和能力不仅具有必要性，而且具有紧迫性。有鉴于此，2014年8月，国务院向各地政府、各部门下发文件，对中央与地方的金融监管职责分工问题作出规定。该文件由之前散见于有关文件和规章中的关于金融监管职责与风险处置责任分工的规定梳理综合而成，基本上并非新规。2017年7月，在第五次全国金融工作会议上，习近平总书记指出：要强化监管，提高防范化解金融风险能力；要以强化金融监管为重点，以防范系统性金融风险为底限，加快相关法律法规建设，坚持推进金融监管体制改革。李克强总理强调，要坚持中央统一规则，压实地方监管责任，加强金融监管的问责。金融工作会议后，中共中央、国务院发布《中共中央关于服务实体经济、防控金融风险、深化金融改革的若干意见》，首次明确地方金融监管的对象是“7＋4”类机构和“两非”领域。7类机构，是指小额贷款公司、融资担保公司、区域性股权市场、典当行、融资租赁公司、商业保理公司、地方资产管理公司。4类机构，是指投资公司、农民专业合作社、社会众筹机构、地方各类交易所。“两非”领域，是指非法金融机构和非法金融业务活动。

在中央的要求下，各级地方政府纷纷采取行动。2018年，随着各省机构改革渐次开展，在22个机构改革方案获批的省份中，海南、福建、广东、湖南、辽宁、浙江、吉林、黑龙江、宁夏、重庆、江西等11个省份已公开了省政府机构设置情况。这些省份在其省直属机构中都设置了“地方金融监督管理局”。同时，省地方金融监管局还将原来散落在其他部门的一些金融管理职能整合进来。例如，海南省地方金融监督管理局，除了承担原来省金融办的职责外，还将原来省财政厅的融资担保管理职责，商务厅的典当行、融资租赁管理职责整合进来。浙江省地方金融监督管理局则将商务厅的融资租赁、典当、商业保理监管，省经信委的融资担保监管，农业厅的从事信用互助的农民专业合作社管理职责整合进来。重庆市也将市商务委员会的商业保理、租赁典当管理职责等整合进来。由此，我国地方金融监管确立了中央垂直监管与地方属地监管并行的双层金融监管模式。

二、民间金融监管体系的分析

（一）委托代理视角

与正规金融机构相比，民间金融机构大多是地方生产组织关系的衍生品。其经营运行模式建立在参与者间相互信任的基础上，主要依靠信任和契约约束，公司治理结构弱化，产品缺乏统一标准，具有浓厚的地方特征。因此，被称为民间金融机构。相较于正规金融机构的组织形式，民间金融机构除了在机构内外部存在更为严重的信息不对称问题之外，还因为地域空间的差异性产生了空间信息不对称。与中央政府相比，地方政府在掌握金融需求信息、加强金融体系监管、促进地区金融稳定和发展方面更具有制度上的比较优势。简而言之，民间金融主要服务于民间融资，对正规金融起到重要的补充作用。相应地，当地政府更了解当地企业的资质与运行情况以及当地企业与居民的偏好，应当被赋予部分监管职责，发挥辅助作用。

近年来，随着“互联网+”模式在民间融资中被广泛应用以及金融业进一步向民营经济开放，在我国正规金融监管领域之外，还存在很多的监管短板。为了实现监管的全覆盖，从整体上提升我国监管体系的效率与防范化解金融风险的能力，我国构建了中央为主、地方为辅的双层金融监管模式。具体体现在，对于全国性大型持牌金融机构在当地的分公司和在当地注册但是经营区域横跨全国的地方性金融机构，都由中央监管当局及一行两会的分支机构或派出机构进行垂直监管。对“7+4”类机构和“两非”领域，则在中央事权的前提下，由地方金融监管机构实施属地监管。中央事权指的是，由中央负责重大决策、重大规则、行业标准和产品标准的制定；属地监管指的是，由地方金融监管部门负责具体的监管执行、现场检查、处理突发事件以及处置相关风险。

这种中央为主、地方为辅的双层监管模式，实际上可以将其看作一个双向混合的委托代理框架。中央监管当局基于信息优势、成本-收益分析和兼容性的考虑，在中央事权的前提下，通过有限金融分权把对于“7+4”类机构和“两非”领域的金融监管权力委托给地方金融监管机构，包括地方金融监管局与地方政府的相关职能部门，由地方金融监管机构履行金融监管和风险处置责任。由此，央、地委托代理关系建立，这已在2017年第五次全国金融工作会议上予以明确。与此同时，地方金融监管机构作为地方政府的职能部门，还肩负着发展地区经济与改善民生的责任。这样，其与当地企业居民建立起本地的委托代理关系。这是作为地方政府职能部门的天然属性。因此，作为双向混合式委托代理关系中的核心，地方监管当局发挥两方面的作用：向上作为中央金融监管当局的委托主体，负责监督与管理地方金融生态、维持金融稳定；向下作为当地居民和企业的委托主体，负责促进地方金融发展，满足居民理财需求和企业融资需要。然而，金融稳定与金融发展目标在有些情况下存在冲突，这也使得地方金融监管相对于横向金融监管制度安排而言，存在更多的复杂性。

（二）央地博弈视角

金融监管的纵向制度安排，实际上是中央政府与地方政府在金融监管权力上的博弈。当地方政府不履行委托责任且被中央政府发现受到惩罚的概率越大，民间金融监管的有效性越强。当地方政府通过阳奉阴违的方式欺骗中央政府成功的概率越高，那么民间金融监管的有效性越弱。也就是说，委托代理框架的有效性，实际上取决于央、地博弈的最终结果。在此过程中，地方政府的策略选择主要基于监督问责机制。由于我国金融分权进程是自下而上推动的，缺乏事前监督问责机制。最早明确的是民间金融风险处置责任，这是一种事后监督问责机制。也就是说，只有风险暴露，才能明确地方政府是否履行了监管职能。这种事后的约束机制，可能导致地方政府行动不一致，加剧地方政府的侥幸心理，使得其放松监管条件，最终导致局部风险积累。从另一角度来看，我国民间金融监管体制的构建涉及双重委托代理框架，也使得中央政府实施监督问责的成本较高。因此，在我国民间金融监管长期处于缺位状态的情况下，民间金融市场更是呈现一放就乱、一收就死的恶性循环。本质上，是监管的制度安排没有处理好双重委托代理关系之间的矛盾冲突，导致地方政府在缺乏有效监督问责的前提下，出现严重的代理问题，降低了民间金融监管的有效性。

三、民间金融监管体系的问题

（一）监管失灵：央地行为边界模糊

我国金融管理体制，从中央单一监管模式逐渐过渡到中央为主、地方为辅的双层监管模式，是一个自下而上演变的过程。中央与地方之间的监管职能分工和监管对象分类缺乏统一的制度安排。在2017年第五次全国金融工作会议明确地方金融办的监管范围之前，我国地方金融监管长期存在监管职能分散、监管边界不清和多头监管等问题。民间金融、互联网金融等领域则处于监管盲区。中央与地方的行为边界模糊，导致地方政府长期处于“有授权的管不好，没授权的管不了”的境地。一方面，中央与地方的监管职能可能会发生冲突，产生权责不对称的现象，引发激励不相容，产生主观政府失灵。从纵向上说，地方政府倾向于鼓励金融组织形式创新来“倒逼”中央放权。在银行、证券、保险等正规金融机构是中央集权和垂直监管的情况下，地方政府倾向于通过创新金融组织的形式来满足地方经济发展的需求，创新金融组织的过程存在潜在风险。从横向上说，在地方政府更注重发展而非风险的偏好驱动下，民间金融监管放松管理甚至干预金融资源配置的情况屡见不鲜，“只批不管”“批了难管”“该管不管”等现象普遍存在。有的地方政府倾向于降低金融监管标准来获得竞争优势，形成监管洼地，引发区域间的监管套利，加剧民间金融的野蛮无序发展。

另一方面，中央与地方职能之间还可能存在无人监管的空白地带。在鼓励创新的背景下，可能引发套利，客观上导致政府失灵。在中央层面，中央监管部门难以将其机构下设到县级以下，难以对民间金融进行监管；出于监管和风险处置的需要，中央金融监管部门逐步将部分金融监管权下放给地方政府，形成有效补充。然而，这种权力配置不是事前基于一个统一的框架安排，而是事后摩擦性、适应性推进的，很难对地方的金融创新行为实现全面覆盖。而且，在有些领域地方金融监管当局没有明确的法律授权，金融监管时常面临无法可依的被动局面。金融机构缺乏合理规划，多是内生生长，运营在很大程度上是源于逐利动机，在缺乏有效监管和引导的情况下，经常出现监管依据不足而导致的监管失灵。

民间金融监管条例对于上位法的衔接也不是一件容易的事情。“7 +4” 机构的统一监管规则或者说上位法，主要由中央监管机构制定，民间金融监管机构负责日常具体执行。然而，由于这些监管规则是中央各个部门制定的，地方法和上位法的衔接和具体执行其实并不容易。另外，民间金融监管机构根据实际情况对于上位法的修订意见的反馈也是比较复杂的流程。

（二）监管失灵：地方政府的职能冲突

随着地方金融市场的发展，地方金融办逐渐成为地方政府主管地方金融事务的工作部门。其主要职能包括：政策制定、市场培育、协调服务、金融稳定、专业监管以及国有资产管理。既作为国家公权力主体对市场失灵进行干预和调节，又负有培育和促进本地区金融市场发展的任务，数项职能集于一身，造成的结果是地方金融办各职能之间的冲突，从而影响了监管的有效性。

从纵向制度安排来看，地方金融办既要履行金融监管职责以实现中央政府维护金融稳定的要求，又要负责地方金融发展规划以配合地方政府的施政目标。二者之间存在内在冲突。虽然在中央层面设立了国务院金融稳定发展委员会，从而将发展规划职能从监管机构剥离，但在地方层面金融委并无具体组织安排，导致地方金融办和监管部门仍要兼顾金融监管和金融规划的职能。双重职能之间可能会面临冲突，容易导致地方政府目标行为异化。也就是，事前出现牺牲金融稳定目标而服务金融发展目标的政府失灵，事后出现包庇推诿、不及时处理风险或者隐瞒谎报的政府监管失灵。

由于目前我国金融办的监管职能尚未明确，地方政府开展金融监管工作往往从自身需要出发、各自为纲。金融稳定目标往往屈从于地方政府的施政目标，将吸引资金流入、提高融资规模等能够带来短期经济利益的事项作为优先任务，将防范金融风险、维护金融稳定等职责置于次要地位。有些地区甚至出现罔顾本地实体经济基础，出台各种文件鼓励、支持发展金融业，形成金融盲目发展、大干快上的“泛金融化”现象，造成重复建设、资源浪费、恶性竞争的问题。这些不利于政府集中有限资源发展实业，还会诱使企业“脱实向虚”、热衷资本运作而忽视主业，对实体经济造成损害。

从横向的制度安排来看，民间金融监管机构没有严格区分审慎监管和行为监管。审慎监管的目标是保护金融机构的健康运行，行为监管的目标是保护金融消费者，二者之间也存在内在冲突。一些金融机构偏好风险客户，理性地追逐高额回报，比如一些小贷机构收取高额利息，增加了利润从而强化自身的资本。其行为从金融机构的角度看是审慎的，但严重地侵害了金融消费者的利益。地方金融办，既负责审慎监管，又负责行为监管。当遇到二者矛盾时，地方金融办有可能从金融机构审慎角度出发，忽视对金融消费者的保护。特别地，由于互联网金融机构的消费者是全国范围的，这种行为造成的风险并不局限在区域内部。因此，地方金融办更容易忽视行为监管。

（三）金融科技发展改变了民间金融监管的行为约束条件

前文的央地监管博弈分析，证明了地方政府是否能够有效履行委托责任主要取决于两个指标：一是，不履行委托责任，被发现且受到惩罚的概率越大，地方金融监管的有效性越强，这是在强调问责机制的重要性。二是，阳奉阴违欺骗中央政府成功的概率越高，地方政府金融监管有效性越弱。这是在强调监督机制的重要性。金融科技的兴起，在一定程度上放松了地方政府的约束条件，从而增加了地方政府不履行监管责任的概率。一方面，从问责机制来看，金融科技的属地监管和全国经营之间的矛盾，给地方监管问责带来了挑战。随着互联网金融的发展，很多线下业务转移至线上，形成 P2P 网络借贷、股权众筹等互联网金融产品。去实体化经营和依托于互联网的销售渠道，使得机构摆脱了对物理网点的依赖。虽然这些互联网金融产品设于某一地区，经营却是在全国范围，地方金融监管部门难以实施属地监管。金融风险的高发点向监管较为薄弱的互联网金融领域集聚，而民间风险处置的责任难以压实。加之，我国民间金融监管制度的问责机制本身，就是一种事后风险处置责任归地方政府的方式。事前缺乏科学的行为约束机制。互联网全国经营的特性，导致在事后风险处置环节中，地方政府既没有能力也没有意愿消化风险事件所产生的负面溢出效应，从而“倒逼”中央政府承担其事前的冒险成本。因此，事前缺乏科学问责机制，事后又缺乏相应的惩罚机制，增加了地方政府不履行监管责任的概率。

另一方面，从监督机制来看，互联网金融具有收益本地化、风险外部化的特性。这极大地增加了中央政府监督的成本与难度。此外，我国金融业统计还未全部覆盖至地方上的民间金融机构，特别是对金融科技领域，信息获取难度较大。加之，中央政府和地方政府之间本身就存在比较严重的信息不对称现象。因此，金融科技的兴起在一定程度上加大了中央政府和地方政府行为监督的难度。

（四）缺乏必要的监管信息工具和监管信息规范

金融监管必须要能够持续提取和监控监管对象的关键信息。例如，交易信息、账户信息、客户情况、公司高管任职情况、风险/产品制度建设情况、资产情况等，否则金融监管就是一句空话。然而，相比于银保监会、证监会、人民银行等已经成立多年的金融监管机构，民间金融监管机构的监管信息工具十分匮乏，缺乏统一的采集监管信息的范围和格式规范，提取监管对象的信息十分困难。甚至有时候，金融监管人员前往索要信息被以保密为由拒绝。

（五）监管人员的监管能力比较薄弱

民间金融监管部门属于新建机构，很多基层金融监管人员来自政府其他部门的公务员，比如，从商务局、科技局、宣传部等调入。大部分监管人员其实在做民间金融监管之前，没有从事过金融监管相关的工作经验，对金融业务了解不足。此外，截至2019 年 11 月底，全国“7 +4”机构中有 193 万家农村专业合作社，12 000 家融资租赁公司，10 000 家商业保理公司，8 483 家典当行，7 797 家小额贷款公司，5 937 家融资担保公司，834 家社会众筹机构，44 家地方资产管理公司，34 家区域性股权市场。另外，未经审批核准、用类似金融名称注册的公司就更多了。如此之多的民间金融机构需要监管，而监管人员则显然远远不够。

第三节　中外民间金融监管体系比较

一、美国的民间金融监管体系

（一）信用社

与其他国家一样，美国的低收入者同样很难从主流正规金融机构获取金融服务。20 世纪初，信用社和储蓄贷款协会等小型金融机构诞生。1934 年，美国国会颁布《联邦信用社法》，正式明确信用社等民间金融机构的法律地位和监管方式，并成立美国信用社协会。该协会的主要职能是：维护信用社的合法权益；协调信用社与监管当局及政府有关部门的关系；游说国会，促进有利于信用社法案的通过；对有关信用社的政策进行研究和推行，并为信用社提供业务、法律、信息、咨询、培训、宣传等服务；参加政府会议等。此外，各州还成立了自己的州信用社协会，以此协调信用社与州政府的关系，维护本州信用社的利益。

从此，信用社蓬勃发展，并成为美国民间融资最主要的力量。随着民间金融的发展，美国进一步完善其监管体系，在各州设置信用社监督专员。为了监管协调，1965年成立了“各州信用社监督专员全国协会”。1978年成立美国国家信用社管理局（National Credit Union Administration，NCUA），这是独立于中央银行之外的专门对联邦注册的信用社实施监管的机构，其经费来自向信用社收取的监管费和存款保险基金的投资收益。根据《联邦信用社法》规定，所有在联邦注册的信用社必须参加信用社存款保险基金，在州注册的信用社可自愿参加。目前，美国仍然维持各州和联邦的信用社法同时存在的现状。这样，既能维持信用社运作的适用性，也能促进信用社的创新性。

（二）中小企业投资公司

美国对民间金融交易的法律保护促进了大量中小融资机构的建立，主要形式是中小企业投资公司。1958年，美国国会通过了《小企业法案》，成立了美国国家中小企业局，并由其审查和许可，成立了中小企业投资公司。与中小企业局对中小企业提供的贷款规模相比，这些中小企业投资公司和风险投资公司成为中小企业筹集资金的一个重要来源。

二、德国的民间金融监管体系

德国民间金融形式以合作金融为主。早在1847年，莱夫埃森创立了农村合作信用社，随后城市信用合作社成立。1889年，《合作社法》颁布施行，对合作社的法律地位予以认可，用法律形式将合作社的组织形式、运行理念等固定下来，为合作社的迅速发展提供了法律保障。1895年，中央合作银行成立，全国合作银行协会也随之成立。目前，德国合作金融结构呈金字塔形：顶层是中央合作银行，中间层是区域性合作银行，最底层是地方合作银行。各层合作组织均为独立的法人经济实体且没有隶属关系，形成自下而上入股、自上而下服务的治理模式。

此外，德国民间金融监管机构不主动谋求将合作银行整合为商业银行，也不取消规模小的合作银行的法人资格，否则就与“入股社员所有、民主管理、为入股社员服务”的合作金融理念相悖。

信用合作社和合作银行主要通过自我监管、行业协会监管实现风险控制，政府很少干预其具体经营活动，只是在法律和政策层面给予扶持。2002 年 5 月，德国银监局、保监局和证监局合并，成立了金融服务监管局，监管范围仍是合并前的界限，但简化了监管的行政结构和程序，为民间金融的健康发展提供了宽松的环境。

三、日本的民间金融监管体系

“二战”后，随着日本经济的腾飞，民间金融进入蓬勃发展期。然而，一开始，日本民间金融并不属于正规金融市场，而随着经济的发展、民间金融规模的不断扩大，政府通过政策和法律规范逐步将其引导、过渡至正规金融市场的一员。

日本最主要的、最具代表性的民间金融组织是无尽（mujin）。无尽，类似我国的合会，包括信贷协会和轮转储蓄。经过全面调查、评估利弊之后，1915 年日本出台了第一部无尽组织监管法案——《无尽业法》。该法案规定：所有的无尽组织必须以公司制形式存在，且注册资本金不低于 15 000 日元；存续期最长为 5 年，每人每期缴纳的会金不得超过 1 万日元；实行严格的准入行政审批制，限制业务范围，要求董事承担无限连带责任，并禁止高管进行自我交易。依据该法，日本将 80% 的无尽组织合并组建成为多家联合股份公司。日本由此通过立法赋予民间金融组织以明确的法律地位，实现民间金融组织的正规化。“二战”后，服务于中小企业的金融公司（通常为财务公司）大量出现，这些民间金融机构规模都较小，客户在存入适当次数和金融的款项后即可一次性地获得高于其存入的金额。这些金融公司也被称为信贷协会，比无尽组织更健全，随着它们的发展，原有法案越来越显出局限性。有鉴于此，1951 年日本国会通过了《互助银行法案》，将大部分的无尽组织和信贷协会转变成了既能接受定期的“会金”，又能吸纳存款和发放贷款的互助银行，从而使这些民间金融机构在实质上开启了向商业银行转化之路，同时，也是被纳入正规金融法规监管之路。

随着互助银行合并成风的趋势发展，其业务范围与一般商业银行事实上已无任何差异，将互助银行转变为一般性商业银行成为监管改革议题。为此，1989—1990 年，日本所有的互助银行被转变为商业银行。

此外，日本还专门出台民间金融其他领域的监管法律，用以规制相应的民间金融行为。主要有《投资顾问法》《关于取缔接受出资、收存款及利息等的法律》《贷款业法》。《投资顾问法》主要是约束规范理财、证券销售等业务，不得虚假、夸大宣传，销售行为不得有损害消费者的任何行为和言辞。《关于取缔接受出资、存款及利息等的法律》的主要内容包括三个方面：一是对吸收存款的限定，任何人不得以向不特定且多数人明示或暗示今后还本贴息的方式收取出资金；二是对账外贷款的处罚；三是对收取高利息的处罚及借贷中介费的限制。以上内容意在严厉打击高吸揽储、不受管制的民间金融乱象，以保护存款人利益。《贷款业法》主要规制暴力催讨债、过剩贷款、高额利息等问题。

四、中外民间金融监管体系对比

与发达国家成熟的民间金融监管体制相比，我国的民间金融监管体制呈现出制度机制不成熟、监管执行不到位、监管高度集中的特点。我国民间金融监管体制的这些特点，一方面是因为我国金融监管部门对民间金融的认识和定位不够清晰、明确，另一方面是因为我国金融监管体制本身就很年轻，诸多方面仍然亟待改革。

（一）制度机制不成熟

我国民间金融监管制度机制不成熟主要体现在两个方面。第一个方面，是我国民间金融监管相关的法律法规、规章制度等不成熟。由于我国监管当局对民间金融的认识和定位不够清晰、民间金融监管历史较短，所以我国民间金融监管体制的制度尚不完备。第二个方面，缺乏高效应对突发事件的监管机制。原因在于，我国的金融监管体制正处于改革之中，监管部门尚未形成成熟的监管工具和面临突发性事件成熟有效的处置机制。我国民间金融监管目前仍然缺乏高效应对突发事件的监管机制。

目前，我国的金融监管法律体系尚未包括专门针对民间金融的法律或者专门条文。有关民间金融的国务院的行政法规、各个部门的规章以及地方政府的地方性法规在出台过程中一般是针对特定的金融事件、在特殊时期制定的，并未形成一个完备的体系。同时，我国对于金融监管的立法常常滞后于金融发展。因此，对于日新月异的民间金融，我国在法律法规、规章制度层面尚不完善。

除了法律法规、规章制度层面的不完备，目前我国尚未形成一套针对民间金融风险和违法行为的监管机制体系。这就导致两方面的后果：一方面，监管当局平时对民间金融的各种风险尤其是具有溢出特性的系统性风险难以摸清，在消弭风险上难有作为；另一方面，在民间金融活动中出现违法行为后难以迅速消除其影响和相关损失，甚至在一些突发性事件爆发中存在严重的监管滞后。

（二）监管执行不到位

我国民间金融监管制度除了制度和机制等问题之外，在实际面对民间金融机构潜在风险和违法行为的处置上，还面临着以下问题：高度依赖事后监管，事前预防和事中介入不到位，以及缺乏专门针对民间金融的监管工具、处置方式等问题。

从地理分布上看，民间金融机构数量多、分布广泛；从业务活动上看，民间金融机构的业务往往不具有公开性。相比传统大型金融机构，民间金融机构往往处于监管难以覆盖的区域，监管当局难以即时获取民间金融机构以及业务的数据。此外，一些实质上参与民间金融活动的机构，伪装成非金融机构从而规避监管。以上诸多问题的积累，导致我国监管当局难以对民间金融机构进行有效的事前和事中监管。

与此同时，我国目前并没有成熟的针对民间金融的监管工具。在2009年之后，我国日益完善的宏观审慎框架中的工具基本都是针对透明度高、集中度强的大中型传统金融机构，对于规模小、分散化强、透明度低的民间金融机构，我国正在摸索如何设计卓有成效的监管工具。

（三）监管高度集中

与我国整体金融监管体制高度集中于中央一样，我国的民间金融监管体制也高度向中央集中，央地之间权责分配有待改善。考虑到现实，民间金融机构的业务往往局限于某几个省份甚至是一个省份之内，少数地方性民间金融机构的活动区间甚至局限于临近的几个城市之内。因此，各地在监管民间金融活动时，往往需要较高的独立性，以因地制宜地进行监管。然而，在现实中，在地方金融办等成立之前，我国地方层面的监管尚无一个能够有效监管的政府机构。同时，地方层面的立法严格受到中央的约束，一旦面临突发性状况，地方监管当局普遍缺乏监管的灵活性和时效性。

综上所述，我国民间金融监管的制度机制不成熟、监管执行不到位和监管高度集中的特点使得监管当局的活动难以快速取得高效成果，尤其是在面临突发性事件的过程中难免出现纰漏。然而，随着党的十九大之后金融改革的全面开展，新的法律法规不断通过，宏观审慎框架也逐渐将民间金融纳入其中，金融监管体制改革使得民间金融监管框架也日益完善。同时，随着中央和地方取缔不合格、高风险的民间金融机构，整改存在问题的民间金融机构，引导民间金融机构降低风险、稳定运营，我国民间金融监管的前途无比光明。

本章小结

本章全面梳理了自中华人民共和国成立以来我国民间金融监管改革的历程，重点介绍了监管组织体系的变革。从历程来看，民间金融监管体系经历多次管制与放松的循环，客观上存在一系列问题。本章认为，当今民间金融监管体系存在的问题有历史原因，是我国经济社会发展转型过程中必然出现的现象。带着问题，本章探讨了当今民间金融良性发展的典型代表国家（美国、德国和日本），客观而言，成功的经验对我国具有极大的借鉴价值。

本章重要概念

监管体系　监管体制　监管模式　一元多头　二元多头　集中单一　央地联动　央地博弈　无尽组织

本章思考题

1. 如何看待中华人民共和国成立以来对民间金融活动的监管？
2. 公众监督对民间金融活动有哪些影响？请结合我国实际解答。
3. 从实际情况看，市场退出监管能够有效约束民间金融活动吗？为什么？
4. 从实际情况看，我国民间金融监管限制金融创新了吗？
5. 请结合实际，归纳当今主流的民间金融监管模式特征。
6. 从中央和地方监管博弈角度分析民间金融监管体系存在的问题以及原因。
7. 美、德、日的金融监管经验对我国有哪些借鉴价值？

本章参考文献

[1] 车丽华. 我国非正规金融规制研究 [D]. 长沙：中南大学，2012.

[2] 陈蓉. 论我国民间金融管制的重构 [D]. 重庆: 西南政法大学, 2008.

[3] 高发. 中国民间金融问题研究 [J]. 金融教学与研究, 2005 (4): 27-30.

[4] 李明贤. 重构我国农村金融体系研究 [D]. 武汉: 华中农业大学, 2003.

[5] 李伟毅, 胡士华. 农村民间金融: 变迁路径与政府的行为选择 [J]. 农业经济问题, 2004 (11): 28-31, 79.

[6] 廖振中, 高晋康. 我国民间借贷利率管制法治进路的检讨与选择 [J]. 现代法学, 2012, 34 (2): 66-77.

[7] 刘少军. 我国民间金融的功能定位与监管体制研究 [J]. 中国政法大学学报, 2012 (5): 45-53, 159.

[8] 单飞跃, 吴好胜. 地方金融管理法律问题研究 [J]. 法治研究, 2013 (6): 48-55.

[9] 滕昭君. 民间金融法律制度研究 [D]. 北京: 中央民族大学, 2011.

[10] 汪丽丽. 非正式金融法律规制研究 [D]. 上海: 华东政法大学, 2013.

[11] 王从容, 李宁. 民间融资: 合法性、金融监管与制度创新 [J]. 江西社会科学, 2010 (3): 90-93.

[12] 肖琼. 我国民间金融法律制度研究 [D]. 长沙: 中南大学, 2012.

[13] 熊进光, 潘丽琴. 中国民间金融的法律监管问题 [J]. 重庆大学学报 (社会科学版), 2013, 19 (1): 20-24.

[14] 晏海运. 中国普惠金融发展研究 [D]. 北京: 中共中央党校, 2013.

[15] 岳彩申, 袁林, 陈蓉. 民间借贷制度创新的思路和要点 [J]. 经济法论丛, 2009, 16 (1): 185-214.

[16] 曾纪胜. 论我国民间借贷监管制度的完善 [D]. 重庆: 西南政法大学, 2011.

[17] 张爱华. 我国民间金融规模的测算及其与经济增长关系的实证分析 [D]. 济南: 山东大学, 2008.

[18] 张德强. 民间金融监管: 逻辑、风险、收益与可行性——基于民间金融的视角 [J]. 金融理论与实践, 2008 (4): 26-31.

第五章　民间金融监管协调

本章导读

2017年全国金融工作会议提出，要压实地方金融监管责任，强化属地风险处置，加强监管问责，并在中央层面成立国务院金融稳定发展委员会，旨在加强金融监管协调、补齐监管短板。金融监管协调机制作为一种纠正市场失灵现象的金融制度安排，通过明确民间金融监管职责和风险处置责任，能够积极防范、化解金融风险，从而促进民间金融业的健康发展。

第五次全国金融工作会议以后，中央层面负责民间金融行业监管规则的顶层设计、地方政府负责监管实施的双层监管体系逐渐建立。与此同时，中央和地方、地方与地方之间也纷纷探索建立、完善民间金融监管协调机制，在协同防控民间金融风险、促进民间金融业发展方面发挥重要作用。但不可否认的是，面对越来越复杂、越来越快速的民间金融创新和金融风险，民间金融监管协调机制还存在诸多问题，亟须进一步完善。

本章学习目标

通过本章学习，应能掌握金融监管协调的基本含义和概念，掌握金融监管协调的理论基础，了解金融监管协调的必要性和意义，了解当前主流金融监管协调机制的国际经验。掌握我国民间金融监管协调的改革和发展历程，能够比较深入地分析当前民间金融监管协调机制存在的问题以及民间金融监管协调机制的搭建。

本章知识结构图

- 民间金融监管协调
  - 金融监管协调概述
    - 一、金融监管协调的含义
    - 二、金融监管协调的方法论基础
    - 三、金融监管协调的必要性
    - 四、金融监管协调的特征
    - 五、金融监管协调的内容
    - 六、金融监管协调机制的国际经验
  - 民间金融监管协调机制
    - 一、民间金融监管协调机制的改革历程
    - 二、民间金融监管协调机制的必要性
    - 三、民间金融监管协调机制的运行现状
    - 四、民间金融监管协调机制的不足
    - 五、民间金融监管协调机制的搭建

第一节　金融监管协调概述

一、金融监管协调的含义

1971年，德国学者哈肯（Hermann Haken）首次提出协同论，其核心思想是远离平衡状态的开放系统在与外界有物质或能量交换的情况下，如何通过自己内部的协同作用，使系统自发地实现时间、空间和功能上的有序，并将复杂系统整体功能放大，各子系统产生互补效应，达到系统整体功能远大于各子系统功能之和的效果。

协同论包含四个重要概念：（1）有序和无序。有序，是指系统内部各个要素之间以及系统与系统之间的联系具有规律性。相对应地，无序，是指系统内部各个要素之间以及系统与系统之间不存在联系或联系不具有规律性。（2）序参量。协同论指出，在复杂系统从无序到有序转变的过程中，会受到很多控制参量的影响。这些控制参量又可细分为快变量和慢变量，快变量因自身变化迅速而对系统结构没有明显影响，而慢变量自身变化缓慢，对系统结构的变化产生决定性作用。因此，慢变量被称为序参量，序参量支配着系统行为，以“雪崩”之势席卷整个系统，掌握全局，主宰系统演化的整个过程。(3) 涨落。即使系统处于有序状态，子系统也不会完全停止无规则的独立运动。这些独立运动和其他可能产生的局部耦合作用以及外部环境的随机波动都会引起系统宏观值经常性地偏离其平均值而上下起伏。这种上下起伏的现象就是涨落。(4) 自组织。自组织是相对于他组织而言的，他组织是指组织指令和组织能力来自系统外部，而自组织则指系统在没有外部指令的条件下，其内部子系统之间能够按照某种规则自动形成一定的结构或功能，具有内在性和自生性特点。

协同论是金融监管协调理念和机制的主要理论依据。基于协同论，本书定义的金融监管协调指一个国家或地区为了填补监管漏洞、降低监管成本、提高市场效率，通过各种机制设计努力实现各个金融监管主体监管工作的协同一致，以实现金融监管的整体有效性。

根据纳入协调的监管主体范畴，金融监管协调有狭义和广义之分。狭义的金融监管协调，包括一国或地区的中央银行、专门的金融监管机构以及其他承担金融监管职责的政府部门。广义的金融监管协调，则在狭义范畴基础上，还纳入行业协会、资信评级机构、律师事务所、会计事务所、审计事务所等外部的市场约束力。通常而言，相对于市场约束力，具有政府性质的监管主体具有更强的执行力和监管力。因此，本章定义的金融监管协调主要是指狭义上的金融监管协调。

金融监管协调目标的实现需要借助一定的协调机制。具体而言，金融监管协调机制，是指为了达到共同发展目标，金融监管主体之间在监管活动中所表现出来的组织形式、运作模式及其内在的运行规则。协调机制一方面通过提高合作预期和提供利益保障来提升各子系统的内在协调动力，另一方面通过制度建设明确协调责任、传导外在压力，进而达到调动协调积极性的效果，解决监管协调稳定性问题。

二、金融监管协调的方法论基础

博弈论是金融监管协调的主要的方法论基础。博弈论研究个体理性的策略选择，即在他人选择既定的情况下，如何使自己利益最大化的最优反应。博弈论包含三个基本要素，即参与方、策略集合与收益函数。从参与者行动的先后顺序来说，博弈论可划分为静态博弈和动态博弈；从参与者对其有关参与者（对方）的特征、策略空间、收益函数的知识来看，博弈可划分为完全信息博弈和不完全信息博弈。将上述两种划分角度相结合，我们可以得到四种不同类型的博弈：完全信息静态博弈、完全信息动态博弈、不完全信息静态博弈和不完全信息动态博弈。上述四类博弈的结果为：纳什均衡、子博弈精炼纳什均衡、贝叶斯纳什均衡和精炼贝叶斯纳什均衡。

此外，根据博弈参与者之间是否存在某种利益上的“共识”并生成相应的“协议”，博弈也被分为协调博弈与非合作博弈。其中，协调博弈是指在博弈所定义的收益空间中，任何均衡点都满足两个条件：（1）在给定其他参与人行为策略的条件下，没有人有激励改变其行为策略；（2）没有参与者希望其他参与者会愿意改变其行为。Crawford 和 Haller（1990）认为，协调博弈是参与人对不同策略组合有相同偏好的博弈。如果其他人能够正确地预期，那么在多个纳什均衡中会存在唯一解，即均衡选择依赖参与人之间对博弈进行有充分相似的信念。正是协调博弈理论有助于解决非合作博弈的多重均衡问题，在近十几年来成为学术界关注的焦点。

三、金融监管协调的必要性

（一）实现金融稳定的需要

金融监管的总体目标是维护金融业的安全稳定并促使其发展。在分业监管体制下，金融稳定的实现单靠一家监管机构难以完成。目前，中国人民银行、银保监会、证监会、财政部、审计署、地方金融监督管理局等部门共同担负着维护金融稳定的职责，但监管职责各有侧重。其中，中国人民银行侧重维护全国金融系统整体的稳定性，银保监会和证监会侧重于对微观市场主体行为的监管，地方金融监督管理局则负责所辖区域内地方金融系统的稳定和发展。显然，在如此众多的监管部门之间需要一个有效的协调机制，以便实现各部门在监管政策制定、监管实施时点以及监管执行措施等方面相互配合，更好地维护金融稳定。

（二）解决监管分工潜在矛盾的需要

由于行业特质和监管滞后等客观原因，金融监管主体往往各自出台监管政策，互不沟通协调，从而制定的政策缺乏系统性，甚至还存在冲突和重复，导致各监管主体在监管目标上产生种种矛盾，也给金融机构执行监管政策带来了困难。这既严重影响了金融监管政策的严肃性和执行的有效性，又造成监管资源的严重浪费。因此，金融监管主体既需要有明确的职责分工，又要有良好的协调合作，这样才能避免出现监管真空和重复监管现象。同时，金融监管主体之间进行信息共享、工作互助合作等，从而在整体上节约监管成本、提高监管效率，最终实现监管效益最大化和长期良好发展。

（三）推进金融创新的需要

金融业综合经营已成为全球性趋势。形式多样的“一卡通”、功能多样的支付平台等金融产品的出现，在满足客户多元化金融服务需求的同时，也在以不同的方式打通不同金融市场之间的隔离。在这种形势下，对于交叉性、边缘性的金融创新产品，各监管部门的“缺位”和“越位”现象难以避免。而一项新的金融产品和服务往往需要经过多个监管部门的审批才能得以实施。一旦不同的监管部门对于同一产品和服务的风险评判存在较大差异时，往往就会使该项金融创新不能顺利实现。

（四）抑制监管套利的需要

随着金融改革的快速发展，跨行业的交叉性金融产品层出不穷，且有些金融业务创新的目的是规避监管，而这些金融创新产品的资金最终流向了国家限制的行业和领域，导致产生较大的风险隐患。比如，有些商业银行为规避信贷资金投向及规模的限制，借助信托公司、证券公司、金融资产管理公司等通道将信贷资金转移出表，投向国家限制的领域或行业。这种行为会导致风险的跨行业、跨市场传递，银行自身则由于资本和拨备等计提不够，风险抵御能力明显不足。因此，建立有效的金融监管协调框架，实现金融监管主体的信息共享，才能有效防范一些伪创新金融产品的套利活动发生。

四、金融监管协调的特征

（一）全局性

全局性，是指金融监管协调要将各金融监管部门放在金融体系这一全局层面上加以统筹，维护整个宏观金融体系的稳定性，以防止出现“铁路警察、各管一段”或“头痛医头、脚痛医脚”的现象。因此，金融监管协调的关键之处在于构建一个完整的监管体系，防止出现监管真空给金融安全或市场秩序带来的负向冲击，防止个别的或区域性的风险向系统性金融风险转化。由此可见，金融监管协调具有全局性特征。

（二）动态性

动态性，是指金融监管协调是一个动态的过程，必须根据不断变化的社会经济环境而相应改变。否则，可能会阻碍金融机构和金融体系的发展甚至影响整个金融体系的稳定。无论金融业还是其他行业，监管者和被监管者之间永远存在着动态的博弈过程。在金融业，被监管者不断地创造出新的金融产品以规避监管者的管制，但同时也加大了自身的风险。而且，一旦有一个机构突破了监管边界，其他金融机构会紧随其后，纷纷效仿。以美国 MBS 为例，最先由美国住房专业银行及储蓄机构于 20 世纪 60 年代开发出来，随后被美国及全球其他国家或地区效仿，其发行和交易规模获得了爆发式的增长。相应地，MBS 自身蕴含的风险也由单一机构扩散至美国乃至全球整个金融系统。因此，如果监管部门不能及时地实现对金融机构活动的再覆盖，就会导致整个金融系统风险的增加，甚至造成金融危机。由此可见，监管者与被监管者之间形成了“监管—创新—再监管—再创新”不间断的动态博弈过程。在这一过程中，金融监管出现重复监管和监管真空在所难免，监管部门应该及时地将市场创新纳入监管协调的范围。

（三）经济性

金融监管协调机制的实施既有收益，又存在成本。因此，金融监管协调机制的建立与否取决于该机制产生的收益是否超过了它带来的成本。也就是，考虑它的经济性。

金融监管协调机制因涉及多个监管部门，会产生相应的协调成本。通常而言，金融监管协调成本，包括有形成本和无形成本两大类。有形成本，是指金融监管部门在协调时所发生的直接费用以及被监管者接受监管协调时付出的成本。这类成本的特征是能以货币计量。前者包括监管部门在建立监管协调机制、制定和实施监管协调措施过程中承担的雇员费用和硬件设施成本，为建立协调机制各方进行协商而立法的成本等；后者包括被监管者应协调监管的要求向监管部门提供信息的成本、进行内部监察使本部门符合协调监管要求的成本、“填表”成本以及因协调监管而导致的业务收入损失。除以上成本外，协调监管的成本还体现在协调监管带来的经济负效应。这种负效应无法用货币计量，属于协调监管的无形成本。比如，过度的协调监管限制了金融机构的创新活力以及服务实体经济的能力，甚至迫使一些金融机构转移地址。过度放松的协调监管则容易产生监管真空，导致金融机构进行大量的伪金融创新。

当然，构建金融监管的协调机制也会带来相当巨大的收益，而且往往能够超过协调监管产生的有形成本和无形成本。这种协调监管的收益，主要体现在：(1)因协调而减少政策失误所转化的收益。(2)因协调而导致整个金融体系提高而产生的收益。(3)外溢效应带来的收益。也就是，协调监管提升整个金融体系的运行效率，后者运行效率的提高又会促进整体经济的发展。

显然，如果金融监管协调的收益超过了金融监管协调的成本，表明协调机制具有经济性，即从经济意义上看是可行的，从而应建立监管协调机制。否则，就不应建立协调机制。

（四）独立性

金融监管协调的独立性是指在一个有效的金融监管协调机制下，参与监管的每个监管部门都有明确的责任和目标，并且在监管执行上拥有充分的自主权和充分的监管资源。

金融监管协调独立性要求监管主体能够使其监管行为与目标不受社会舆论压力或政治压力等干预，坚持“公开、公平、公正”的原则，独立自主地行使监管权力，保证在监管过程中取得的信息真实准确，有效地维护市场参与者的正当利益。

从表面上看，实现监管协调与保持监管独立性可能会出现时期性或阶段性的矛盾冲突。但从更深层次来讲，金融监管作为一项系统、复杂的工作，既要强调各监管主体相互之间的协调，又不可忽视其主权独立性。只注重监管独立性、忽视监管协调将导致整体监管的混乱无序，而只注重监管协调、忽视监管独立性将削弱具体监管主体的职能，也会进一步影响整体监管的有效性。

五、金融监管协调的内容

（一）金融监管协调的主体

从全世界范围来看，各国金融监管体制不同，这导致金融监管协调的主体也不尽相同。总体来看，金融监管协调的主体主要分为：中央银行、各金融子行业的专业监管部门以及政府其他部门（如审计部门、财政部门等）。首先，监管协调主体应确定各主体的监管职责，避免在监管执行上产生重复监管或监管真空等问题。其次，监管协调还应该注意在监管目标、监管理念、监管措施、监管人员等方面提高自身的监管能力水平。鉴于2008年次贷危机暴露的监管协调的缺陷，监管协调主体还应根据不断变化的情况增删相应的、不同层级的监管部门，以实现高效率、全覆盖的监管。

（二）金融监管协调机制的内容

金融监管协调机制的内容应根据各国实际情况而定，不存在一个统一的协调范式。但总结当前比较典型的金融监管协调机制的内容，可以发现，金融监管协调机制的内容具有以下共同点：

一是监管协调机制法制化。当前，几乎所有的发达国家或其他典型国家（如中国）的金融监管协调机制都由法律法规直接规定监管协调的制度框架及协调的具体路径。这不仅使得监管协调机制的建立有可靠的法律基础、更具权威性，而且能够提高监管部门的协调效率。

二是强调信息有效沟通。随着各种各样的金融数据越来越多，各国都非常重视金融监管数据库的建设，详细规定了信息收集的主体、方式等，并且在信息收集方面规定中央银行和监管部门应避免向同一金融机构重复收集同样的信息，努力完善监管信息的共享机制。

三是强调监管协调机制的组织机构建设。金融监管协调机制的运行归根结底是要靠相应的组织来完成。当前各国都根据本国实际情况组建了相应的部门，由这些部门及时地交换和沟通协调意见，从而使得监管协调行动趋于科学、合理和高效。

六、金融监管协调机制的国际经验

（一）美国的金融监管协调机制

作为世界上经济和金融最发达的国家，美国早在1978年就制定了《金融机构监管和利率控制法》（*Financial Institution Regulation and Rate Control Act*）。该法规定建立联邦金融机构监察委员会，负责协调和统一联邦监管机构与州监管机构。随着金融创新不断加快，金融混业经营的机构越来越多，美国金融监管协调机制也随之进行了改革。1999年，《金融服务现代化法》（*The Gramm-Leach-Bliley Act of 1999*）发布，该法案打破了分业监管的模式，形成了“伞形监管+功能监管”的统一协调监管模式

（见图 5－1）。该模式的主要特征是：美国联邦储备委员会作为伞式监管人负责监管从事多种金融业务的金融控股公司，由各功能监管人（如证券交易委员会、联邦住房金融署、司法部、联邦存款保险公司等）针对其所经营业务的种类实施具体的监管。《金融服务现代化法》还规定伞式监管人与功能监管人必须相互协调，共同配合。并且，为了避免重复与过度监管，伞式监管人的权利受到严格限制，美联储必须尊重金融控股公司内部不同附属公司监管部门的权限，尽可能采取其检查结果。在未得到功能监管人同意的情况下，美联储不得要求非银行类附属公司向濒临倒闭的银行注入资本。但在金融控股公司或其附属公司因风险管理不善及其他行为威胁其下属银行的稳定性时，美联储有权利加以干涉。

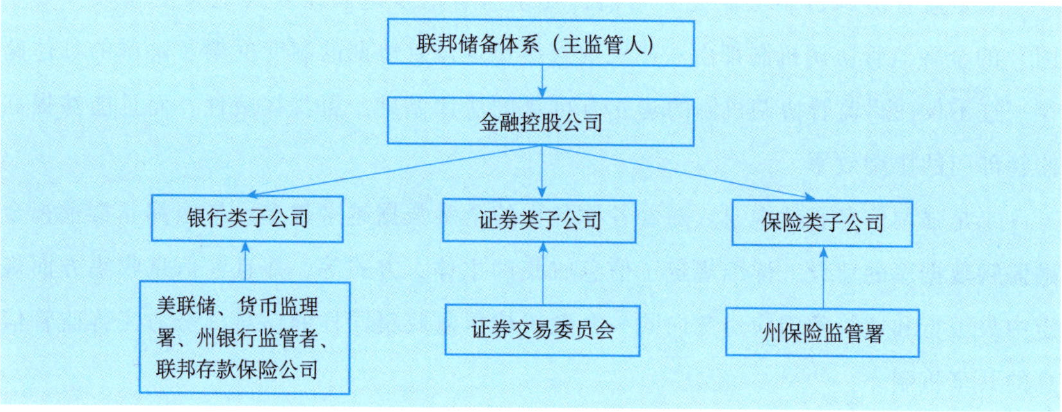

图 5－1 美国的“伞形监管＋功能监管”协调机制

2008 年次贷危机后，奥巴马政府于 2010 年 7 月颁布了《多德－弗兰克华尔街改革和消费者保护法》（*Dodd-Frank Wall Street Reform and Consumer Protection Act*）。在监管协调机制方面，该法案扩充和改革了已有的“伞形监管”体系，在联邦监管机构层面，增设金融稳定监督委员会、消费者金融保护局、联邦保险办公室等机构来强化联邦层级的监管，一方面提高宏观审慎监管水平，另一方面协调各州监管机构之间的矛盾与冲突，降低金融机构运营成本。其中的协调职能主要由金融稳定监督委员会承担，该委员会由财政部牵头，成员包括其他九家监管部门，以增强之前监管模式的效率和有效性，补充并加强美联储的作用。联邦保险办公室则负责甄别保险行业内具有系统重要性的保险机构，将其建议给金融稳定监督委员会，由后者评估是否应该将其视为“大而不能倒”的保险机构而施加更严格的监管要求，从而避免系统性风险的发生。

在监管信息收集和共享方面，为避免重复工作，由联邦金融机构检查委员会制定统一的报表格式和要求，各监管部门对信息收集和处理进行明确分工，各监管机构之间共享监管信息资料，并负有相互提供信息的义务。

在监管执行方面，各监管部门按照职能划分确定对监管对象的单独或联合检查，并由联邦金融机构检查委员会对检查工作进行统一协调。监管部门对所辖机构进行监管时，如果涉及另一监管部门职责范围，应事先协商。

（二）英国的金融监管协调机制

英国作为世界上最早成立中央银行的国家，在金融监管协调机制建设和完善等方面积累了丰富的经验。1979 年，英国发布《1979 年银行法》，正式从法律上赋予英格兰银行金融监管权，并因“JMB”事件而在 1987 年颁布了《1987 年银行法》，放弃了金融监管的双轨制，允许英格兰银行向国内外其他监管部门提供有关信息，进一步充实了英格兰银行的监管权限并赋予了其监管协调职能。随后，英国金融创新加剧和混业经营的规模越来越大，这迫切需要英格兰银行金融监管体制的相应调整。1997 年，英国政府提出了改革金融监管体制的方案，将英格兰银行的监管权力剥离出去，把银行监管责任从英格兰银行转移到证券投资委员会，并于 1997 年 10 月成立了金融监管服务局（Financial Service Authority）。2000 年，英国颁布了《金融服务和市场法》，确认金融监管服务局是英国统一的金融监管机构，赋予其金融监管所需的全部法律权限，监管银行、住房信贷机构、投资公司、保险公司、金融市场、清算和结算体系等。财政部全面负责金融监管组织架构的确定和金融监管的立法。但此时的金融监管服务局和英格兰银行之间缺乏协调机制，在监管执行过程中，英格兰银行和金融监管服务局均各自向财政部汇报工作，金融监管服务局发现个体风险后并向维护金融稳定的英格兰银行报告。

有鉴于此，2008 年全球金融危机后，英国连续推出了金融监管改革方案，努力构建和完善监管协调机制。2009 年 2 月，英国议会通过了《2009 年银行法案》，规定英格兰银行在金融稳定中的法定职责和所处的核心地位，授权在英格兰银行理事会下面设立金融稳定委员会，与原有的货币政策委员会平级。2011 年 6 月，英国财政部发布了《金融监管新方案：改革蓝图》白皮书，该白皮书认为，英国由财政部、英格兰银行和金融监管服务局形成“三方共治”的监管体制缺乏有效的协调，被事实证明是不成功的。为此，2012 年 12 月，英国颁布了《金融服务法案》，于 2013 年 4 月 1 日正式生效，该法案对原有的“三方共治”的监管体制进行了彻底的改革，新设立了金融政策委员会、审慎监管局和金融行为局3个独立机构，同时撤消了金融稳定委员会。这一新的体制充分考虑了监管协调问题，通过制度重构，完善了监管协调机制。也就是，英国议会负责制定金融监管立法框架，并授权和责成财政部和英格兰银行设定金融监管框架并履行监管责任。财政部负责设定金融监管框架，领导英格兰银行，对动用公共资金进行金融救援的计划作出最终决定。英格兰银行直接领导内设的金融监管机构，防范金融风险，履行最后贷款人职责，维护金融体系的稳定性。金融政策委员会以英格兰银行理事会下设委员会的形式存在，由英格兰银行行长担任主席，成员包括英格兰银行副行长、金融行为局总裁、2名英格兰银行执行董事、财政大臣任命的4名外部成员，以及1名不享有表决权的财政部代表。金融政策委员会负责识别和监控系统性风险，直接领导审慎监管局和行为监管局，指导它们采取措施消除各类金融风险。英格兰银行可以在征得财政部同意后安排金融政策委员会开展其他方面的工作。审慎监管局设立在英格兰银行内部，为英格兰银行的附属机构，但业务独立操作，负责对商业银行、投资公司、保险公司、房屋信贷互助会、信用合作社以及其他金融机构（共2000多家）进行审慎监管。行为监管局设立在英格兰银行外部，负责保护消费者权益和促进金融机构公平竞争，增强公众对金融服务业和金融市场的信心。行为监管局是一个独立的机构，采取有限责任公司的形式运作，董事会主席和总裁由财政部任命，对议会和财政部负责，同时接受金融政策委员会的指令和建议，金融政策委员会的主要行政长官进入行为监管局董事会，董事会中的非执行董事由财政部任命，营运资金则由金融服务行业提供。行为监管局设立管治机构，其成员包括行为监管局主席和总裁、英格兰银行负责审慎监管的副行长、国务大臣和财政部共同任命的两名成员以及财政部任命的其他成员。

在具体的协调制度方面，2011年6月的《金融监管新方案：改革蓝图》白皮书对行为监管局和审慎监管局之间的协调与合作作出了相应的规定：行为监管局在出台具体的商业行为监管规则前，应向审慎监管局咨询，以便考虑该法规出台后可能对金融体系稳定性产生的影响。二者都有权制定相应的监管规则，适用于各自管辖范围内的被监管机构。当涉及双重监管机构时，针对同一机构中的相同功能，双方都会制定规则。为了确保监管的一致和协调，该白皮书还规定，二者在制定各项规则之前应相互协商，若协商不能取得一致，可以向金融政策委员会咨询，由后者作出最后决定（见图5－2）。

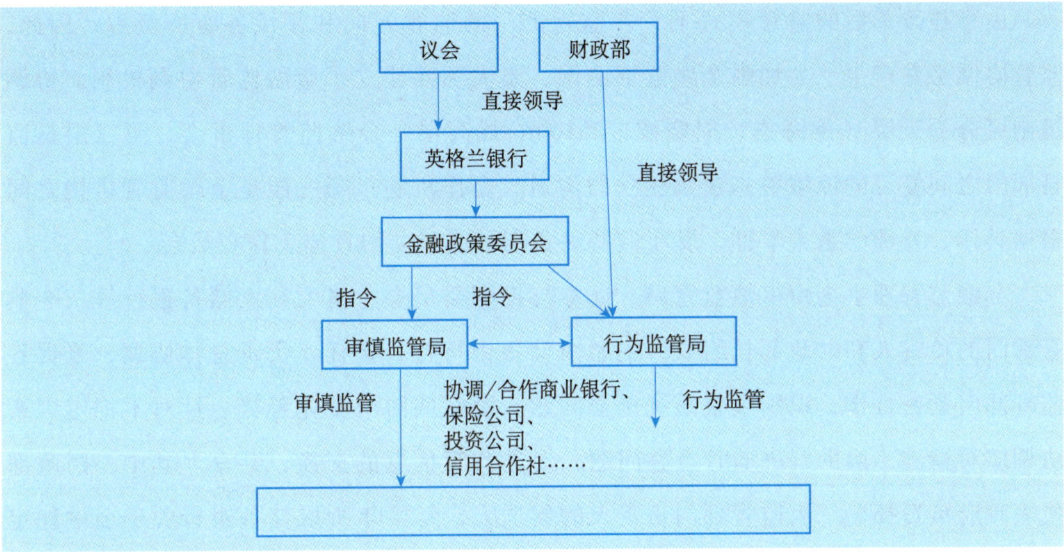

图 5－2　英国的金融监管协调机制

2015 年，英国全面审视了改革后的金融监管协调机制，于 2015 年 7 月发布了《英格兰银行议案：技术咨询稿》，在提升监管协调效率方面，进一步深化金融监管体制改革，调整金融监管架构。一是，将审慎监管局完全合并至英格兰银行内部，同时设立新的审慎监管委员会，与货币政策委员会、金融政策委员会同时作为英格兰银行的直属委员会，以进一步理顺审慎检查局与英格兰银行的关系。二是，加强英格兰银行与财政部之间的信息共享，完善危机管理和处置机制，避免纳税人承担损失，防范道德风险。

（三）澳大利亚的金融监管协调机制

1998 年 7 月，澳大利亚政府开始对金融监管体制进行改革，并完善金融监管协调机制。根据监管部门的职责功能，澳大利亚建立了“双峰”监管体制。澳大利亚成立了审慎监管局（Australian Prudential Regulation Aothority，APRA）和证券与投资委员会（the Austalian Securities and Invesment Commission，ASIC）。审慎监管局通过实施审慎监管保证金融系统的稳定，负责对银行、各类信用社、房屋协会、保险机构、友好协会和养老基金的大多数成员进行审慎监管。证券与投资委员会的职责则是按照市场行为和信息披露要求，负责对金融机构的市场与投资行为进行监管，保护金融消费者权益。此外，澳大利亚储备银行负责货币政策制定、维护金融体系稳定和支付清算监管，财政部负责经济预测分析、财政收入预算编制、税收、国债发行、制定财政政策和产业政策、制订国民经济发展规划等。

由于在改革后的监管模式下，各监管部门的监管方向和领域各有所侧重，因此，监管协调必然产生。为加强金融监管协调，澳大利亚建立了金融监管协调机制。协调机制可分为三层（黎海华、周晓波，2016）：最高层是金融监管理事会；第二层是监管部门之间签订的谅解备忘录及建立的沟通、合作机制；第三层是金融监管机构之间根据具体、特殊的重大事件，发布的特别备忘录或建立的具体工作委员会。

金融监管理事会由审慎监管局、证券与投资委员会、澳大利亚储备银行等三个监管部门的负责人和财政部长组成，主席由储备银行行长担任，负责总体协调，督促各监管部门紧密合作，识别金融系统重要问题、潜在威胁与变化趋势。针对不稳定因素协调应对措施，协助解决监管重叠问题，促进监管信息的交换、共享。其中，财政部代表政府负责提名三大监管部门负责人的候选人，每半年听取储备银行关于金融稳定形势的专题报告，评估监管部门的工作绩效，审批监管部门涉及政府支出的重要方案。由此可见，财政部主要在两个方面发挥协调职能：一是，及时获取跟踪金融系统的运行、监管和统计数据，据此制定相应的经济政策；二是，通过提名三大负责人候选人员而在金融监管部门与国会、政府之间，发挥监管情况、政策法规制定修订的沟通桥梁作用。

金融监管理事会的组成成员部门建立了相互协调机制。该机制以两两相互签订备忘录或与财政部签订备忘录的方式建立。这些备忘录主要是明确规定双方的监管合作框架，重申双方的监管分工，就监管政策、信息共享等方面采取共同行动，根据具体情况设立协调委员会。具体而言，1998 年，审慎监管局与证券及投资委员会签署了《澳大利亚审慎监管局与澳大利亚证券及投资委员会达成的谅解备忘录》，审慎监管局与储备银行签署了《澳大利亚储备银行与澳大利亚审慎监管局之间达成的谅解备忘录》。1999 年，审慎监管局与财政部签署了《澳大利亚审慎监管局与澳大利亚财政部之间达成的谅解备忘录》。在该备忘录中，规定财政部虽然代表政府，但必须严格遵守不能直接参与、干预金融监管的规定，不能对任何一个具体案例进行干预和具体指导，以此确保监管部门的独立性。

此外，在数据共享方面，主要采取如下行动：一是由审慎监管局负责金融基础设施建设、信息征集和统计，并将信息分享给储备银行、证券及投资管理委员会，实现一元化的信息统计；二是审慎监管局与储备银行根据参与人员的职级高低，每隔 6 周举行协调会，每隔半月举行半月会，日常中则通过电话、邮件等协调相关问题。其他监管部门也要举行类似的协调会议（见图 5 - 3）。

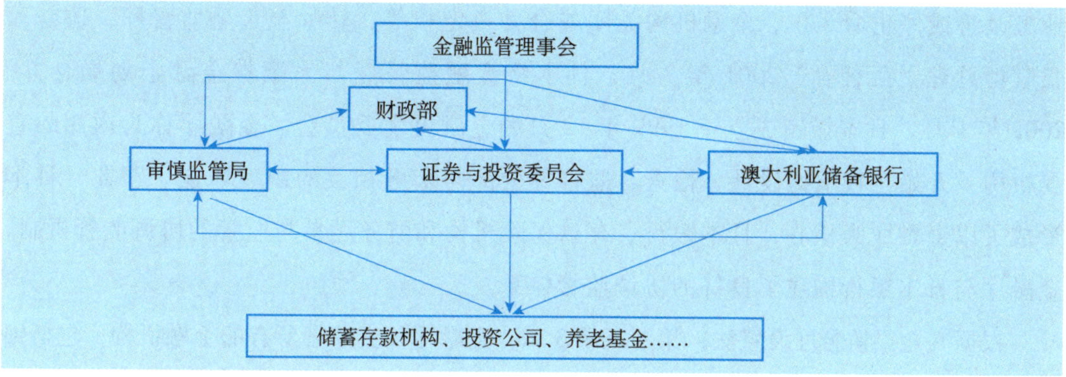

图 5－3 澳大利亚的金融监管协调机制

注：←→代表双向协调。

（四）日本的金融监管协调机制

“二战”后，日本形成了以大藏省为核心的监管体制（见图 5－4），大藏省下设银行局和证券局，分别监管银行业和证券业；银行局下设保险部，保险部负责监管保险机构。只有信用组合金融机构由所在都道府县知事负责监管，跨区经营的信用组合金融机构由大藏大臣授权所在地财务局长承担监管责任。此外，大藏省拥有直接命令日本银行（日本的中央银行）和任免日本银行高管的权力，从而导致日本银行丧失了监管独立性，实质上成为大藏省实现经济与政策目标的附属机构。在监管协调方面，大藏省和日本银行形成了高度协同的现象，日本银行对大藏省几乎是言听令从，唯大藏省马首是瞻。二者共同助推了日本出现 1985—1989 年的经济大泡沫，又共同刺破了泡沫，导致经济停滞。

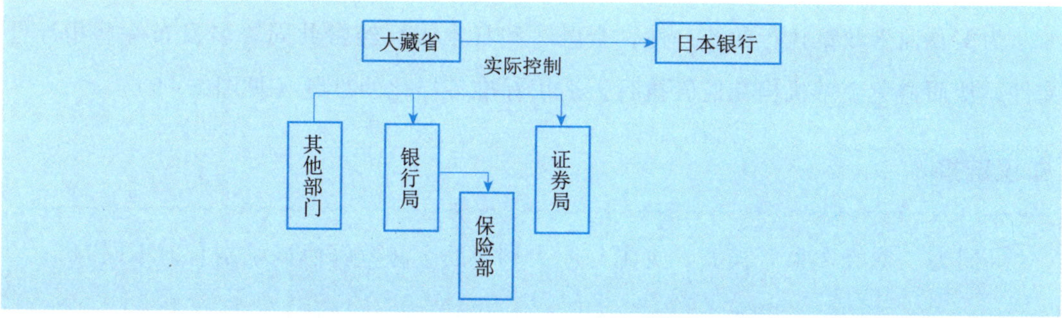

图 5－4 1996 年前日本的金融监管协调机制

在惨痛的教训下，1996 年，日本开始大刀阔斧地改革。日本内阁于 1996 年 12 月通过“行政改革计划”，将金融监管事务从大藏省剥离，成立直接隶属总理府的“金融检查监督厅”。1998 年 6 月，日本国会通过《金融监督厅设置法》，正式成立金融监管专门机构——金融监督厅，将原属于大藏省的权限如金融机构检查监督权、审批权、业务改善或停止命令权、金融机构关闭或合并决定权等，转移至金融监督厅，监督厅长官由总理大臣任命。2001 年 7 月，日本将金融监督厅与大藏省金融企划局合并。2002 年 1 月，日本撤销成立于 1999 年 12 月的金融再生委员会。金融厅称为内阁的直属机构，开始全权承担设计、检查、监督等全部与金融相关的制度职能。至此，日本形成了以金融厅为核心，日本银行、存款保险机构和财务厅参与监管的协调监管机制，金融厅与日本银行构建了良好的协调监管体系。

根据《金融监督厅设置法》第 4 条第 3 款，金融厅负责监管所有的金融机构，包括银行、银行持股公司、信用金库、劳动金库、信用协同组合、农业协同组合、农林中央金库、信用保险协会、保险公司、保险持股公司、船东互保组合、火灾共济协同组合、证券公司、各类交易所、期货公司、投资公司、年金管理公司、信用评估公司、信托公司、贷款公司、资金清算行、预付卡发行公司等。因此，金融厅的重要职责之一是维护金融市场的稳定，确保金融监管协调有效。为此，金融厅在内部设置了总务规划局，负责与金融厅相关的综合协调事务和与金融相关法令、制度的规划和草拟两部分。在起草金融相关法令、制度等时，通过各种审议会上专家的讨论，以及充分利用听证会等形式，广泛听取社会各界的意见和建议。此外，金融厅负责召开金融危机应对会议，主导处理金融机构的倒闭。

此外，为实现金融厅与日本央行的有效协调，日本完善了二者之间的信息交流和监管合作制度。《日本银行法》第 4 条规定，“为了与政府的经济政策保持协调，日本银行应经常与政府保持沟通，进行充分的意见交换”。该法第 44 条第 3 款又规定，“如果金融厅长官提出要求，日本银行可将检查结果文件提供给金融厅，或给金融厅工作人员阅览”。金融厅必要时也要向日本银行提供有效信息。

为实现监管政策执行的统一性，金融厅和日本银行经常共同署名发布一些指导性文件，从而避免金融机构在监管执行上适用标准多样化的难题（见图 5 - 5）。

知识链接

同为“双峰”监管模式，英国与澳大利亚的金融监管协调机制有何不同?

第一，监管架构不同。由于双峰监管模式、金融监管传统等方面的差异，导致了两个国家监管架构的不同。澳大利亚为标准的“双峰”监管，即行为监管与审慎监管完全分离模式。其设立了两个监管机构负责主要金融监管，即澳大利亚审慎监管局（APRA）通过实施审慎监管保证金融系统稳定，澳大利亚证券和投资委员会（ASIC）通过实施行为监管保护消费者利益。英国为“准双峰”监管，即行为监管机构兼具审慎监管职能模式，其设立了金融政策委员会（FPC）、审慎监管局（PRA）两个机构负责以维护金融系统稳定为目标的审慎监管，明确区分了宏观审慎监管与微观审慎监管，即在负责宏观审慎监管的 FPC 下，再单独成立负责微观审慎监管的 PRA。英国同样设立了金融行为监管局（FCA），负责以消费者保护为目的的行为监管，但从整个监管框架来看，该机构的层级、地位低于澳大利亚的 ASIC。

具体区别在于，澳大利亚 ASIC 的基本职能在于维护市场诚信（防止市场操纵、欺诈和不公平竞争）和保护金融消费者权益，而英国 FCA 还负责对不在 PRA 职责范围内的金融机构进行审慎监管，因而 FCA 还存在一部分综合监管的特征。

第二，审慎监管基础不同。澳大利亚提出"以风险为基础"，是从监管对象角度设置监管活动的原则，即在制定监管规则、确定监管措施时，都以监管对象的风险、监管对象对金融系统施加的风险为依据。APRA 强调，要通过有力且有前瞻性的监管来完成其法定职责。英国提出"以判断为基础"，是从监管者的角度设置监管活动的原则，即强调监管者在实施监管活动时要进行主动判断。判断的依据为监管对象的风险，判断的结果为是否应采取提前干预措施，PRA 将采取前瞻性的、基于判断的监管思路。

第三，机构独立性不同。澳大利亚的双峰机构（APRA 与 ASIC）均有其法定的独立地位，直接对政府和议会负责，均独立于央行。而英国 PRA 是英格兰银行子公司，FCA 虽独立于英格兰银行，但二者均受 FPC 的指导与建议。由此可见，英国的双峰机构与本国央行联系紧密，独立性小于澳大利亚的双峰机构，从双峰机构与本国央行的关系可以看出两国双峰机构的独立性差异。

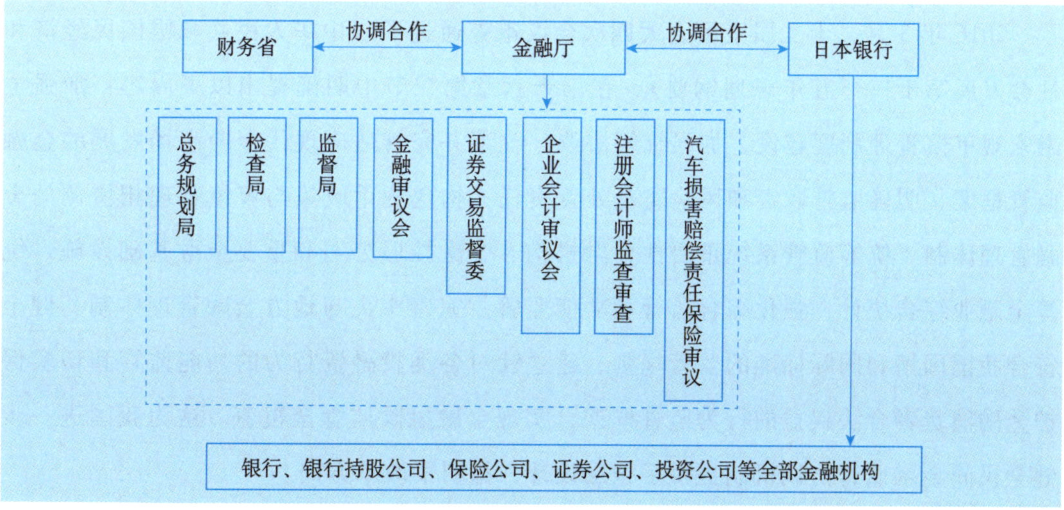

图 5-5　1996 年改革完善后的日本金融监管协调机制

第二节 民间金融监管协调机制

一、民间金融监管协调机制的改革历程

1995 年以前，中国人民银行统一监管全国金融业，民间金融监管也随之被纳入中国人民银行的统一监管范围。

1995—2008 年，民间金融处于“一行三会”分业监管体系中。2008 年 8 月，国家提出在发展改革委、财政部和人民银行之间建立健全协调机制，人民银行会同银监会、证监会、保监会建立金融监管协调机制，首次明确建立两个层面的协调机制。

2013 年 8 月，国务院同意建立由人民银行牵头，银监会、证监会、保监会和外汇局参加的金融监管协调部际联席会议制度。此举切实加强了部级层面的金融监管协调。

党的十八大以来，国家进一步推进民间金融监管协调机制改革，相继出台一系列规章制度，加强民间金融监管协调，进一步提升民间金融监管效率。

2013 年 11 月 15 日，党的十八届三中全会通过《中共中央关于全面深化改革若干重大问题的决定》，明确提出“完善监管协调机制，界定中央和地方金融监管职责和风险处置责任”。

2014 年，国务院出台了界定中央和地方金融监管职责以及风险处置责任的相关意见，强调地方政府要加强对民间借贷、新型农村金融合作组织的引导和规范。

2016 年 3 月，十二届全国人大四次会议审查通过了《中华人民共和国国民经济和社会发展第十三个五年规划纲要》，在第十六章第三节中明确提出以下内容：加强金融宏观审慎管理制度建设，加强统筹协调，改革并完善适应现代金融市场发展的金融监管框架，明确监管职责和风险防范处置责任，构建货币政策与审慎管理相协调的金融管理体制。统筹监管系统重要性金融机构、金融控股公司和重要金融基础设施，统筹金融业综合统计，强化综合监管和功能监管。完善中央与地方金融管理体制。健全符合我国国情和国际标准的监管规则，建立针对各类投融资行为的功能监管和切实保护金融消费者合法权益的行为监管框架，实现金融风险监管全覆盖。这为我国进一步健全民间金融监管协调机制提供了顶层设计，指明了改革方向。

2017 年 11 月 8 日，国务院统筹协调金融稳定和改革发展重大问题的议事协调机

构——国务院金融稳定发展委员会正式成立。其主要职责是：落实党中央、国务院关于金融工作的决策部署；审议金融业改革发展重大规划；统筹金融改革发展与监管，协调货币政策与金融监管相关事项，统筹协调金融监管重大事项，协调金融政策与相关财政政策、产业政策等；分析研判国际国内金融形势，做好国际金融风险应对，研究系统性金融风险防范处置和维护金融稳定重大政策；指导地方金融改革发展与监管，对金融管理部门和地方政府进行业务监督和履职问责等。国务院金融稳定发展委员会的成立有利于从机制上保证金融协调监管的效率和效果。

2018 年 3 月，《关于国务院机构改革方案的说明》确定将中国银行业监督管理委员会和中国保险监督管理委员会的职责整合，组建中国银行保险监督管理委员会。至此，形成了“一委一行两会”的新金融监管协调体系。

2019 年 2 月 2 日，中国人民银行对职能配置、内设机构和人员编制进行了改革，明确人民银行负责协调建立中央与地方金融监管、风险处置、消费者保护、信息共享等协作机制，承担指导地方金融改革发展与监管的具体工作等，加强了人民银行对金融监管协调的牵头和统筹作用。

二、民间金融监管协调机制的必要性

（一）经济金融发展新形势的客观需求

近年来，随着金融自由化和金融创新的迅猛发展，金融机构业务创新与交叉融合不断深化，新的金融业务和产品不断涌现，新的监管盲区也越来越多。小贷公司、融资性担保公司、典当行、农民资金互助社、P2P 网络借贷平台、投资咨询公司等民间金融机构大量出现，很多创新业务纷纷上市，有些创新业务上市之前没有经过严格的审批，很容易演变为非法集资、洗钱等违法犯罪行为，甚至降低公众对商业银行等金融机构的信任。例如，2014 年，江苏射阳县就因为某些农民资金互助社发生风险事件而影响到公众，使公众误以为射阳县农村商业银行面临存款损失的风险，从而导致众多储户纷纷前往射阳县农村商业银行提取存款。显然，建立民间金融监管协调机制可以有效弥补这一监管真空，实现无缝监管。

（二）贯彻落实国家金融政策的需要

国家金融政策在实施过程中，往往受制于有形的或无形的地方保护主义的影响，降低了政策实施效果。如果地方金融监督管理局普遍集金融发展与金融监管的职能于一身，有的还承担着金融机构出资人的职能，这会导致政府监管与市场行为边界不清、监管目标与发展目标混淆等问题。同时，地方金融监督管理局会不同程度地存在借助行政手段参与金融活动，甚至干预金融机构行为的情况。尤其是在经济下行阶段，为了保持一定的经济增速，其往往违背国家金融政策而放松对民间金融业务开展的监管，或者为了保证一定的就业，强制要求民间金融机构不抽贷、不压贷。在出现此类情况时，健全的民间金融监管协调机制，可以有效抑制地方政府和中央政府监管博弈的负面影响，最大限度地消除监管冲突的可能性。

（三）统筹民间金融监管实施的需要

民间金融监管体系，包括地方金融监督管理局、一行两会的派出机构以及其他地方政府部门。各部门隶属关系不同，监管目标也不尽相同，监管权力比较分散，部门间行政壁垒高企。这种结果抑制了监管部门之间的信息共享，导致部分监管部门在监管信息交流时常常只简要交流概况，不交流详细数据，甚至只谈监管成绩，不谈问题等现象，造成了监管信息孤岛、浪费了监管资源，从而降低监管的有效性。建立健全民间金融监管协调机制则可以有效地统筹中央和地方、地方之间的监管部门协调行动，避免监管冲突和摩擦，充分共享监管信息，从而实现监管资源节约、监管效率高效。

（四）金融监管改革的主流趋势

随着后工业化社会的来临，社会结构发生了深刻变化，高度结构化、专业化的分工体系面临挑战。危机事件频发使全球进入“风险社会”，科学技术范式从“模仿型技术”转向“创造性技术”，“虚拟化”“多元化”与“去中心化”成为新的时代特征。这些都迫切需要对社会治理方式进行根本性变革。与此同时，金融创新发展也要求金融监管方式作出适应性调整。云计算、大数据、区块链、人工智能等技术的快速发展，金融的底层技术、作业方式等得到重塑，创造出新的业务模式、流程和产品，并广泛应用到支付、征信、风控、营销、投研等诸多领域，这对民间金融治理体系产生了深刻影响。这些影响包括：降低金融服务的准入门槛，新型金融机构搭建的信息中介平台为供、需双方提供更多直接的对话机会，极大提升了金融服务的可获得性。与此同时，也使得金融风险高发领域从传统金融体系转移到民间金融体系、从线下转移到线上。民间金融市场已经成为防控金融风险的主战场，金融交互行为更趋复杂，要实现保障金融消费者权益的政策目标，必然要求民间金融监管建立健全利益协调、对话协商机制（苏扬，2018）。

三、民间金融监管协调机制的运行现状

（一）省级地方金融监督管理局的协调职能

1. 统筹规划。负责研究、分析民间金融形势和运行情况，并统筹起草民间金融类地方性法规草案以及有关金融监管工作的材料，研究并拟订民间金融建设的短中长期规划。落实中央、省委、省政府关于民间金融业发展的各项政策和工作部署。

2. 协调指导。积极配合人民银行、银保监会等监管政策落实工作，建立监管机构之间、监管机构与金融机构之间等多方沟通协调机制。协调解决民间金融改革和发展重大问题，指导市、县人民政府及有关部门做好监督管理和风险处置。

3. 监督管理。牵头开展防范和处置辖区内民间金融风险，协同有关部门共同防范和处置相关民间金融风险，配合有关部门查处、打击非法金融机构和非法金融业务活动，参加有关部门开展的金融市场、金融机构等风险防范处置工作。

4. 改革创新。加强与有关部门的协调配合，服务辖区内金融业的发展。促进多层次资本市场、投融资市场的发展，强化金融服务实体经济的功能。

5. 对外交流。开展金融对外合作交流，深化区域金融合作，统筹协调和落实地方人民政府与金融机构的战略合作。会同有关部门推动监管人才队伍建设。

6. 优化营商环境。统筹推进生态环境建设，配合有关部门做好社会信用体系建设，优化社会信用环境。吸引、聚集金融资源，指导金融机构合理布局。指导推进金融功能区、金融聚集区建设。加强金融知识普及以及金融安全、金融风险防范的知识宣传工作等。

（二）民间金融监管协调机制的运行现状

全国第五次金融工作会议召开后，各省份积极探索民间金融监管协调机制，纷纷推进民间金融监管协调机制改革。截至 2020 年，从全国范围来看，各省份基本上都建立了联席会议（工作例会）制度、专项工作协调机制、统计数据及监管信息共享机制等。截至 2020 年 5 月，协调机制已在上海、江西、陕西、四川、内蒙古、江苏、广东

等二十余省市陆续建立并开始运行。

1. 组织设置方面。目前协调机制可分为政府部门主导、人民银行主导、“双牵头”三种模式，有的省份（如四川省）由省政府领导召集，由政府相关部门牵头组织，有的省份由省级人民银行分支机构牵头组织，还有的则是由人民银行与省政府相关部门共同推进的协调机制。

2. 机制类型方面。目前，协调机制可分为综合类、专项工作类。综合类即金融工作协调联席会议或者金融工作例会，由省级地方金融监督管理局、省政府其他经济管理部门、“一行两会”、金融机构等部门参与。专项类主要是针对某项具体工作而建立的协调机制，包括金融稳定（风险处置）工作协调机制、互联网金融风险专项整治、打击和处置非法集资活动、恶意逃废债专项整治、反洗钱工作联席会议等工作机制。一般由省政府相关部门、“一行两会”根据各自职责分工分别牵头组织，就专项工作与相关部门进行会商研究和具体安排。

3. 协调内容方面。目前，协调机制主要包括工作协调类和信息共享类（邢毅，2018）。工作协调类机制，是中央有关金融监管部门与省政府相关部门之间、中央有关金融监管部门之间就金融监管、金融风险防范处置及具体的专项工作达成的议事机制。信息共享类机制，是中央有关金融监管部门、省政府相关部门之间达成的关于监管信息数据共享共建机制，包括金融运行形势分析、金融风险监测分析、统计数据及信息披露与资源共享合作等。

四、民间金融监管协调机制的不足

第五次全国金融工作会议之后，从中央到地方纷纷建立、健全民间金融监管协调机制，取得了不错的成效。但从客观而言，尤其是在当前金融业对内对外开放力度进一步加大的形势下，民间金融监管协调机制还存在一些问题和不足，主要体现在以下几个方面。

（一）地方金融监管协调机制不健全、协调监管规则不完善

从纵向上看，当前我国民间金融监管主体主要由中央金融管理部门派出机构和地方金融监督管理局构成。但是，由于金融事权划分不同（中央层面主要负责民间金融监管政策和监管标准的制定，地方金融监督管理局主要负责属地监管实施），监管部

门在监管立场上具有明显的“央地差异”，我国并未建立起真正意义上的纵向金融监管协调机制。

首先，受中央与地方各自的监管半径所限，民间金融监管实质上形成了两相割裂的监管空间。中央对地方难以进行有效的监管指导并及时获取有效的民间金融信息，这使得双方难以进行有效的分工协作，并可能导致监管政策的制定难以及时优化。其次，民间金融的监管权力未实现归口管理，绝大部分省份的民间金融机构、新型金融机构及非金融机构的监管权散落于地方金融监督管理局、商务局、经信委等多个部门，边界不清、职权交叉，加上不同部门政务数据缺乏互通，客观上提高了监管成本，降低了工作效率。虽然，2017 年第五次全国金融工作会议之后，中央要求各地金融监管部门加挂地方金融监督管理局牌照，要求对当前相对分散的民间金融监管职能进行整合，但至今仅有部分省市成立了地方金融监督管理局。因此，大部分省市还面临着监管职能整合的政务数据协调困难、不同机构工作机制不协调等现实问题。此外，尽管我国成立了国务院金融委，明确人民银行作为金融委办公室，承担防范系统性金融风险职责。然而，在民间金融方面，尚无固定的议事协调机制来统筹协调几家机构的监管工作。目前，民间金融监管协调主要依靠不定期或定期召开的联席会议制度、专项协调制度等。很多专项协调制度是临时性、一次性的，缺乏监管协调的权威性和有效性。监管协调机制的法律支撑不足，导致各金融监管部门在防范化解重大金融风险时往往各自为政。

从横向上看，民间金融监管区域协调机制存在着实质性的监管权割裂。各省、市、区（县）各自承担区域内的风险处置及非法集资防范的第一责任，落实守土有责，守住不发生区域性风险、群体性事件的底线，并不直接负有区域外的金融监管责任，区域间监管联动缺乏有效机制。

（二）监管真空问题突出，套利活动频繁

近年来，互联网金融及一些投资管理的类金融机构快速发展，对分业监管模式形成较大冲击。比如，互联网金融迅速进入支付、信贷、征信、理财等金融领域，极大地冲击了传统金融业。而对于一些所谓投资管理类和担保类的公司，准入门槛很低，只需工商登记即可，无须金融牌照。加之，这些类金融机构混业经营趋势较为明显，不同行业领域和机构之间互相渗透，而这些类金融机构的监管职责界定不清，各监管主体之间信息共享渠道不畅，出现监管“真空”，导致类金融机构野蛮生长，各种金

融业务风险不能得到及时处置，潜在的金融风险给地方金融监管带来极大挑战。

此外，随着金融改革的快速发展，跨行业的交叉性金融产品层出不穷，且有些金融业务创新的目的是规避监管，多数创新金融产品的资金最终流向了国家限制的行业和领域，导致产生较大的风险隐患。目前，大部分新兴金融业态由地方政府金融管理部门负责准入，但是对这些新兴金融业态的行为和风险监管长期缺位，中央监管机构和地方金融管理部门疏于沟通协调，导致金融风险事件屡见不鲜。同时，在对交叉性业务的监管方面，各地方金融管理部门之间合作意愿不强，沟通协调不畅，导致交叉性金融产品在信息统计数据收集、交换和共享等方面的协调严重不足，对交叉性金融产品隐藏的风险没有进行及时的化解和处置，影响了风险处置效率。

（三）金融科技在民间金融领域的应用监管缺位

金融科技的发展及其在非传统金融业态中的广泛应用，为地方政府通过金融创新来促进地方经济发展提供了极大的便利。但是，目前针对金融科技的监管体系和技术手段尚不健全，还没有独立适用的法律体系与监管模式。特别对金融科技在非传统金融业态中的应用，相应的监管规则多为摩擦性、适应性的（徐义国和林楠，2018），大多是在传统金融监管体系上衍生形成，使得监管的各个环节衔接松散，极易形成重准入、轻监管的问题，导致大量的金融科技在非传统金融领域的应用面临监管缺位。

五、民间金融监管协调机制的搭建

（一）实施中央层面的民间金融监管立法协调

为对民间金融监管实施中央层面的立法协调，应当在中央政府层面设立民间金融监管协调机构，对各省政府及其下属的民间金融监管机构出台的涉金融监管规范性文件实施“备案审查”。在该规范性文件出台之前，地方政府应当在一定期限内将该规范性文件报送至中央政府的监管协调机构进行备案。如该监管机构认为报送备案的规范性文件不利于民间金融的有序监管竞争，其可以对地方政府提出修改建议并向社会公开。2017 年 11 月，国务院金融稳定发展委员会成立。根据目前公开的信息可知，其具有指导地方金融监管的职责。结合目前实际，可通过设立法律或行政法规的方式，明确国务院金稳会的民间金融监管立法协调职责，对地方金融监管规范性文件实施备案审查。

（二）实施中央层面的民间金融监管执法协调

为对民间金融监管实施中央层面的执法协调，应当允许各省级政府先自主进行监管协调工作，协调的方式可以是定期的区域监管协作交流，也可以是不定期的应急监管协作机制。如果自主的监管协调不能达成一致，再由中央政府设立的民间金融监管协调机构出面进行监管执法的协调。如针对跨区域经营、投资者分布于两省的 P2P 网贷平台的监管，两省的民间金融监管机构可事先确定此类 P2P 网贷平台的监管协作的具体程序，也可在该类 P2P 网贷平台风险外溢时，临时进行风险处置上的磋商。

区域间执法协调存在以下几种模式：第一种模式是，赋予中央与地方政府的协调权，跨区域事务的协调既可以由地方政府协商解决，也可以由中央政府决定。第二种模式是，对跨区域事务先由地方政府协商解决，如协商未能达成一致再由中央政府决定。第三种模式是，由中央政府决定，但可授权地方政府自主开展区域执法协调。对于第一种模式，如同时赋予中央与地方政府协调的权力，可能会造成中央与地方权力推卸的情形。最终，地方政府基于“兜底”的心理，很有可能将责任推至中央政府。对于第二种模式，既考虑到中央政府的权威，又考虑到地方政府的自主权。对于第三种模式，地方政府需要将监管协调相关信息传递至中央政府，可能会存在较大的时滞。而赋予省级政府进行自主协调的优先权力，在于金融风险的快速传导特征以及金融监管的时效性。省级政府基于信息优势，能先于中央政府获取区域金融风险信息，在保证省级政府接受一定程度监督的前提之下，省级政府在获取相关金融风险信息后能迅速与其他省级政府进行监管协调合作，从而及早化解区域金融风险。

（三）建设完善的省统一金融监管平台

实现金融监管系统在省一级层面大集中，省金融监管平台穿透到省、市、区、县各级地方金融监管局，实现系统统一、数据统一、报表统一、规范统一、规则统一，从而结束各地各自为政、建设自己的金融监管系统的时代。有了统一的系统，省金融监管局就真正能够实现省内金融监管系统的政令畅通、数据统计准确、实时全景监管视图。建议省金融监管平台实现各种监管报告的自动化，比如专题机构分析、区域机构分析，这样能大大降低基层金融监管人员的负荷，提升工作效率。建议该平台能够实现和电信、公安、工商、电力、市场监督、证监会、银保监会、地方的信息中心、国家企业信用系统的数据打通，实现对于地方金融组织以及母公司的完整企业画像，有助于发现金融风险的蛛丝马迹。

此外，要对标中央监管机构，尽快完成各种监管子信息系统的建设，让金融监管人员可以在各种场景下对被监管对象进行检查、分析和问题核查。

案例专栏

四川省民间金融监管协调机制

目前，四川省民间金融监管部门主要由“一行两局”（人民银行、银保监局、证监局）和四川省地方金融监督管理局构成。其中，四川省地方金融监督管理局是省政府的直属机构，前身是于2017年2月挂牌成立的四川省金融工作局，于2018年11月更名为四川省地方金融监督管理局，主要职责是：

（1）会同有关部门拟订民间金融政策措施，起草地方性法规、规章草案并组织实施。拟订全省金融业发展的中长期规划、全省推进西部金融中心建设规划并组织实施。（2）统筹、协调推进全省金融业服务实体经济、防控金融风险、深化金融改革。推动地方政府与金融机构合作。加强金融对外合作交流。（3）会同有关部门推进民间金融业规范发展，组建、培育、壮大民间法人金融机构，引进省外、境外金融机构，促进民间金融机构合理布局和金融资源优化配置，负责省信用联社和监管范围内的地方法人金融机构的改革发展和业务指导工作。（4）配合中央金融监管部门驻川机构做好金融监管工作，共享民间金融监管数据和金融业务发展情况，协调解决地方金融业改革发展中的有关问题。（5）推动各类金融机构为全省经济社会发展服务，参与全省投融资体制改革工作。推动民间金融统计体系建设。研究制定引导社会融资发展的政策措施，参与研究拟订政府重大项目融资方案。引导金融机构创新服务产品，扩大服务范围，延伸服务领域，提升服务效率。（6）依据国务院金融稳定发展委员会和中央金融管理部门制定的规则，负责对地方金融组织的监管。（7）按照党中央、国务院和省委、省政府有关规定，负责民间金融机构和金融中介机构的行业管理和服务，参与拟订促进与金融业密切相关的中介服务机构发展的政策、规划并配合有关部门实施。加强对相关金融行业协会的工作指导和监督。（8）维护民间金融秩序。推进全省民间金融风险监测预警与应急处置机制建设。（9）统筹对全省地方政府金融工作进行业务指导，推进省市协同联动机制建设，参与、指导全省金融人才资源培育和队伍建设工作。推进全省金融知识宣传普及工作。(10) 督促监管范围内的地方法人金融机构建立健全并执行安全生产和职业健康相关制度、规定、标准；组织开展本行业系统安全生产工作检查，总结推广安全生产工作经验，督促整改安全隐患等。

2016年，四川省政府建立了金融工作例会制度，由分管金融副省长定期主持会议，“一行三局”（现为“一行两局”）、金融工作局（现为地方金融监督管理局）主要领导参加，并根据议题情况适时邀请相关金融机构、市（州）政府、省级部门领导参加，研究协调部署民间金融发展、改革、监管等有关事项，形成了“例会制度为顶层框架，金融监管部门各司其职、协同配合”的格局。省金融工作例会每两个月或三个月召开一次，主要听取相关部门对牵头事项落实情况的汇报，分析当前经济金融形势，研究讨论金融工作有关问题，安排部署近期全省重点推动的有关金融工作。会后，以会议纪要形式将会议主要内容、重点工作任务和职责分工等情况印发。

省金融工作例会具有以下几个特点：一是会议议事范围较广。以2016年8月至2018年6月为例，四川省召开金融工作例会11次，议定事项143件，涵盖了包括支持经济发展（18件）、金融改革发展（31件）、金融监督管理（17件）、风险防范化解（14件）、政策研究（25件）、协调事务（5件）、专项事务（33件）七类工作，既有学习传达贯彻中央有关精神等宏观任务，也有推进区域金融改革发展、分析研判民间金融形势等中观事务，还包括部分微观具体工作。二是会议重点关注金融发展及相关具体事务。会议议定事项主要集中在专项事务、金融改革发展、政策研究等方面，比如，西部金融中心建设、金融机构引进、地方专项会议或政策安排等。三是落实工作以省金融监督管理局为主导、“一行两局”配合。会议议定事项的推动落实工作，省金融工作局牵头76件，占比53%；中国人民银行成都分行牵头33件，占比23%；“三局”牵头20件，占比14%。

本章小结

金融监管协调机制是在金融监管过程中，为充分发挥金融监管的有效性、实现金融监管效益最大化，金融监管部门之间以及金融监管部门与其他相关政府部门之间形成的相互配合、协同监管的制度安排的总和。金融监管协调机制既包括中央政府和地方政府、省级政府与市县政府的纵向协调机制，也包括地方政府之间、平级政府部门之间的横向协调机制。民间金融监管协调机制就是上述金融监管协调机制在民间金融监管范畴内的应用，协调主体主要是“一行两局”、地方金融监管管理局和其他政府相关部门。

第五次全国金融工作会议强调我国民间金融监管要坚持中央政府层面负责统一行业监管规则的顶层设计、地方政府层面负责监管实施的双层监管体系，在此监管架构下，各地积极探索了民间金融监管协调机制，形成了“地方政府+人民银行”双牵头的协调监管机制，对进一步完善我国民间金融监管协调机制提供了有益的借鉴。

同时，随着金融创新尤其是民间金融创新速度越来越快，以互联网金融为代表的新型金融业态带来了比传统金融业态更加复杂、风险传导性更快等监管挑战，在此背景下，现有民间金融监管协调机制还亟须进一步完善。

本章重要概念

监管协调　监管博弈　协同理论　监管竞次　监管独立性　双峰监管　监管真空　监管套利

本章思考题

1. 金融监管协调的含义是什么？
2. 协同学理论对金融监管协调有哪些指导意义？
3. 金融监管协调的必要性有哪些？请结合实际阐述。
4. “双峰监管”模式提升了金融监管协调效率吗？
5. 当前我国民间金融协调机制包括哪些方面？
6. 当前我国民间金融协调机制还存在哪些问题？
7. 试选取一个省份，简要阐述该省份的民间金融监管协调机制运行现状，并分析其存在的问题。

本章参考文献

[1] 陈欢．我国金融监管协同机制构建研究［D］．北京：首都经济贸易大学，2015.

[2] 陈刚，孔文佳，韩静．日本金融业开放过程中金融系统性风险防范及启示[J]．区域金融研究，2019（8）：50－55.

[3] 崔鸿雁．建国以来我国金融监管制度理念演进路径考察及展望[J]．现代工业经济和信息化，2015，5（14）：5－7.

[4] 傅钧文．日本金融宏观审慎监管体制建设及其启示[J]．世界经济研究，2013（12）：9－13，66，84.

[5] 何冬妮．转型过程中制度变迁的不协调成本[J]．中国社会科学院研究生院学报，2010（6）：54.

[6] 黄锋，成明峰，左淋丞．建立省级金融监管协调机制[J]．中国金融，2018（22）：43－44.

[7] 井雯．西方主要发达国家金融监管体制及启示[J]．当代经济，2017（31）：54－56.

[8] 蓝虹，穆争社．论地方金融风险处置基金的建立与完善[J]．上海金融，2013（6）：17－21，116.

[9] 黎海华，周晓波．澳大利亚“双峰”金融监管协调机制及其借鉴[J]．新经济，2016（36）：34－35.

[10] 黎昭，陈华清，吴建军，等．金融监管：如何避免“牛栏里关猫”？[J]．财政监督，2017（16）：36－44.

[11] 李海洋．金融监管改革背景下的地方金融监管协调机制研究[J]．北方金融，2019（5）：57－63.

[12] 李红艳．我国金融监管协调机制研究[D]．长春：吉林大学，2009.

[13] 李成，马国校，李佳．基于进化博弈论对我国金融监管协调机制的解读[J]．金融研究，2009（5）：186－193.

[14] 刘进军．中国区域金融协调机制研究[D]．天津：天津财经大学，2015.

[15] 龙芳．建立金融监管协调机制的必要性和现实选择[J]．财政监督，2006（9）：47－48.

[16] 孟五虎．提升地方金融监管效能浅析[J]．河北金融，2019（4）：62－65.

[17] 闵德明．完善地方金融监管协调机制的政策建议——以内蒙古为例[J]．北方金融，2019（3）：48－50.

[18] 沈思思．政府在金融监管中的作用研究[D]．长沙：湖南农业大学，2016.

[19] 苏扬. 完善地方金融监管协调机制思考 [J]. 青海金融, 2018 (12): 36-39.

[20] 王冲. 地方金融监管体制改革现状、问题与制度设计 [J]. 金融监管研究, 2017 (11): 94-108.

[21] 王晓, 陈思憧, 曾令祥. 完善地方金融监管协调体制 [J]. 中国金融, 2018 (22): 40-42.

[22] 文洪武. 金融宏观与微观审慎监管协调机制研究 [D]. 天津: 天津财经大学, 2012.

[23] 伍晓雯. 澳大利亚与英国双峰监管模式的比较研究 [J]. 海南金融, 2016 (1): 50-54.

[24] 肖龙沧. 完善地方金融监管协调 [J]. 中国金融, 2018 (23): 128-130.

[25] 邢毅, 闫静文, 张晓红. 地方金融监管协调机制建设 [J]. 中国金融, 2018 (22): 45-47.

[26] 印捷. 我国金融监管协调机制研究 [D]. 长沙: 湖南大学, 2010.

[27] 张爱民. 我国金融监管协调机制研究 [D]. 合肥: 安徽大学, 2012.

[28] 张哲昊. 金融监管体制改革的国际经验及研究现状 [J]. 当代经济, 2016 (27): 88-89.

[29] 张保珍, 王井. 对完善地方金融监管协调机制的调查与思考——以江西景德镇为例 [J]. 金融科技时代, 2019 (1): 83-85.

[30] 张承惠, 王刚. 日本金融监管架构的变迁与启示 [J]. 金融监管研究, 2016 (10): 69-78.

[31] 张晓朴, 卢钊. 金融监管体制选择: 国际比较、良好原则与借鉴 [J]. 国际金融研究, 2012 (9): 79-87.

[32] 邵国华. 金融系统协调论 [D]. 成都: 四川大学, 2006.

[33] 赵杰, 卫功琦, 黄兰. 建立和完善省级金融监管协调机制的思考 [J]. 金融纵横, 2003 (12): 49-50.

[34] 赵玉婷, 李云静. 日本的金融监管体制改革及对中国的启示 [J]. 税务与经济, 2018 (5): 48-53.

[35] 郑睿. 澳大利亚金融监管协调机制研究 [J]. 吉林工程技术师范学院学报, 2013, 29 (11): 15-17.

［36］中国人民银行．中国金融稳定报告（2017）［R］．北京：中国金融出版社，2017：87－89.

［37］钟震．金融监管协调：通道理论的提出及应用［J］．财贸经济，2018，39（9）：57－73.

［38］周郁．关于构建地方金融监管工作协调机制的思考和建议——以江苏省泰州市为例［J］．财政监督，2016（9）：90－93.

第六章　民间金融监管体系构建

本章导读

民间金融活动具有创新频率较快、业务风险较大、风控手段较少等属性。这些属性在维护民间金融交易快速高效的同时也面临着巨大的风险暴露。民间金融监管当局对此往往力不从心，无法实现全方位的监管，从而导致监管体制改革步履维艰，难以出现质的突破。近几年来，随着金融科技的快速发展，监管科技发展也获得长足进步。尤其是大数据技术、区块链技术、人工智能技术等迅猛发展，给监管科技应用带来了革命性的影响，客观上提升了监管效率、促进了民间金融监管体制的革新速度。民间金融监管涉及众多政府部门，监管对象数量庞大、业务各异。同时，民间金融机构立足于当地，往往具有浓厚的地方文化色彩。因此，民间金融监管体制改革必须考虑到监管部门之间协调、尊重地方实际等问题，从实际出发，实事求是，才有可能进一步推进民间金融监管体制改革。

本章学习目标

本章重点介绍了民间金融监管体制的设计依据，探讨了民间金融监管体制的路径选择。通过本章的学习，应了解民间金融监管体系构建的原则和依据，掌握民间金融监管体系构建的目标、资源、协调和监管科技等，能够比较不同设计方案的优、缺点，能够立足当地实际情况提出民间金融监管体制改革意见。

本章知识结构图

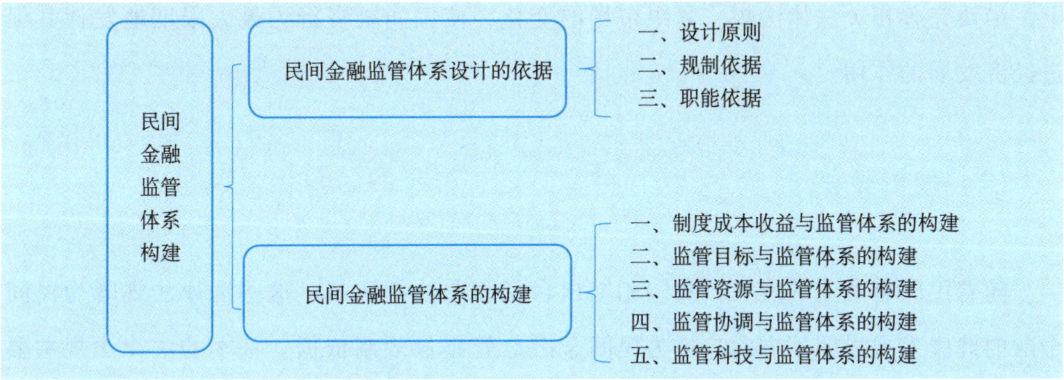

第一节　民间金融监管体系的设计依据

一、设计原则

民间金融监管因民间融资行为的特殊性而具有众多不利于管理的特点。具体体现在以下几个方面。第一，监管对象复杂，难于管理。由于民间融资活动多发生在城乡基层地区，且注册成本低，进入门槛低。因此，民间金融中介数量多、规模小、分布散，难于管理。第二，监管缺乏及时性和全面性。民间金融机构和监管机构之间存在严重的信息不对称，监管部门难以全面而及时地对民间金融机构进行管理。第三，监管缺乏相关的法规依据。目前，民间融资行为还有很多无法在现行的法律法规中找到相关的依据，这使得监管部门的工作无法在法律支持下有效执行。

根据目前民间金融监管呈现的特点，民间金融监管体系在设计过程中应该遵循以下几大原则：第一，监管机构需要依法合规进行监管。民间金融的监管必须依法监管、按章办事。若出现无法可依、无规可循则会带来滥用职权和推诿责任两大严重后果。滥用职权会带来过度监管和重复监管，这样会严重制约市场经济的发展。推诿责任会出现监管真空或是监管漏洞，给非法的高利贷、集资、腐败等行为带来了滋生的空隙，不利于金融市场秩序的建立。第二，监管机构应做到一视同仁。民间金融虽然属于非正规金融，但监管部门都应该按照国民待遇原则，在市场准入、业务范围、风险控制等方面进行无差别的监管，歧视性的监管不利于保护和规范发展促进民间金融的发展。第三，监管机构要与时俱进地进行监管。随着经济的发展和民间金融市场的扩大，民间融资形式将会不断更新。在这样的趋势下，监管机构应该在现有的法律法规基础上，尽快完善相关法律法规，紧跟市场的变化，使民间融资行为最大限度地发挥其促进经济发展的作用。

二、规制依据

随着民间金融业的发展，我国相继出台了相关法律法规。这些法律法规既为民间金融的健康发展指明了方向，也为民间金融监管提供规制依据。基本的法律法规主要包括《中华人民共和国商业银行法》《关于惩治破坏金融秩序犯罪的决定》以及《中华人民共和国刑法》。此外，2006 年我国颁布了《中华人民共和国农民专业合作社法》《调整放宽农村地区银行业金融机构准入政策更好支持社会主义新农村建设的若干意见》，逐步放开了资本准入和民间金融机构设立。随后，我国陆续发布了《关于为维护国家金融安全和经济全面可持续发展提供司法保障和法律服务的若干意见》（法发〔2008〕38 号）、《国务院关于进一步促进中小企业发展的若干意见》（国发〔2009〕36 号）、《融资担保公司管理暂行办法》（国发〔2010〕3 号）以及《最高人民法院关于审理非法集资刑事案件具体应用法律若干问题的解释》（法释〔2010〕18 号）。这些法律法规的出台，为民间金融的发展提供了相应的管理规则。

三、职能依据

民间金融监管职能是指监管部门承担的监管责任范围，监管权力在这一范围内可以也应该施加，不受法定之外的对象或因素的干扰。

2017 年 7 月，全国第五次金融工作会议明确提出，地方政府要在坚持金融管理主要是中央事权的前提下，按照中央统一规则，强化属地风险处置责任。根据中央部署，地方金融监督管理局隶属省政府下属单位，其监管范围为“7 + 4”，具体负责对小额贷款公司、融资担保公司、区域性股权市场、典当行、融资租赁公司、商业保理公司、地方资产管理公司等金融机构实施监管，强化对投资公司、农民专业合作社、社会众筹机构、地方各类交易所等的监管。新组建的地方金融监督管理局将与一行两局（地方人行、银保局、证监局）形成错位监管和补充。地方一行两局负责持牌金融机构管理，非持牌类金融业务根据其业务属性由中央监管部门制定监管规则，具体监管实施落地归地方政府。

截至目前，已有《山东省地方金融条例》（2016 年发布）、《河北省地方金融监督管理条例》（2017 年发布）、《四川省地方金融监督管理条例》（2019 年发布）、《天津市地方金融监督管理条例》（2019 年发布）、《上海市地方金融监督管理条例》（2020 年发布）、《浙江省地方金融条例》（2020 年发布）等六个地方金融监管办法出台，为民间金融监管部门设定职能权限。例如，《山东省地方金融条例》规定：（1）以下机构均受该条例的约束。具体指的是，小额贷款公司、融资担保公司、民间融资机构、开展权益类交易和介于现货和期货之间的大宗商品交易的交易场所、开展信用互助的农民专业合作社、私募投资管理机构和国务院及其有关部门授权山东省政府监督管理的从事金融活动的其他机构。（2）县级以上人民政府地方金融监管机构负责本行政区域内金融服务、金融发展的综合协调和指导工作，并依照该条例规定对地方金融组织和相关金融活动实施监管。这就从制度上赋予了县级以上人民政府对民间金融活动的监管职能，使之能够依照具体的制度规定实施监管。（3）县级以上人民政府及其有关部门应当按照规定综合利用设立政府引导基金、财政贴息等方式，引导民间资金投向重点产业和领域。该规定赋予了县级以上政府在疏导民间资金流向上的权限和职能。

第二节　民间金融监管体系的构建

一、制度成本收益与监管体系的构建

制度成本收益理论认为，制度实施同所有其他的经济活动一样，都需要考虑成本和收益。如果实施某项制度所花费的成本大于收益，则不应实施该项制度。因此，当要制定并实施某项政策时，需要认真衡量政策实施后所带来的成本和收益。对民间金融监管制度而言，制度实施的收益是指监管制度实施后所带来的公共利益的提高，而制度实施的成本则是指因采取监管行动时而带来的直接成本和间接成本的总和。

就成本而言，制度实施的直接成本主要包括两部分。一是，指监管部门在进行监

管时所花费的成本。二是，指被监管者因遵守监管规定而耗费的成本。如监管部门在实施监管的过程将开设较多的分支机构，需要耗费巨大的人力、物力、财力。而被监管者为了接受监管，遵守监管规则也会产生成本。监管的间接成本，是指因被监管对象因被监管而改变自己的行为所导致的社会福利损失。这种社会福利损失主要包括以下四部分：一是，监管的出现反而导致市场风险的加大。如对公众而言，由于政府监管的存在，进一步加剧了公众监督的“缺位”。同时，对金融机构而言，由于公众监督的减弱，增大了道德风险出现的可能。二是，监管将造成金融市场静态效率的损失。如过高的市场准入限制，将限制市场的竞争，从而使现有的金融机构获得垄断利益，而社会福利则会受到损失。三是，监管造成金融市场的动态效率损失。由于监管的实施将可能阻碍金融中介的创新，从而使得金融业的发展滞后于经济发展所需，或者由于监管的存在，金融创新需要进行不必要的包装才能出现，而这相应地需要耗费不必要的规避成本。四是，监管将导致本地区或本国税费减少，从而造成财政收入的损失。由于过于严厉的监管，将促使金融机构重新选择注册地，金融机构注册地的更换将造成原注册地税费的损失。

就收益而言，制定全国统一的监管标准与产品标准，关系到国内金融市场体系统一和国家金融安全，有利于全国各地资源共享。因此，这种监管所带来的收益由全国范围内市场主体共同拥有，应当由中央政府提供。一些业务范围遍及全国的金融机构，其在国家整个金融体系中往往占据重要地位，资金体量庞大，对全社会提供金融服务，发生风险时地方不足以应对。显然，对其监管所带来的收益是全国性的，也应当由中央政府提供。但是，对于影响范围局限于地方或者某一区域内部的机构，其主要是在全国资源分布不均和民间金融供给不足的背景下发挥调节和补充作用。对这一类机构进行有效监管和规范的风险处置主要是为了保护当地的金融生态和金融消费者权益、提升当地企业和居民的福利，其收益归于地方，因此由地方政府提供监管更具合理性。

二、监管目标与监管体系的构建

（一）防范系统性金融风险

对民间金融实施监管的根源就在于民间金融具有脆弱性，如果放任自流，则将对整个经济的运营埋下隐患。为此，监管体系的设计要注重提升民间金融体系的安全性，着重防范系统性民间金融风险，而对民间金融中因竞争而导致优胜劣汰则不应过度关注。

（二）促进效率的提升

我国金融机制转型滞后，民间金融自发而生，是金融深化的重要力量，是对现有正规金融市场的完善，客观上提升了金融市场效率，提高了资源运用的效率。因此，我们在构建民间金融的监管体系时，要注意避免抑制民间金融市场的效率。此外，要注意从区域实际出发把握符合条件的民间金融向正规金融机构转型的比例，而不是促使全部符合条件的民间金融机构转型为正规金融机构。

（三）加强互助合作

民间金融产生的主要机理可以归结为注重民间金融合作互助性质。因此，要注重为民间自发的互助行为保留空间，对合理的互助行为不过多干涉，而只进行相应的规范性指导。

三、监管资源与监管体系的构建

（一）政府性监管资源

从国内外的监管实践来看，政府是主要的监管主体。政府监管可以很好地结合当地的实际情况，制定合理的监管法规和政策，规范当地金融机构的行为准则。目前，我国仍是以分业监管为主的金融监管体系。在中央层面，金融稳定局和中国人民银行监管整个金融体系——证监会监管证券业体系，银保监会监管银行业和保险业系统。在地方层面上，有“一行两局”来对地方金融市场（含民间金融市场）进行监管。

当然，目前政府性监管人员的业务水平有待进一步提高，需要加强监管培训。地方金融监管局监管种类和数量众多的民间金融机构的工作量非常大，也需要整合其他外部力量，比如借助监管科技和行业自律组织等，充分发挥监管体系的优势。

知识链接

监管培训应怎样做？

人员的思维和能力决定工作的质量和成败。鉴于当前民间金融监管力量薄弱，应加强对民间金融监管机构在产业、金融、法律、科技等方面的培训。建立上岗资格制度，金融监管人员需要经过系统的培训才能从事金融发展、法制法规、金融监管等工作。

培训体系可以是横向的，也可以是纵向的。既可以请其他省份以案例复盘的模式分享成功经验，也可以请专业的人员教授某个类型民间金融组织的知识，比如业务模式、风险来源、资本结构等，还可以请一些业内在监管方面研究比较深入的研究院或者大学的学者定期授课。

（二）非政府性监管资源

虽然在金融监管工作中，政府监管是主要的参与力量，但是同时也需要非政府力量的参与。政府监管和行业自律相结合，可以相互促进，共同构成民间金融监管体系。对正规的金融行业监管主要是由有关政府部门来执行，金融监管相对比较到位。但是，在民间金融发展过程中，普遍存在着某个被公认的行业标准，使得民间金融的有关人员都遵循其进行交易。虽然在严格意义上说，这些被普遍公认的标准是没有法律效力的，并且如果民间金融监管不到位，还很可能会存在较大的金融风险。但是，这些标准在当地仍然被普遍采纳和接收，规范着行业内的行为准则和从业人员的行为，一定程度上是对政府监管的补充，可以弥补政府监管不到位的空缺，防范系统性民间金融风险的发生。

四、监管协调与监管体系的构建

监管竞争和监管合作之间并不是完全对立或相互取代的关系，而是共存的关系。建立监管协调机制，并不是为了消除省级政府之间的监管竞争，而是通过监管协调所带来的监管制度立法与执法成本的降低，规制省级政府之间的恶性监管竞争。为了建立服务于民间金融监管有序竞争的监管协调制度，必须确保监管协调的成本小于监管竞争的收益，使得民间金融监管竞争真正有利于区域经济的发展。针对当前民间金融监管协调不完善的情况，应当建立中央层面的民间金融监管协调制度。之所以建立中央层面而不是各省级政府之间的平级监管协调制度，是基于我国是单一制国家政体的现实以及提升监管协调效率的需要。在单一制国家政治制度下，地方政府的监管权力由中央政府授权而来，下级政府需要在法律的范围之内接受上级政府的领导，执行上级政府的行政命令，因此各省级政府之间进行监管协调时，必然不能违背中央政府的意志。而为了防止各省级政府在进行监管协调时放大中央政府“兜底责任”的投机心理，更需要中央政府从中适度干预以提升监管协调的效率。

五、监管科技与监管体系的构建

与发达国家特别是美国相比，我国金融监管科技发展在业务模式开发、核心底层技术研发、关键技术标准制定等方面仍有相当差距。为此，应当加强金融监管科技的系统研究，确立金融监管科技的基本框架，制定金融监管科技发展的规划与配套措施，统筹金融监管和金融主体两方面的资源，调动金融业自身与外部的两种科技力量，持续推动金融监管科技在中国的落地生根。

传统的监管主要依靠法定监管报表、现场和非现场核查，时间相对滞后、手段较为单一。在金融科技时代，监管方与被监管方在时间、空间、信息上的不对称状况更加凸显。为此，监管科技主张监管部门积极引入大数据和云计算技术来解决这一突出矛盾。当然，这种主张要求监管部门具备较强的科技实力，以及必要的基础设施投入。比如，监管与金融机构实现系统对接，在线实时获取金融机构交易数据，有效挖掘金融机构和公共部门的海量、多维度数据的监管价值，为金融机构勾描全方位的风险画像。监管部门应当将监管政策整理、存储到公共服务云平台，让被监管对象在一个公共平台即可以获取监管要求和查询政策，整理、搜集、归纳更加准确、详尽的监管信息动态，提高监管信息的可得性和及时性。在可视化技术的辅助下，监管部门可以依据审慎监管要求，构建智能化分析模型，动态观测金融机构和金融地区市场、子市场的风险态势，真正实现实时和动态监管。另外，监管科技主张金融机构基于大数据分析和处理方法解读集团企业内部的大数据，一旦有偏离合规要求的交易行为，系统将自动发出警报，有效帮助金融机构满足合规要求。

本章小结

民间金融活动因其区域特征差异大、地区文化不同等因素而导致监管方式难以统一，实践中只能因地制宜，根据当地具体情况而制定相应的监管措施。尽管如此，监管制度的制定必须遵守宪法规定和基本的法律原则，必须遵循基本的监管理念。不与宪法和适用于全国的现有法律冲突是制定当地民间金融监管制度必须遵守的底线。否则，就容易出现“铁路警察、各管一段”各自为政的监管乱象，无法有效防治民间金融风险。因此，本章从理论、法律、职能等角度阐释了民间金融监管制度制定必须遵守的相关依据，这些依据可视为一般意义下的准绳，既指导又约束着民间金融监管措施的制定和实施。

经济基础决定上层建筑，随着民间金融交易规模迅速扩张、交易方式日趋复杂、创新业务日益增加，民间金融监管也必然地作出相应调整，以适应不断发展、变化了的监管对象，同时提高监管前瞻性，引导民间金融始终不脱离良性发展的轨道。本章认为，民间金融监管体制是一个多维的、立体式的生态系统，需要立法部门、监管当局、金融机构及社会力量等协同努力才能建立完整的监管生态系统。为此，本章从制度成本收益、监管协调及监管科技等角度探讨了民间金融监管体系构建路径。读者可分别从不同的角度去了解民间金融监管体制构建的侧重点。

本章重要概念

监管体系　制度成本－收益理论　监管资源　监管科技　监管沙箱

本章思考题

1. 民间金融监管体系设计的依据主要有哪些？
2. 请简述民间金融监管体系的内容构成。
3. 民间金融监管体系在构建中应该注意哪些问题？
4. 请简述监管科技与监管体系构建之间的关系。
5. 英国“监管沙箱”对完善我国民间金融监管体系具有哪些借鉴意义？
6. 如何理解2017年中央金融工作会议关于民间金融监管的论述？

本章参考文献

[1] 杜宁，沈筱彦，王一鹤．监管科技概念及作用［J］．中国金融，2017（16）：53－55.

[2] 傅钧文．日本金融宏观审慎监管体制建设及其启示［J］．世界经济研究，2013（12）：9－13，66，84.

[3] 龚亮．构建民间融资监管体系的实现路径［J］．管理观察，2019（9）：

139 - 140.

[4] 黄震，蒋松成. 监管沙盒与互联网金融监管 [J]. 中国金融，2017 (2)：70 - 71.

[5] 柯达. 论我国地方金融监管竞争的法律规制 [D]. 杭州：浙江大学，2018.

[6] 李洁琼. 民间金融风波与政府监管 [D]. 温州：温州大学，2017.

[7] 李思敏. 中美金融科技发展的比较与启示 [J]. 南方金融，2017 (5)：3 - 9.

[8] 李滢. 民间金融发展的政府监管研究 [D]. 济南：山东大学，2017.

[9] 李正阳. 美国互联网金融研究 [D]. 长春：吉林大学，2016.

[10] 李菡，耿欣. 地方金融科技监管的挑战及优化路径：产业沙盒视角 [J/OL]. 金融理论与实践，http：//kns. cnki. net/kcms/detail/41. 1078. F. 20191206. 1730. 020. html，2019 (12)：68 - 72/ [2019 - 12 - 10].

[11] 刘春红. 中德金融监管体系比较 [J]. 华东经济管理，2006 (10)：114 - 116.

[12] 刘哲. 河南省地方金融监管体系研究 [D]. 开封：河南大学，2016.

[13] 陆岷峰，王虹. 加强地方政府金融监管责任的研究 [J]. 金融理论与教学，2014 (4)：1 - 5.

[14] 陆岷峰，徐博欢. 金融乱象与金融治理——基于改革开放 40 年金融整治经验 [J]. 财经科学，2018 (10)：60 - 72.

[15] 屈淑娟. 地方金融监管权研究 [D]. 重庆：重庆大学，2017.

[16] 宋湘燕，谢林利. 美国监管科技在金融业的应用 [J]. 中国金融，2017 (12)：80 - 82.

[17] 王纪新. 中日金融消费者权益保护比较研究 [D]. 天津：天津大学，2015.

[18] 王忠生. 我国金融监管制度变迁研究 [D]. 长沙：湖南大学，2008.

[19] 温玉娇. 我国民间金融监管的法治化研究 [D]. 南昌：江西财经大学，2014.

[20] 文洪武. 金融宏观与微观审慎监管协调机制研究 [D]. 天津：天津财经大学，2012.

[21] 文善恩，陈小五. 危机后德国金融监管改革及其对实体经济的影响 [J]. 上海金融，2019 (4)：56 - 61.

[22] 伍巧芳. 美国金融监管改革及其借鉴 [D]. 上海：华东政法大学，2012.

[23] 张承惠，王刚. 日本金融监管架构的变迁与启示 [J]. 金融监管研究，2016

(10)：69－78.

［24］张小博．寻租型契约、产权约束与中国金融发展［D］．厦门：厦门大学，2007.

［25］赵玉婷，李云静．日本的金融监管体制改革及对中国的启示［J］．税务与经济，2018（5）：48－53.

第七章　广州市民间金融的发展与改革

本章导读

广州作为历史悠久的对外通商口岸、很早就受到金融业影响的地方，在民间金融方面也走在前列。本章对广州民间金融发展作出全面介绍，再以广州金融街作为典型监管改革案例来阐述广州民间金融监管改革实践，从而使读者更深入地了解现代民间金融监管的改革。

本章学习目标

一是，了解广州民间金融的发展历史；二是，了解广州民间金融监管的必要性；三是，了解广州民间金融街案例，从而理解民间金融监管改革趋势。

本章知识结构图

- 广州民间金融的发展与改革
  - 广州民间金融的发展
    - 一、广州民间金融的发展历史
    - 二、广州民间金融监管改革的必要性
  - 广州民间金融的改革：以广州民间金融街为例
    - 一、广州民间金融街简介
    - 二、广州民间金融街的改革历程
    - 三、广州民间金融街的改革成效
    - 四、广州民间金融街改革的示范价值
    - 五、广州民间金融街的前景展望

第一节　广州民间金融的发展

一、广州民间金融的发展历史

（一）银号与侨批业

广州原是我国历史悠久的对外通商口岸，也是广东省银号行业的发源地。清乾隆二十二年（1757 年），广州被清政府指定为对外独口通商的口岸。当时欧洲商人采购生丝和丝织品都集结于广州，直到 19 世纪 40 年代，广州一直居于清朝对外贸易的中心。广州因此产生了大量的贸易结算需求，汇兑业务也迅速发展起来。鸦片战争后，广州银号常为外商保管现金、鉴定银色，兼营换钱和存放款，成为贸易活动中不可缺少的参与方。广州银号的行业组织叫忠信堂。另据 1848 年出版的《中国商业指南》一书记载：广州银号大部分是与商业发生联系的，只有少数银号仅仅从事银钱兑换。随着广州口岸贸易的发展，买办资本逐渐强大起来，买办资本主要承担中国本土商家和外商之间的联系，必要时还要为中国本土商家作保，为庄票的兑现承担风险。

随着中外贸易的发展，侨批业也迅速发展起来。侨批业是专门为侨胞办理传送信函和汇银业务的行业。1900 年，广州市有南海人创办的余仁竺侨批业。至第一次世界大战后，侨批业陆续有所发展，尤其是在 1927—1930 年，受世界经济危机影响，华侨大量汇款回国，广州的侨批业在此时期发展最快，达到数十家之多。至抗战胜利后，又发展到二十多家，但这时的侨批业受到国民党政府的打击，不得不从事地下活动，新中国成立后才恢复公开营业。

此外，鸦片战争后，外资银行纷纷来华，最早的是英国的丽如银行（Oriental Bank），1845年在广州设立分行；较早的还有汇隆银行、呵加剌银行、有利银行等分别于1851年、1855年、1854年在广州设立分行或办事处。稍晚期进入广州的还有东方汇理银行、花旗银行等。外资银行的进入客观上进一步活跃了广州民间金融市场。

（二）典当业

19世纪40年代以后，由于银号、票号等金融业务有了较大发展，若干资力较强、信誉较高的当铺也开始仿效开展货币兑换的业务，甚至发行信用货币。广州典当业分为当、按、押（也叫大押、饷押）及小押4种。从19世纪中叶至1927年，广州典当行进入黄金时代。每年各店获利丰厚，有“九出十三归”① 一说，当铺越开越多，全盛时期多达400余间。当时有句“当铺多过米铺”的谚语，生动地描述了当时民间金融的旺盛场景。

到了20世纪30年代，由于外国资本主义国家进一步侵略、国内新式银行的出现，加上政局动荡、战事频繁，货币屡屡贬值，广州典当业逐步衰落。广东解放后，在党和人民政府的领导下，典当行业又重新获得了新生，昔日的典当业纷纷重新开业，至1950年7月，广州市典当行已发展到50家。1952年，广州市典当业实行公私合营，成立小额质押贷款处，这在全国公私合营典当业中是一个创举。对此，人民银行总行专门发文予以肯定，同时决定在全国各大城市予以推广。“文化大革命”开始后，小额质押贷款处于1968年清理完毕押品，结束经营。

（三）民营银行业

民国初年，各大民营银行纷纷在广州开业，与传统金融业、官办银行共同形成三足鼎立的格局，成为历史上广州银行发展最为繁盛的时期。1930年广东还政于中央后，中央银行、中国银行、中国农民银行等国家银行先后在广州设立分行，其中不少都选择在越秀区长堤商业区内设立机构，形成沿江金融区。长堤大马路随之成为民国

① 即一价值为10元的货物，当铺以9元收入，赎当时算上利息以及本钱需要支付13元。

时期名副其实的金融街，从而奠定了广州作为华南金融中心的地位。

（四）民间借贷

民间借贷在广州早已有之，进入清末民国，继续存在并得到发展。民间借贷在性质上分为两大类，即非高利贷性质和高利贷性质的民间借贷。非高利贷性质的民间借贷主要存在于亲朋好友之间、合会、借偿以及仅仅存在于地主富农之间的租仔。高利贷性质的民间借贷则在广州民间借贷中占主要地位，经营者主要是官僚买办阶级、地主、富农、工商业者等有钱人，借款者多为贫苦农民和城镇贫困市民。广州高利贷的形式可归纳为三种：纯粹高利贷、与商业盘剥的高利贷和各种抵押高利贷。其名目繁多，每一名称都代表一种借还方式，同时，没有名称、不定型的高利贷更是大量存在。1937 年抗战爆发后，受战争环境、生产停滞等影响，使高利贷向期短、息高方向进一步发展。以名为"借谷银"的高利贷为例：借谷银 1 元，利息以月递增，1 个月限期利息 1 元，2 个月 2 元，照此类推，利息用银计算，但还债时要折成米谷来还给债主。由此可见，民间高利贷对贫苦老百姓的盘剥之重。新中国成立后，在党和人民政府的领导下，严厉打击民间高利贷，保护人民群众利益。

（五）多样化民间金融

改革开放后，广州市成为对外开放的前沿阵地，在党和人民政府的正确领导下，

随着国民经济的快速发展，大量的典当行、投资公司、融资性担保公司、商业保理公司等民间金融机构纷纷成立。民间金融业务种类越来越多，民间金融活动规模越来越大。截至广州民间金融街成立之时，广州市的民间融资总额超过了 3 000 亿元。

二、广州民间金融监管改革的必要性

（一）贯彻落实中央关于促进民间金融发展的要求

国务院于 2012 年 6 月批复同意《广东省建设珠江三角洲金融改革创新综合试验区总体方案》，该方案重点在珠江三角洲地区推进城市金融改革创新综合试验。广州市作为珠江三角洲核心城市、国家中心城市，需要加快发展与城市地位相适应的现代金融体系，而现代金融体系不仅包括发达的正规金融体系，也包含健康的合法的民间金融市场体系。

（二）资金供需矛盾突出，“地下”金融活动暗流涌动

改革开放以来，作为经济改革开放前沿，广东省民营经济发展迅速、活力旺盛，经过30多年的发展，民间资本已积累到相当规模。据估算，截至2012年上半年，广东地区民间资本规模超过1万亿元，仅广州市民间融资总额推算超过了3 000亿元。如此庞大的民间资本因缺乏合法的释放途径而一直在“地下”流动，长期游走在法律监管边缘，成为影响广州金融稳定的重要因素之一。20世纪90年代末，“广国投”事件爆发，成为国内首例金融机构破产案，对金融市场造成的冲击极大。2011年，广东华鼎、创富危机爆发，使得广东全省担保行业面临重新整顿。另外，广东省大量的中小企业的发展急需资金支持。以2011年为例，广东省中小企业实际融资总额仅约1.16万亿元，与广东省中小企业2万多亿元的潜在资金需求相比，存在近1万亿元的资金缺口。由此可见，中小企业成为广州市经济发展的重要力量，中小企业的融资需求也日益增长，众多中小企业随之转向融资手续更快捷的民间借贷，通过“地下”融资缓解资金紧缺。

（三）区位金融遭遇瓶颈，发展相对滞后

19世纪80年代末，两广总督张之洞为了重建官轮渡码头，兴建了长堤大马路。从此，长堤区域的商务活动繁荣起来，赢得了“金水长堤、十里洋场”之美誉。1924年8月，孙中山先生在长堤创办了中央银行。随后，中国银行、中国农民银行等在此设立分行，其他诸如金城银行、广州市立银行、远东实业储蓄银行、广州嘉华储蓄银行及大批外资银行和保险公司等纷纷在此择址经营，长堤遂成“中国金融第一街”。新中国成立后，北京和上海因占据政治中心、经济中心等地位而吸引了绝大多数金融机构和专业人才，相比之下，广州市金融业则逊色不少。同时，广州市越秀区作为中心城区，虽然拥有浓厚的金融业历史、怀抱“文化金砖”，但却因产业结构老化和用地紧张导致开发空间受限、城区发展遭遇瓶颈。

第二节　广州民间金融的改革：以广州民间金融街为例

一、广州民间金融街简介

广州民间金融街（以下简称“金融街”）地处作为岭南“十里洋场”商业文化集

散地和现代金融发源地的广州市越秀区长堤大马路，西至人民南路，东至海珠广场，毗邻珠江北岸，全长约800余米，规划区域约59公顷（见图7－1）。自2012年6月启动建设以来，金融街已成为广州民间金融改革开放和现代化建设的窗口和试验场，在全国首创建设民间金融产业集聚区，主要集聚民间金融业态及相关配套机构，致力于为广大中小微企业和个人提供小微金融服务，突出“集聚、服务、定价”三大功能，为国家民间金融规范化管理创造经验，为探索民间融资阳光化和规范化管理提供示范。目前，金融街已发展成为全国民间金融产业发展示范区、全国金融科技先行试验区、国家级现代服务业集聚区、广东省民间金融创新发展示范区、广东省数字普惠金融示范区、广东省首个小额贷款公司监管评级试点。

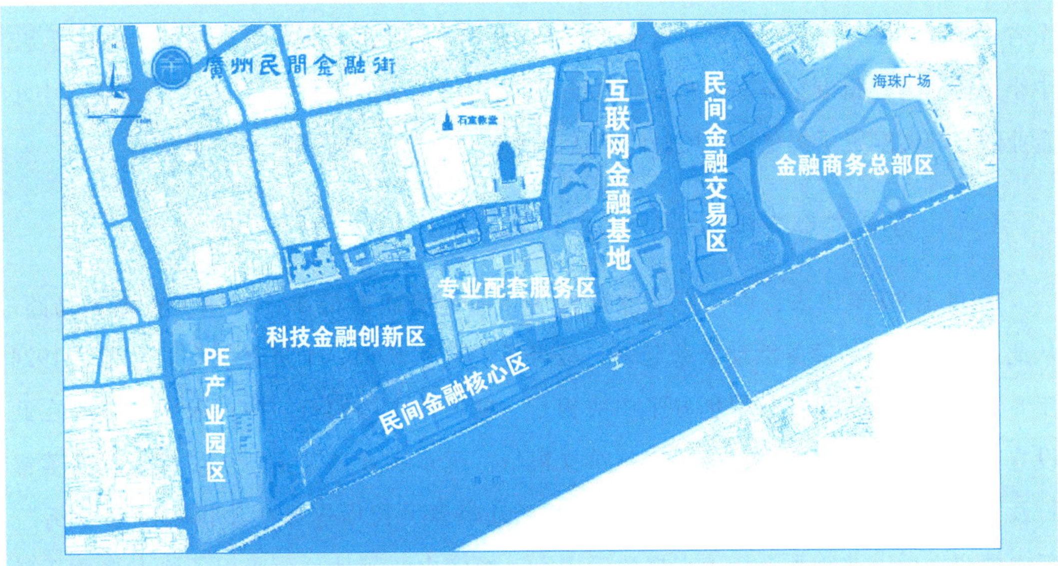

图7－1 广州民间金融街规划示意图

二、广州民间金融街的改革历程

2012年年初，广州市越秀区针对广州地区民间闲置资金充裕、中小企业资金需求旺盛、民间借贷活跃、民间金融风险较大的情况，以促进中小微企业加快发展为目的，以引导民间资本规范发展为目标，提出在长堤大马路打造集资金借贷、财富管理、支付结算、信息发布为一体，为中小微企业和居民个人提供全方位、多样化金融服务的民间金融街。广州市金融办公室印发《广州民间金融街建设工作实施方案》，将广州民间金融街纳入广东省、广州市重点项目并安排主导产业发展专项资金，扶持民间金融街及其入驻企业加快发展。

2012 年 6 月 26 日，在广东省金融工作会议上，时任中共中央政治局委员、广东省委书记汪洋将“广州民间金融街”的牌匾交到广州市越秀区人民政府手中，标志着广州民间金融街正式建立并落户越秀区。

2012 年 6 月 28 日，金融街开业仪式在长堤大马路大三元酒家旧址举行。时任广东省副省长陈云贤出席仪式并宣布金融街开业，广州市委副书记、市长陈建华为金融街揭牌。是日，广州民间金融街管理有限公司、广州民间金融研究院和广州民间金融商会等 3 家配套服务机构挂牌成立。

2013 年 1 月 24 日，金融街管委会成立，管委会隶属于越秀区人民政府，与广州市越秀区金融工作局合署办公。

2013 年 6 月，金融街二期开业暨“广州民间金融指数”正式发布。

2013 年 10 月，全国首家小额再贷款公司——广州立根小额再贷款股份有限公司正式开业。

2013 年 12 月 25 日，广州民间金融商会成立，发挥企业与政府之间的桥梁和纽带作用，实现企业、政府、社会多赢发展。

2014 年 4 月，广州民间金融街互联网金融产业基地正式挂牌。

2014 年 5 月，金融街获批率先开展互联网小贷公司试点。

2014 年 6 月，全国首家专注于民间金融的市场化征信公司——广州民间金融街征信公司成立。

2014 年 8 月，广州市首个互联网金融扶持政策——《关于促进广州民间金融街互联网金融创新发展的若干意见（试行）》实施。

2015 年 1 月，越秀区印发、实施《广州民间金融街互联网金融产业基地管理与服务办法（试行）》，对落户金融街的 P2P 平台给予严格审查，谨慎放行。

2015 年 6 月，金融街先行先试，开展小额贷款行业创新，允许外资设立，允许股东独资。

2015 年 11 月，金融街网络借贷交易平台“金融街在线”正式上线，互联网金融孵化中心正式运营。

2016 年 9 月，金融街成功创建“全国民间金融产业知名品牌发展示范区”。

2017 年 6 月，金融街获批广东省民间金融创新发展示范区。

2018 年 6 月，国家市场监督管理总局和中国国家标准化管理委员会正式发布由金融街协同其他有关部门起草的《民间金融资产评价指标分类》（标准号：GB/36379——2018）。

2019年6月，金融街公益金融试验区、数字普惠金融监管试验区获得授牌，金融街成为全国首个金融监管试验区。

2019年9月11日，金融街启动小额贷款公司监管评级工作。

三、广州民间金融街的改革成效

金融改革不仅是金融产品、金融工具的改革，也包含了金融组织决策方式、商业模式、要素组合与流程的改革，其本质在于观念、文化和理论的革新。对于金融集聚区来说，其革新不仅是单个金融主体革新的叠加，会更多地受到地理环境、经济水平、金融结构的影响，使得集聚区内金融改革的主体、模式、驱动具有差异，进而影响改革的最终成效。经过7年多的改革发展，广州民间金融街各项工作均取得了不菲成绩，形成了行业与机构协同发展的良好局面，主要体现在以下几方面。

（一）金融街民间金融创新效应日益凸显

1. 创新政府政策和制度供给

金融街在政策创新方面可谓亮点颇多。一方面，以“互联网＋小额贷款”先行先试为抓手，在全国率先开展小额贷款行业政策创新的试点，包括：允许广州市外注册登记的境内企业在金融街内设立小额贷款公司；全面放开境外资本在金融街内设立小额贷款公司；取消小额贷款公司主发起人的持股比例上限；允许创设全国范围开展业务的互联网特色小额贷款公司等。另一方面，金融街被设为广州内资商业保理试点区，允许在试点区域内设立内资商业保理公司，成为广东省内唯一被政府明文支持的内资商业保理试点区。

政策的突破使得金融街迅速成为全国民间金融发展的政策洼地和服务高地。在制度创新方面，一系列金融街的管理和扶持的配套办法，如《广州市越秀区促进优质企业发展暂行办法》《广州市越秀区促进产业园区发展和商务楼宇提升暂行办法》《越秀区关于促进广州民间金融街互联网金融创新发展的若干规定（试行）》《越秀区关于促进广州民间金融街发展的若干规定（试行）》等的出台为营造良好的企业创新经营环境提供制度保障与资金支持，相关办法得到积极贯彻与落实。以2017年为例，广州市支付45家入驻企业发展专项资金804.26万元，支付41家互联网金融机构的互联网金融产业发展资金2 073.57万元。

2. 创新园区服务机制

广州民间金融街构建了“管委会+管理公司+服务平台+行业自律组织+研发机构”的管理服务体系，通过规范街内管理服务、搭建政府公共服务平台、完善司法保障服务、打造民间金融研发中心等方式，形成“政府服务街内企业，街内企业服务实体经济”的良好格局。在管理服务体系中，各主体各司其职、相互协作，有效地促进了广州民间金融街的发展。具体而言：金融街管理委员会是街区行政主管部门，负责街区发展规划、政策制定和综合协调管理等工作，并与越秀区金融监督管理局合署办公，负责推动全区金融业发展；金融街管理有限公司是街区的市场化配套服务机构，负责街区产业规划、招商引资、具体配套物业服务并代政府受理入驻企业的各类政策扶持及奖励申请；金融街综合服务中心是街区的公共服务中心，为入驻企业机构提供借贷咨询、信息登记查询、股权交易、资产交易及会计、法律等各类公共服务；广州民间金融商会是街内行业自律组织，通过开展行业自律，帮助成员机构规范经营、诚信经营，探索建立民间金融法律维权服务机制，维护各会员单位合法权益等；广州民间金融研究院是金融街的智力支持，是为适应民间金融发展和人才培养需要而专门从事民间金融及其相关问题研究的科研机构。此外，金融街对原民国时期金城银行旧址进行了大胆设计与改造，建成了全国首家民间金融博物馆，总结展示民间金融的发展历程。

为进一步完善管理服务体系建设，金融街建立了互联网金融产业基地和互联网金融孵化中心，以推动互联网技术在金融领域的应用发展。基地与中心集展示、孵化、研发等三大功能于一体，为街内以及国内外的民间金融机构、创新型企业或个人提供项目路演、战略培训、注册辅导、政策指导、资金申请、资源对接、融资支持、上市辅导等“一揽子”服务。为促进基地的发展，广州民间金融街还出台了《广州民间金融街互联网金融基地管理与服务办法》，成立互联网金融实验室、互联网金融法治研究中心、互联网金融税务研究室等系列研究机构。在建成初期，基地便吸引了14家企业入驻。其中，互联网金融企业6家、互联网金融科研机构3家、电商O2O体验店1家、电商创业基地1家、社区银行2家、金融商务主题餐厅1家。此外，金融街还开发民间融资网络借贷与股权众筹投资交易平台，依托“互联网+”模式的创新，打造互联网上的民间金融街——“金融街在线”，通过线上、线下金融资源整合和O2O双轮驱动，实现民间金融产业的结构转型和质量提升。

3. 创新民间金融业务

广州民间金融街的业务创新主要分为机构创新与产品创新。在机构创新方面，广州民间金融街成立了全国首家小额再贷款公司——广州立根小额再贷款股份有限公司。该机构被誉为小额贷款业的“央行”，有力地促进了小额贷款公司的资金管理效率。此外，广州民间金融街还成立了全国首家市场化民间金融征信公司——广州民间金融街征信有限公司、广州市首家内资商业保理公司——广州恒大商业保理有限公司。

在产品创新方面，截至2017年年底，金融街内机构共有各类融资产品近200种，部分企业还凭借金融产品创新获得了“广州市金融创新成果先进单位”荣誉称号。除“助科贷”“商铺贷”“工程通”等产品外，还依托“金融街在线”平台开发了“成长在线”“享乐在线”以及“在线增值”等产品系列。其中，“成长在线”系列主要为有资金周转需求的企业或个人向投资者借款，由小额贷款公司、担保公司或典当行等合作方审核并提供本息保障的产品，如“资转速”“票据宝”“经营红”“商圈通”等。“享乐在线”系列主要为有消费资金需求的个人向投资者借款，由消费金融机构审核并提供还款保障的，如“进修易”“购车易”“置业宝”等。“在线增值”系列主要为“金融街在线”平台代售的银行、基金等金融机构在售理财产品，如“月月盈”“周周利”“日日鑫”等。丰富的产品架构满足客户多样化的需求，有效盘活了民间资本。

4. 创新民间金融产业标准

为了提高民间金融产业标准的适用性，广州民间金融街对产业标准也进行了一系列创新。一是，建立定价机制，规范民间融资价格。金融街通过发布民间金融指数、利率综合指数、民间金融景气指数等，建立民间融资定价机制，打造国内民间融资价格风向，为行业主管部门和政府及时准确掌握广州市场贸易动态、预测经济的运行状况、制定相关行业政策和发展规划提供依据；为企业生产经营投资提供引导；为消费者提供科学、权威的价格信息。

二是，编制民间金融管理标准。广州民间金融街编制了全国首本《广州民间金融街小额贷款公司监管手册》；初步建立民间金融标准体系，内容涵盖各类基础标准、产品服务标准、运营管理标准、信息技术标准、行业管理标准等；成功申报1项国家标准（民间金融资产评价指标分类标准）和3项省级标准（非现场监管标准、档案管理规范等），树立了广东省乃至全国民间金融监管的标准和规范。

5. 创新风险防控机制

广州民间金融街对民间金融风险防控机制也进行了有效创新。一是，监管机制的创新。广州民间金融街制定了《越秀区小额贷款公司主监管员制度》《越秀区防范民间金融风险联席委员会制度》《越秀区民间金融突发事件应急预案》《越秀区非法集资案件举报奖励暂行办法》等系列制度，确保风险防范与处置的属地管理责任落到实处；针对互联网金融特点制定《广州民间金融街互联网小额贷款公司管理办法（试行）》，重点在设立门槛和经营范围上作出差别化监管规定。

二是，监管手段信息化的创新。广州民间金融街利用大数据风控理念自主研发了小额贷款非现场监管系统、小额贷款业务管理系统、非法集资风险监测预警系统、征信查重系统等，依托互联网信息技术对民间金融机构进行动态和高效的监管，提升风险实时监控和分析的能力、功能，实现监管手段的信息化。

三是，信用评级试点的开展。广州民间金融街在广东省范围内率先开展小额贷款公司和融资担保公司信用评级试点，依托评级结果，加强事中监督和事后检查的力度并建立负面清单制度和市场退出机制。

四是，法律维权机制的完善。广州民间金融街成立广东省首个金融审判庭、广州市唯一的金融仲裁院，引入公安经济侦查中队和公证部门，设立警务室，及时化解民间借贷纠纷，健全法律维权机制。

（二）金融街产业的集聚效应日益增强

从经济学角度而言，金融街的成立有利于降低企业成本，如减少与监管部门的沟通成本、减少行业间交流成本等。经过近 7 年的发展，金融街汇聚了众多民间金融机构，显著降低了金融机构的经营成本和监管部门的监管成本。主要体现在以下几方面：

1. 金融要素集聚效应明显

广州金融街极大地促进了金融机构、金融资本和行业人才三大金融要素的地区集聚。从金融机构来看，金融街地理位置优越，位于广州市中心，是老牌的商业集中地，交通便捷，具备聚集民间金融机构的客观环境。同时，广州民间资本雄厚、市场活跃，有着发展民间金融的天然土壤，其民间金融发展已具有较高水平，加之广州发展草根金融、普惠金融的城市定位，区别于北京总部金融和上海平台金融，具有一定的比较优势。政府通过合理规划，明确街区发展民间金融的方向与定位；民间金融机构作为国家金融体系的重要组成部门，其服务于中小企业的中小金融或微型金融主体定位与广州民间金融街发展目标相契合，形成了民间金融机构集聚的内生力量。此外，广州金融街加强设施建设，为各类入驻机构提供经常场所；契合发展目标出台优惠扶植政策，重点吸引民间金融机构入驻；给予民间金融产业政策优惠与资金补助，一系列的举措吸引了民间金融及配套机构入驻。

从金融资本来看，民间金融机构带来了民间资本的集聚。截至 2018 年 11 月底，金融街内民间金融机构注册资本已达 435 亿元。其中，传统小额贷款公司注册资本 81.9 亿元、互联网小额贷款公司注册资本 145.3 亿元、商业保理公司注册资本 16.5 亿元、融资担保公司注册资本 52.2 亿元。

从金融人才来看，金融街健康的行业、优秀的企业使得从业者的自身价值得到更好的实现，人才的集聚效应凸显。截至 2018 年 6 月底，金融街共有金融从业人员 14 000 余名。其中，中高级金融人才数量超 8 000 名。政府在人才聚集上起到了至关重要的作用。为了促使人才集聚效应进一步扩大，金融街管委会采取了一系列措施举措：一是，严格执行市、区高级人才评选工作。包括广州市高层次金融人才支持项目、越秀区重点企业高级人才评审资助活动、越秀区专业技术拔尖人才评选工作等，并积极推进奖励落实到位。二是，出台《越秀区集聚高端人才暂行办法》，利用政策手段，通过项目扶持、住房保障、优先入户、医疗保健、子女入学、引才助才奖励等方式吸引高端人才的落户。三是，注重人才的培育与交流。以民间金融研究院、互联网金融实验室、法治研究中心、税务研究室等研究体系为重点，开展研究与培训工作，强化广州民间金融人才创新发展能力；以民间金融商会等行业自律组织为依托，完善创新型金融人才沟通交流机制；以广州民间金融书店、民间金融博物馆为载体，丰富金融文化氛围，提升人才金融文化素质。

2. 规模与协同发展效应逐步显现

在金融街成立初期，广州民间金融街对外部环境和内部结构的控制能力较低，对发展空间和资源取向的把握程度不高。而且，入驻街内机构之间尚没有形成特定关联，与外部环境之间也没有真正建立起资金流动和信息传递。随着街内不断快速涌进投入与产出相似度较高的相关金融机构及配套机构，地理空间上的集聚使得各机构之间可以通过共享信息、市场等资源，加大合作力度，降低交易成本，提高行业间的互补效应，逐渐形成专业化市场，显现聚集的规模边际递增效应。据统计，金融街的规模效率在 2012—2015 年持续上升，且 2015—2017 年一直保持在较高水平，规模报酬效应显著。特别地，2013 年规模效率较 2012 年提高 1.5 倍，表明在建设初期通过地理上的集中所产生的集聚效应作为明显，2013—2018 年规模效率的增长与保持则更多的是依赖核心企业的带动效应。

在规模发展模式下，产业自身的扩大还需要核心企业的聚集与引导。在金融街发展早期，民间金融街通过对产业的合理规划和科学引导，借助一批核心企业率先入驻，快速扩大商业土地面积，积极引导民间金融机构及配套机构入驻，使得金融街内企业数量及资产规模持续扩大。在此过程中，主导产业的核心企业在能力和网络嵌入上有着突出的带动作用，它们通过投资、创新、知识转移、品牌扩张等行为带动其他企业及产业的发展，成为促成产业集聚效应产生和区域整体演进的引擎。

例如，在“互联网 + 小额贷款 + 普惠金融”模式的指引下，以海印、恒隆等小额贷款公司，唯品会、拉卡拉等互联网小额贷款公司以及立根小额再贷款公司等为代表的核心企业集聚带动效应逐步体现，成为广州民间金融街发展的主要生力军。金融街配套机构由成立之初的 2 家发展为 80 余家，集聚了律师事务所、会计师事务所、投资咨询公司、征信公司、科研机构、民间金融资产交易平台等各类配套机构，组建了规范民间融资机构运营的政府监管部门，包括金融法庭、金融仲裁院、民间金融研究机构等法律维权机构。金融街成为集政府监管、小贷公司、再贷款公司、融资担保、典当行、互联网金融、电商平台、商业保理、文化产业、专业配套、商务服务于一体的综合性专业街区，形成了涵盖民间金融、文化产业、服务平台、中介服务、法律维权等全产业链的业态格局。

（三）机构品牌效应加速发展

在规模效应、集聚效应、创新效应等多重效应下，经过近 7 年的发展，入驻金融街的民间金融机构实现了品牌化发展。本书选取其中比较具有代表性的金融机构，做简要介绍。

1. 小额贷款企业

金融街区内的小额贷款企业以广州越秀小额贷款有限公司和广建小额贷款公司为代表。其中，广州越秀小额贷款有限公司是广东省第一家全国资的小额贷款公司，由广州越秀金融控股集团联合广州无线电集团、广州轻工工贸集团、广州港集团和广东南方报业传媒集团联合设立，成立于 2012 年 5 月 29 日，公司注册资本 3 亿元。越秀小额贷款公司以个人消费信贷业务为主，在越秀圈、股东圈和国企、上市公司圈中拓展客户资源，逐步从高风险高收益的客户群体过渡到中低风险客户群体，通过推行

“信贷工厂”的经营模式，开发了员工金、消费金、票据金、保理贷、悦享贷等八大信贷产品，实现了业务批量化、标准化、流程化。自2014年以来，连续四年获得全国小贷公司竞争力100强称号。

广州广建小额贷款有限公司（以下简称《广建小额贷款公司》）于2012年6月经广东省人民政府金融工作办公室批准设立，是广州市第一批拿到全广州区域小额贷款运营牌照的小额贷款公司之一，也是广东省首批国有控股的小额贷款公司之一。它还是国内首批通过全国ISO9001质量管理体系认证的小额贷款公司，对广州民间金融街品牌示范区的建设有积极促进作用。

广建小额贷款公司主发起人为广州市建筑集团有限公司，注册资本金2亿元，2017年公司总资产达3.85亿元，年度总利润额达1 609.87万元。广建小额贷款公司自成立以来，以扶持小微企业为服务宗旨，努力构建专注小微金融的广建小贷特色经营模式，并取得了长足的发展。截至2017年，广建小贷已累计向小微企业和个体工商户发放贷款超过10亿元，服务客户数上千名，累计缴税超过3 500万元，有力支持了小微企业的发展。公司主打产品为50万元以上的快速抵押贷和50万元以下无抵押信用贷款，手续简便、最快三天放款、利息低至每万元3.98元/天，有效地满足了中小微企业的资金需求。根据广东省质量监督协会认定，截至2017年广建小贷的品牌价值已达1.104 9亿元。公司以“扶持小微企业”为服务宗旨，努力构建专注小微金融的广建小额贷款特色经营模式，无论在经营业绩、产品设计方面，还是在扶贫助困等社会责任方面均有所建树。

2. 小额再贷款企业

金融街区内小额再贷款企业以广州立根小额再贷款股份有限公司（以下简称“立根再贷款公司”）为典型代表。广州立根小额再贷款股份有限公司于2013年10月31日正式开业经营，专注于小微金融行业，立足广州，面向全省，为小额贷款公司量身定做融资方案，提供满意、便利、周到的金融服务。开业以来，立根再贷款公司稳步扎实推进业务发展，有针对性地创新推出多项适合小额贷款公司、风险可控的产品。同时，以中央交易商的定位和角色，根据资金合理安排的情况，组织同业拆借及购买小额贷款公司的信贷资产，既可满足小额贷款公司资金融通需求，也可实现更好的收益，使立根再贷款公司成为小额贷款行业真正意义上的“央行”。同时，立根再贷款公司还积极探索建立服务小额贷款公司的互联网金融平台及民间金融基础信息服务平台，为互联网金融和民间金融融合发展树立典范，努力建成助力小贷公司发展的综合性服务平台。

2015 年 7 月，经广东省人民政府金融工作办公室批复同意，立根再贷款公司被允许向广东省小额贷款公司提供融资服务。截至 2018 年 12 月，立根小额再贷款公司在全省范围内累计发放贷款 144.30 亿元，贷款余额 16.60 亿元，累计缴纳税费总额近 3 亿元，通过综合授信的小额贷款公司共 53 家，间接服务实体企业超过万家。

作为全国首家小额再贷款公司，广州立根小额再贷款股份有限公司不断完善公司制度体系，经营效益良好。在利润方面，立根再贷款公司 2013 年利润总额仅达 46 万元，而 2014 年公司利润总额竟高达 1.46 亿元，此后保持在近 1.5 亿元的水平。从立根再贷款公司历年稳定的高回报率和利润额的事实，也说明了小额再贷款公司模式的可行性与有效性。事实上，自开业以来，全国超百家金融监管单位、地方性金融控股平台、国家开发银行等单位（机构）前往立根小额再贷款公司考察调研。2013 年至今，国内十余家小额再贷款机构陆续设立，均沿用或参考立根小额再贷款公司经营模式，示范性效应明显。其中，吉林、山西、安徽等省积极借鉴“立根”经验，在小额再贷款领域作出创新与尝试，为辖区内的小额贷款公司和中小微企业缓解融资难题。

3. 商业保理企业

2016 年 12 月，广州市商务委员会、广州市金融工作局联合发文，支持在金融街试点设立内资商业保理公司。由此，金融街成为广东省内唯一获得官方明文支持的内资商业保理试点园区。恒大集团、海大集团、广东塑料交易所、海印股份、粤科金融集团、智度股份等一批国内外优秀企业积极参与商业保理试点。保理业务模式也不断创新，保理企业为多个行业的中小企业提供融资服务，包括商业零售、批发、餐饮、制造、物流、医疗、化工能源、建筑、公共事业等领域，为促进中小企业发展和实体经济增长起到了积极作用。截至 2018 年 11 月，越秀区商业保理企业达到 29 家，集聚效应初显。

其中，广东粤科商业保理有限公司成立于 2017 年 9 月 30 日，注册资本 2 亿元，是广东省粤科资产管理股份有限公司设立的全资子公司。该公司主要针对上市公司和大型国企等核心企业，围绕其上下游供应链，提供包括商业保理、供应链融资等综合性金融服务。截至 2017 年年底，该公司已累计对外授信额度超过 15 亿元，企业累计使用额度 37 235.82 万元，涉及医药、电力、电表、化工、环保、物流等 10 多个行业，惠及中小微企业超过 40 家，直接或间接带动就业人数近 4 000 个。

4. 融资担保、再担保企业

广州市融资担保中心有限责任公司、广州市融资再担保有限公司是广州市融资担保行业的两家标杆企业。其中，广州市融资担保中心有限责任公司是广州市第一家由政府全额出资的专业性融资担保机构，也是首家获得 IOS9001 质量管理认证的国有融资担保机构。其于 2013 年 3 月入驻金融街，是广州市业务范围最全面的担保机构之一，广州融资担保中心的入驻对民间金融街内的担保公司有着标杆性效应，有效推动街内担保行业的发展。广州市第一家融资再担保公司——广州市融资再担保有限公司于 2016 年 12 月在金融街挂牌成立。该公司主要从事融资再担保、融资担保、债券发行担保、诉讼保全担保、工程履约担保、信托和资管增信以及经监管部门批准的其他业务，提供符合中小微企业融资担保业务实际需要和政府政策导向的增信、分保、联保等类型的融资再担保、融资担保。广州市融资再担保有限公司的设立有利于加快构建和完善广州市信用担保体系，建立信用担保机构信用增级、风险分散和代偿机制，缓解高新技术、高效农业、新兴产业等政府重点扶持领域的中小微企业融资困境，促进中小企业快速发展，推动广州市经济转型升级。

2018 年，广州市人民政府办公厅发布《关于促进广州市融资担保行业加快发展的实施方案》，明确提出要形成以广州市融资再担保有限公司等政策性融资担保机构为骨干、商业性融资担保机构为重要组成部分的覆盖全市各区的融资担保和再担保体系。金融街按照要求，积极支持广州市融资再担保有限公司推进相关工作。截至 2017 年 12 月，广州市融资再担保有限公司获得建设银行、交通银行、华夏银行、平安银行、广州银行、广州农商银行等 19 家金融机构的授信准入，累计（担保）授信总额超过 75 亿元。与区域内广东省融资再担保有限公司、广州凯得融资担保有限公司、广东银达融资担保投资集团有限公司、广东中盈盛达融资担保投资股份有限公司等 9 家担保机构建立和开展再担保业务，累计为 110 余户中小微企业提供融资再担保、融资担保 13.6 亿元，有效降低了中小微企业融资门槛和成本，支持了实体经济发展。

5. 互联网金融企业

金融街创新发展“互联网 + 小贷”“互联网 + 证券”“互联网 + 保险”等新型金融机构，构建起全国体系最丰富、涉及面最广、针对性扶持力度最大的互联网金融体系。2017 年，金融街“互联网 + 金融”普惠金融发展示范基地成功获批广州市重点项目。金融街以越秀区现代服务业为基础，搭建了互联网金融产业发展平台，完善了相关基础设施建设，并引进了一批重点龙头企业，构建了完整的互联网金融产业链。同时，重点成立互联网金融研发部门，并探索制订互联网金融规范管理法规和行业服务标准，构建具有民间金融特色的成熟商业模式，广州民间金融街在互联网金融方面的发展既保持行业规模的发展，也有效控制了风险的发生。截至 2017 年年底，金融街集聚“互联网 + 金融”机构 64 家，涵盖互联网小额贷款、网络平台、众筹平台、互联网征信、电子商务等产业类型，其中以互联网小额贷款的发展最为突出。

以广州拉卡拉网络小额贷款有限责任公司为例。该公司成立于 2016 年 4 月，注册资本 5 亿元，主要服务于无法从银行获得授信的客户。该公司依托拉卡拉支付核心支付平台，利用大数据鹰眼风控系统，通过“大数据 + 征信”技术，把“小额、分散”做到极致，实现了全流程在线为小微商户和个人消费者提供信贷服务，是“小而美”普惠金融发展的成功典范。自开业以来，日均处理贷款申请约 2 600 笔，审批通过率约 10%，累计发放贷款超 9 万笔，超过金融街 43 家传统小贷公司自开业以来的累计贷款笔数；笔均贷款金额 2.34 万元（最低），远低于传统小贷公司的笔均 100 万—200 万元，提升了普惠金融的覆盖度和穿透力，真正实现金融服务的可获取性。

（四）旧城改造与产业升级加速推进

自 2012 年金融街成立以来，金融街以产业布局为先导，确定“集聚、服务、定价”的功能定位，创新传统发展模式，将旧城改造与产业升级相结合，修旧如旧、传承历史、活化利用。一方面，金融街强化园区综合整饬。截至 2018 年 12 月底，金融街累计投资超 5 亿多元，对园区近 15 万平方米物业进行整饬和改造，涉及楼宇 50 多栋，置换商铺和仓库约 120 户，增设专用停车位近 200 个，整饬、塑造街区的金融雕塑 26 个、文宣展示 18 处。另一方面，金融街积极探索旧城改造新模式。以果菜西社区为例，改造前该社区以专业市场仓库为主，交通环境恶劣，通过引入小贷、互联网金融、社区银行、O2O 体验店等机构，该社区在保留城市印记、历史文脉的基础上，以“主题注入、生态再造”为抓手，发展成为综合型金融社区，建成全市首个金融科技中心，成为“三旧”改造的成功典范。

四、广州民间金融街改革的示范价值

（一）民间金融业和实体经济协同高质发展的示范价值

在金融科技和信息化如火如荼的时代背景下，金融街引导入驻的小额贷款公司、融资租赁、商业保理等地方金融机构积极转变服务手段，依托互联网场景，借助人工智能、大数据风控等金融科技，创新建立起有别于传统金融服务方式的“数据化、智能化、网络化”服务新模式，有效降低了融资成本和风险，有效支持了实体经济发展。截至目前，金融街入驻金融机构已累计为超过100万户中小微企业、中低收入者和“三农”提供200多种特色化的数字普惠金融产品和超5 000亿元的融资，极大地提高了普惠金融的覆盖面，打通了小微企业融资难的最后一公里。反过来，大量的中小微企业和中低收入者利用融到的资金扩大了生产规模，提高了生产效益，客观上为民间金融业的进一步发展提供了源泉。金融街民间金融业和实体经济协同高质发展的情形为其他地区提供了良好的示范价值。

（二）民间金融有效监管的示范价值

金融街自建设以来，金融风险事故实现了“零发生”，尤其是P2P平台风险“零爆雷”、小额贷款公司风险“零事故”、非法集资重大维稳风险“零报告”。这得益于金融街管委会（越秀区金融监督管理局）搭建起的包含“准入、制度、标准、技术、指数”五位一体的风险防控体系，为金融街的发展保驾护航。具体而言，风险防控体系的作用如下所述。

一是，严把市场准入门槛。金融街在建设过程中严格筛选主发起人、建立省市区三级联动的准入审批机制、引入第三方中介机构参与准入审核。严格考核主发起企业持续注资、抗风险、大数据挖掘、业务整合和技术研发等综合能力，制定系列准入标准，筛选出一批如广发证券、新大陆、广联达、唯品会等以上市公司为背景设立的地方性金融机构。“准入关”的严格把控，有效隔离了大部分的潜在风险，为稳定发展夯实了基础。

二是，完善监管制度体系。金融街联合国内知名学府的金融学专家教授和一线监管干部，认真分析和借鉴国内外地方性金融机构经营管理和风险监管的做法和经验，研究制定民间金融风险应急预案、小贷公司监管办法、主监管员制度等近十项监管规范性文件，构建起事前防范、事中监管、事后处置的一整套完善的风险管理机制。同时，加快实施小贷公司监管评级，从公司治理、管理水平、资产质量、发展能力共四个方面对小贷公司进行监管评级，并将评级结果根据小额贷款公司的经营合规性、经营稳健性、风险管理水平、可持续发展能力分为A、B、C、D四个等级，形成正向激励和负面惩戒机制。

三是，开创民间金融建标先河。金融街在全国范围内率先开展民间金融标准化工作，研究编制《小额贷款公司监管手册》，规范监管工作流程，明确操作细则，促进监管标准化、规范化，得到了主管部门的认可，并已推广至全省范围内使用。首创民间金融风险防范标准，成功发布国家标准《民间金融资产评价指标分类》1 项，省地方标准《互联网小额贷款公司监管信息管理标准》《互联网小额贷款公司运营信息管理规范》2 项，为全国民间金融风险防范提供示范引领。

四是，探索“互联网 +”监管模式。金融街自主研发非现场监管系统，实现与各入驻企业业务系统的数据对接，增加数据可视化演示、基础数据的信息化管理和业务数据的深层挖掘等内容。围绕“严控资金来源”和“严管高管准入”两条原则，建立起负债端分析、银行账户监控以及高管人才信息库管理。通过非现场监管体系采集的企业经营数据和基础数据，有效挖掘出隐藏在海量数据中的经营规律与风险变化趋势，以大数据、云计算、人工智能等科技手段，提供全面、精准的数据和分析，从而对金融行为进行实时监控，实现对风险早识别、早预警、早发现、早处置。进一步优化民间金融监管模式，提升民间金融监管效率，降低机构合规成本。

五是，研究发布民间融资“广州价格”。一直以来，民间资本都在地下钱庄流动，价格不透明、高利贷现象普遍，暴力催债现象时有发生。金融街在建设之初，就致力于民间金融的改革创新，率先研究发布了我国第一个民间融资价格指数——“广州价格”，为借贷双方提供价格参考，引导民间融资合法化、规范化、阳光化。民间融资价格指数的发布，将民间融资由地下引到地上，整体降低了民间融资利率，使得融资价格在合法、合理的范围内浮动，破解民间金融价格不透明的难题，推动民间融资成本下降达 50% 以上。

显而易见，在当前强化民间金融风险防范的背景下，上述先进的监管理念和高效的监管手段对其他地区民间金融监管改革发展具有重要的借鉴意义。

（三）旧城改造的示范价值

经过 7 年多的建设发展，目前金融街规划布局呈“一轴、两街、六区”整体布局。“一轴”是指打通圣心教堂与长堤大马路之间的走廊，走廊两侧新建楼寓，形成以金融服务、旅游观光为主题的观景长廊。“两街”是指整合长堤大马路、一德路两侧建筑，形成金融、商务两主题街道。“六区”是指民间金融核心区、民间金融拓展区、民间金融总部区、海珠广场金融商务总部区、金融配套服务区、商业配套服务区。

其中，民间金融核心区是根据民间金融一期建设计划，在长堤大马路沿线南北两侧引入小额贷款公司、融资担保公司、典当行等，形成民间金融集聚区。民间金融拓展区主要引进小额贷款公司、民间资本管理公司、信托公司、第三方支付机构等。民间金融总部区主要引入知名的大型金融机构；将海珠广场金融商务总部区以海珠广场为中心的东部地区，作为民间金融街进一步扩展的区域，整合现状和未来开发建设的建筑业态，结合地铁站点和中部标志性的开敞空间，打造民间金融街向东扩展的门户。截至 2017 年，金融街缴纳税收 8.90 亿元，同比增长 35.35%，是建街前的 20 倍，缴纳税收累计近 30 亿元。金融街科学合理的园区规划对其他地区进行旧城改造升级提供了丰富的实践经验和借鉴价值。

五、广州民间金融街的前景展望

广州民间金融街的未来既取决于国家整体宏观金融改革与发展，也依赖于街内微观金融基础设施的建设。展望未来，在进一步扩大金融业对外开放的时代背景下，金融街应在以下几方面继续探索，进一步优化民间金融业发展环境和进一步提升民间金融监管效率。

（一）继续培育优质企业，做大做强扩大品牌影响力

金融街应从机构增量爆发式扩张，转变为扶优限劣、培育优质企业的高质量发展路径，扶持壮大创新驱动、支撑带动强劲的龙头企业。

一是，要继续加强监管，重点处理传统僵尸小贷的清理和市场出清，确保不发生系统性风险。

二是，扶优限劣，推进辖区企业监管评级。启动监管评级，并对评级结果不同的小贷公司区别适用监管政策，支持评级靠前的小贷公司放宽融资杠杆、拓宽融资渠道、开展业务创新。

三是，继续推动民间金融标准化。完成民间金融标准化技术委员会的筹备和全省民间金融标准化的归口工作。

（二）高起点规划、高标准打造粤港澳大湾区文创金融 CBD

金融街应充分利用广州老城市新活力的契机，紧抓粤港澳大湾区建设的历史性战

略发展机遇，按照高端总部功能定位，实施海珠广场片区物业载体、产业布局、城市环境一体化提升，加大对战略型、外向型的金融机构，加大文化创意、科技创新、商务总部企业的引进力度，着力打造大湾区标志性的文、商、旅、金融合发展高地，培育一批优质上市企业集群，将海珠广场片区升级打造成为大湾区文创金融 CBD，助力广州实现老城市新活力，在综合城市功能、城市文化综合实力、现代服务业、现代化国际化营商环境方面出新出彩，为广州建设国际大都市、区域金融中心贡献越秀的智慧和力量。

（三）继续加强金融风险管控，维护区域金融稳定

按照国家金融强监管的政策要求，金融街管委会应继续加强辖区金融风险防控，确保不发生系统性风险。一是，继续加强小贷日常监管，及时掌握街内小贷公司的经营情况、风险状况和服务需求，切实防范金融风险。二是，积极化解 P2P 平台各种外溢性风险，督促个别平台良性退出，做实“三控”工作，防止发生“恶性”退出事件。三是，进一步完善越秀区防范和处置非法集资综合长效机制，加强处非宣传教育，降低处分举报奖励门槛，鼓励全民举报，并加强处非督导，持续企业摸查行动。

本章小结

广州作为改革开放前沿，充分了解广州的民间金融能够较全面地了解民间金融的各个方面。本章首先介绍了广州民间金融发展概况，通过广州的金融历史了解广州民间金融的各个主体及其发展状况。然后，总结了广州民间金融监管改革的必要性。最后，以广州民间金融街为例，介绍广州民间金融监管的改革历程，包括改革的基本信息、改革历程、改革成效、示范价值以及前景展望。

本章重要概念

银号　侨批　典当　民营银行　民间借贷　广州民间金融街　民间金融产业标准　再贷款

本章思考题

1. 广州民间金融在历史上有过哪些业务？请分别阐述。
2. 广州民间金融发展的有利条件有哪些？
3. 以广州为例阐述民间金融监管的必要性有哪些？
4. 广州民间金融界的改革历程是什么？
5. 广州民间金融街的改革结果如何？
6. 小额再贷款机制是如何发挥作用的？
7. 你认为广州民间金融街监管改革最大的亮点是什么？请解释原因。

本章参考文献

[1] 产业中国．广州民间金融街：放开民间金融源头活水 [N]．搜狐新闻，http://www.sohu.com/a/276298017_100053214. 2018-11-18/ [2019-12-10].

[2] 陈双全．广州民间金融街小额贷款公司金融风险防范法律机制探讨 [D]．南昌：江西财经大学，2015.

[3] 广州民间金融研究院，中央财经大学金融学院课题组．中国民间金融发展研究报告 [M]．北京：知识产权出版社，2013.

[4] 郭环．广州民间金融街空间生产效应及其影响因素研究 [J]．广东行政学院学报，2015，27 (3)：66-72.

[5] 郭环，李世杰，周春山．广州民间金融街城市更新模式探讨 [J]．热带地理，2015，35 (3)：364-371.

[6] 郭环，李世杰，周春山．广州民间金融街空间生产动力机制研究 [J]．世界地理研究，2015，24 (2)：49-58.

[7] 何文妍．我国中小企业民间融资法律监管的路径选择思考——以广州市民间金融街为视角 [J]．湖北经济学院学报（人文社会科学版），2015，12 (12)：42-44.

[8] 黎浩元，卢燕玲．广州民间金融街建设的实践与启示 [J]．探求，2014 (4)：5-12.

[9] 廖检文．小额贷款公司监管的机制创新——基于广州民间金融街的启示 [J]．金融经济学研究，2013，28 (5)：119-128.

[10] 孙永生，郑莉娟．以产业振兴为动力的岭南旧城改造——以广州民间金融

街为例 [J]. 华中建筑，2015，33 (6)：138 - 141.

[11] 吴悫华．推进广州民间金融街建设的若干建议 [J]. 市场论坛，2014 (10)：45 - 47.

[12] 吴文．广州打造“全国性”民间金融街的路径探析 [N]. 金融时报，2015 - 08 - 31 (12).

第八章　温州市金融综合改革试验区

本章导读

改革开放以来，温州的民间经济飞速发展，民间借贷活动也越来越活跃，推动民间金融创新。创新既造就了温州民间金融的繁荣，同时也助推了相关金融风险出现。随着风险的累积，2011 年温州爆发了信贷危机，危机对当地金融业和实体经济产生了巨大的冲击。鉴于此，温州在中央和省政府的支持下开展了金融综合改革试验区建设，通过试验区改革，探索民间金融健康安全发展的路径。随着金融科技的发展，试验区紧跟潮流、与时俱进，在监管科技等方面进行了诸多尝试。

本章学习目标

一是，了解温州民间金融的发展历史；二是，了解温州民间金融改革试验区设立的背景和必要性；三是，了解温州民间金融改革试验区的建设进程和成效。

本章知识结构图

- 温州市金融综合改革试验区
  - 温州民间金融的发展
    - 一、温州民间金融的历史回顾
    - 二、温州民间金融监管改革的必要性
  - 温州金融综合改革试验区
    - 一、温州金融综合改革试验区简介
    - 二、温州金融综合试验区主要的改革历程
    - 三、温州金融综合改革试验区的改革成效
    - 四、温州金融综合改革试验区的前景展望

第一节　温州民间金融的发展

一、温州民间金融的历史回顾

（一）改革开放之初的浮动利率改革

1978 年改革开放启动，温州民间经济得到了快速发展，资金需求量也随之快速增长，一些资金需求转向民间借贷，月息达到了五六分。为了抢占民间借贷的市场，时任金乡县信用社主任的陈礼铨带领信用社通过市场考察，在国家基准利率的基础上，设立信用社专项贷款利率，在小范围内试验，取得了很好的效果。1981 年 10 月，金乡县信用社正式贴出浮动利率公告。这一举动突破了当时的计划经济体制限制和思维模式，之后浮动利率改革不断被推进。

（二）“两社一会”的产生、发展与终结

1985—2000 年，是温州民间金融活动形成与发展的主要时期。最初，温州家庭企业开始起步，民间信用以各种形式的资金供求者的直接借贷为主要形式，以关系型借贷为主。之后，温州个体工商业快速发展，在民间积累了巨额资金。除作为自用资金外，开始出现大量的暂时闲置资金。与此同时，个体家庭工业迅速扩展，专业市场不

断出现，资金需求规模急剧增加，而正规金融部门对民营经济的信贷支持严重不足。因此，资金需求方与资金供给方一拍即合，迅速推动民间金融发展。1988 年，经省人民银行批准，温州设立了 16 家农村金融服务社。1992 年 8 月，温州第一家农村合作基金会在苍南县成立。20 世纪八九十年代，温州曾存在过 51 家城市信用社、34 家农村服务社、188 家农村合作基金会，共同构成了温州“两社一会”的金融体系。这些机构绝大多数是私人所有的民营金融机构，内部缺少层级审批和相互约束的关系，充分体现了民间自发创办金融的意愿及实践操作中的不足。1998—2001 年，有关部门将部分城市信用社更名改制，并入农村信用联社，清理整顿 191 家农村合作基金会。截至 2001 年，“两社一会”已完全退出了温州民间金融历史舞台。

（三）作为改革试验区启动新一轮金融改革

2002 年，温州被中国人民银行列为全国唯一的金融综合改革试验区并启动新一轮的金融体制改革。具体来说，新一轮改革方案涉及六个方面的内容，主要可归纳为以下几点：（1）建立小额信贷营销的三包一挂钩制度，创新国有银行经营机制；（2）开展城市昌业银行增资扩股工作，引进民间资金；（3）重组和改造农村信用社；（4）继续推进存贷款利率改革；（5）成立中小企业投资担保公司；（6）进一步加大金融创新力度，推动商业银行产品、服务创新。

温州的民间金融在国内来说是最具典型性的，所以中国人民银行将温州作为全国首个金融综合改革试点城市。由此可见，2002 年温州金融改革一定程度上也是为了解决温州民间金融问题。

（四）温州综合改革试验区的设立与发展

2012 年 3 月，国务院常务会议决定设立温州市金融综合改革试验区，批准实施《浙江省温州市金融综合改革试验区总体方案》。该方案要求通过体制机制创新，构建与经济社会发展相匹配的多元化金融体系。在此基础上，要求改革使金融服务明显改进，防范和化解金融风险能力明显增强，金融环境明显优化，同时引导民间融资规范发展，提升金融服务实体经济能力，为全国金融改革提供经验。此次国务院常务会议确定的温州市金融综合改革的 12 项主要任务，可分为以下几类：

1. 关于解决中小企业融资难的问题。与该问题主要相关的条目为第一条“规范发展民间融资”和第三条“发展专业资产管理机构”。

2. 关于金融机构建设方面。与该问题相关的内容主要包括第二条“加快发展新型金融组织”、第五条“深化地方金融机构改革”及第六条“创新发展金融产品与服务”。

3. 关于监管方面。与该问题相关的内容主要包括第十条“加强社会信用体系建设”、第十一条“强化地方金融管理机制”第十二条“建立金融综合改革风险防范机制”。

此外，还有关于设立个人境外直接投资试点，培育发展地方资本市场等内容。至此，温州民间金融走向更加规范化的发展历程。

二、温州民间金融监管改革的必要性

（一）民间资本雄厚、民间融资活跃

改革开放以来，温州民营经济获得了迅猛发展，民间资本愈加丰富，民间融资愈加活跃。据中国人民银行温州市中心支行监测，1980 年温州民间金融规模约为 4.5 亿元，占银行贷款的 65%。1990 年民间金融规模约为 50 亿元，占银行贷款规模的 80%。2001 年民间金融规模为 300 亿—350 亿元，占银行贷款规模的 45%。2011—2012 年年初，温州市大约有 1 200 亿元民间资本参与民间融资，约占民间资本比重的 1/5、同期银行贷款余额的 20%。温州民间借贷资金来源渠道广泛，来自民营企业和普通家庭的闲置资金约占 50%，来自银行信贷资金约占 30%，其余约 20% 则来自全国各地和世界各地。温州民间借贷资金用途大致分四类：生产经营（占比约 35%）、房地产投资（约占 20%）、借给民间中介（约占 40%）、其他（约占 5%）。此外，民间金融市场发展非常迅速，民间金融机构数量逐年快速增加。在改革之前，温州市仅民间金融中介机构就达 1 600 余家，大量资金通过这些中介机构进行借贷交易。

（二）民间金融机构成为中小企业融资主渠道，但利率高企

据 2012 年对温州市瓯海区 105 家中小企业的抽样调查发现，在企业初始资金来源中，15 家企业 100% 依靠自有资金，其余 90 家企业均有过民间融资行为，占比达到 85.71%。45% 的被调查企业反映，选择民间融资实属无奈之举。尽管银行贷款利率很低，但是由于银行贷款抵押物要求高、审批严格，导致获取银行信贷资金非常困难，在银行信贷额度紧张时获得贷款更是难上加难。相比之下，只凭借个人信用在民间借

贷市场即可借到较高额度的资金，但利率高企，严重侵蚀企业利润空间。2003—2007年，温州民间借贷年利率均为13%—17%，2010年随着信贷紧缩，温州民间借贷利率迅速上升，据人民银行温州中心支行的民间监测数据显示，2011年1—2月，民间借贷月利率在6‰—30‰波动。全年民间借贷综合利率平均为24.46%，最低为23.01%（1月），最高达到25.44%（9月），纯营利性民间借贷利年利率竟高达36%—96%。

（三）温州信贷危机爆发

民间融资在解决中小企业融资难问题的同时也因为其融资特性而产生了众多风险。2011年以前，宽松的货币政策刺激了民间金融市场发展。据《温州民间借贷市场报告》披露，温州信贷危机爆发前，民间金融规模约1 100亿元。受体制限制原因，一部分资金无法进入主流的金融体系进行投资，转而流入房地产、股市、高利贷等高风险领域。2011年，为遏制通货膨胀，货币政策转向紧缩，导致民间借贷利率处于阶段性高位（见表8－1），叠加国际经济低迷、国内经济增速减缓等不利条件，温州民间资金链断裂。截至2011年年底，温州企业老板逃跑案例达到200多起，引发比较严重的链条反应，引起相关企业倒闭、大量工人失业。此次危机引起了党中央和社会各界对温州民间金融生态的思考和探索。

表8－1 2011年存款利率与CPI指数、民间借贷利率比较

时间	存款利率（1年期）	贷款利率（1年期）	CPI指数	民间借贷月度综合利率（温州）
2011年2月9日	3.00%	6.06%	4.9%	24.14%
2011年4月6日	3.25%	6.31%	6.4%	24.43%
2011年7月7日	3.50%	6.56%	6.5%	24.47%

第二节 温州金融综合改革试验区

一、温州金融综合改革试验区简介

温州市金融综合改革试验区位于中国浙江省温州市，由国务院于2012年决定设立。综合改革试验区由温州市政府统筹实施，以《浙江省温州市金融综合改革试验区总体方案》为改革路径，以温州市金融办为具体执行主体，要求通过体制机制创新，构建与经济社会发展相匹配的多元化金融体系，使金融服务明显改进，防范和化解金

融风险能力明显增强，金融环境明显优化。同时，引导民间融资规范发展，提升金融服务实体经济能力，为全国金融改革提供经验。

二、温州金融综合试验区主要的改革历程

2012 年 3 月，国务院第 197 次常务会议批准设立浙江省温州市金融综合改革试验区，批准实施《浙江省温州市金融综合改革试验区总体方案》，提出规范发展民间融资、加快发展新型金融组织、发展专业资产管理机构、开展个人境外直接投资试点、深化地方金融机构改革、创新发展面向小微企业和“三农”的金融产品与服务、培育发展地方资本市场、积极发展各类债券产品、拓宽保险服务领域、加强社会信用体系建设、完善地方金融管理体制、建立金融综合改革风险防范机制等 12 项主要改革任务。

2012 年 3 月 29 日，乐清市东铁民间资本管理股份公司开业；30 日，温州市地方金融监管服务中心更名为温州市地方金融管理局。

2012 年 4 月，时任人民银行行长周小川前往温州调研，宣布温州市金融综合改革试验区正式启动。

2012 年 4 月 26 日，温州市民间借贷登记服务中心开业，探索建立民间融资备案管理制度。

2012 年 5 月，温州入选全国首批科技金融和中小企业私募债发行试点；温州市金融研究院成立；温州市中级人民法院发布《为温州市金融综合改革试验区建设提供司法保障的若干意见》，鹿城法院金融审判庭成立，为“金改”提供司法保障；瓯海区设立 43 家“村级金融服务点”。

2012 年 6 月，瑞安农村合作银行与太平洋产线瑞安支公司合作推出保证保险贷款；中国民生银行温商城市商业合作社成立，旨在为中小微企业、民间资本和金融机构的投融资提供对接的平台——瓯海金融信息服务网开通，瓯海金融综合服务区正式启用；首单备案的中小企业私募债发行；人民银行温州市中心支行发布《金融创新导向手册》。

2012 年 7 月，《温州市政府平台建设引导基金管理办法（试行）》和《温州市创业投资引导基金管理办法（试行）》发布；温州市农村金融体制改革领导小组成立。

2012 年 8 月，温州金融改革广场开业，拟被打造成为温州建立多层次金融服务体

系和培育地方区域性资本市场的综合性平台；温州金融办网正式上线运行。

2012 年 9 月，“农合联”首家农村资金互助会开业；苍南金融超市（民间借贷服务中心、企业信贷服务中心）开业。

2012 年 10 月，平阳县民间借贷服务中心开业。

2012 年 11 月，《浙江省温州市金融综合改革试验区实施方案》获批。

2012 年 12 月，温州民间融资综合利率指数（简称“温州指数”）正式发布。

2013 年 1 月，全国首家农村资金互助会——文成县黄坦镇农产品产销产业合作社资金互助会开业。2013 年 2 月，龙湾农村商业银行成立，发布《温州市人民政府关于加强地方金融监管工作的实施意见》。2013 年 3 月，温州之民信息服务有限公司获批“支付业务许可证”。2013 年 4 月，温州首家票据服务公司开业。2013 年 6 月，温州首家外资全资保险机构——利宝保险开业；“温州·中国民间融资利率指数”在全国 18 个城市进行试发布，正式从温州走向全国。2013 年 8 月，发布《温州市农村资金互助会监管暂行办法（试行）》。2013 年 9 月，温州地方金融非现场监管系统正式上线运行。2013 年 11 月，人民银行征信中心温州分中心成立。

2014 年 3 月，《温州市民间融资管理条例》及实施细则发布，温州被列为全国民营银行 5 个试点城市之一。2014 年 8 月，发布《温州市公共信用信息管理办法》《温州市企业信用联合奖惩办法》《温州市信用服务机构管理办法》等相关制度，温州银行瑞安隆山东路社区支行获得温州地区首张社区支行金融许可证。2014 年 9 月，温州中小企业金融综合服务网正式上线。2014 年 12 月，中新力合征信服务公司获批企业征信业务经营备案证。

2015 年 1 月，瑞安兴民农村保险互助社获批试点建设。2015 年 2 月，《温州市小微企业信用保证基金方案》发布，启动设立由政府主导的小微企业信保基金。2015 年 8 月，泰顺县制定出台《关于加快建立现代企业制度推进区域资本市场建设的补充意见》。2015 年 9 月，温州民间财富管理中心挂牌，温州市社会公共信用信息查询服务平台正式启动。

2016 年 1 月，温州市破产管理人协会成立。2016 年 8 月，《关于加快推进民间投融资领域涉稳信息网格化管理的通知》发布。2016 年 11 月，光大金瓯资产管理有限公司等获准从事金融不良资产一级批发处置业务资质。2016 年 12 月，出台《温州市民间资本管理公司监管“负面清单”（试行）》。

2017 年 9 月，温州首家财务公司——正泰集团等筹建的企业集团财务公司获中国银监会批复筹建。

2018 年 1 月，温州市等 12 座城市成为国家首批社会信用体系建设示范城市。2018 年 5 月，温州市金融办与蚂蚁金服小微金融服务集团公司签订《共同推进温州地方金融风险监测预警防控及金融科技创新发展合作协议》，联合成立温州金融科技创新实验室。2018 年 6 月，国家金融与发展实验室温州研究基地揭牌。2018 年 10 月，温州"金融大脑"平台上线试运行，着力构建集"风险监测、风险预警、信用评价、数据分析"等功能于一体的大数据平台。2018 年 11 月，市政府印发《关于金融服务实体经济发展的实施意见》。

2019 年 1 月，温州五马全国首条刷脸支付商业街启动。2019 年 2 月，根据《温州市机构改革方案》《市委办公室市政府办公室关于印发〈温州市人民政府金融工作办公室职能配置、内设机构和人员编制规定〉的通知》《市委办公室市政府办公室关于印发〈温州市金融工作服务中心职能配置、内设机构和人员编制规定〉的通知》规定，调整了温州市人民政府金融工作办公室、温州市金融工作服务中心及内设处室职责。2019 年 8 月，省委改革委通过《深化温州金融改革服务民营经济实施方案》。2019 年 9 月，温州中级人民法院发布《关于个人债务集中清理实施意见》。

三、温州金融综合改革试验区的改革成效

（一）建立了统一的民间借贷管理平台，提升了民间借贷管理效率

2012 年 4 月 26 日，温州民间借贷登记服务中心挂牌成立。它由 14 家法人、8 个自然人投资设立，注册资金 600 万元，采用公司模式运营，经营范围包括信息登记、融资对接服务等。成立当年，在温州民间借贷登记服务中心强大的示范效应下，鹿城、平阳、苍南和乐青相继设立民间借贷登记中心。截至 2018 年年末，温州共有 7 家民间借贷服务中心和 5 家备案中心提供民间借贷登记、合约公证、车辆抵押登记、社会公共信用查询、资产评估等服务，免费为借、贷双方提供格式化的借贷合同。这些民间借贷登记服务中心的办事大厅集齐了公证、保险、第三方评估、会计核算、法律咨询服务、担保业务等领域的专业机构，还可查询社会公共信用、办理机动车抵押登记。其中，这 7 家民间借贷服务中心撮合借贷累计成交登记超过 100 亿元、2 万多笔，场内借贷成功率达 22%，借贷撮合成功率达 59%。从登记和成交情况来看，民间借贷阳光化已初见成效。

随着民间借贷交易范围和交易量的积累，民间借贷备案信息逐步丰富、完善，相当于形成了独立于银行征信外的“民间信用系统”，填补了社会信用体系中民间借贷信用方面的空白。温州市借贷服务中心成立以来，已成功识别和制止了多起虚假借贷事件的发生。

（二）支持民间资本参与正规的金融机构

此次改革方案准许鼓励和支持民间资金参与地方金融机构改革，依法发起设立或参股村镇银行、贷款公司、农村资金互助社等新型金融组织，而且允许符合条件的小额贷款公司改制为村镇银行，从而为民间资本进入正轨体系打开了道路。与村镇银行相比，小额贷款公司杠杆率偏低，资金获得面很窄，转制为村镇银行后，小额贷款公司可以揽储，资金来源更为广泛，杠杆率、吸储公信力、贷款掌控能力、产品创新能力也会有所提升，同时受到与其他商业银行一样严格的监管。此次改革方案实施以来，温州部分小贷公司已申请转为村镇银行，如苍南联信小额贷款股份有限公司、乐青正泰小额贷款有限责任公司当年即申请转制为村镇银行。但也有部分小贷公司多方考量后没有申请转制为村镇银行，如温州资本金和资产均居行业前列的瑞安华峰小额贷款公司自成立至今未申请转制，一直坚持小贷公司身份，其中的主要原因是管理层对转制为村镇银行后的盈利能力不确定。

（三）健全了民间金融管理机构体系

2012 年 3 月 30 日，温州将温州市地方金融监管服务中心更名为温州市地方金融管理局，主要负责监督管理地方新型金融组织和各类资本运作的市场主体。其具体职责包括：负责对地方金融市场主体、民间金融组织的现场检查、监督和管理；负责协调地方金融风险的防范、排查和处置工作；负责协调全市防范和打击非法集资犯罪的工作等。2012 年 4 月，鹿城法院设立金融审判庭，专门受理各类金融案件。2012 年 5 月，温州市金融研究院成立，为民间金融发展和监管出谋划策。2016 年 10 月，作为政府增信体系重要组成部分的信保基金中心成立，采用政府和银行共同出资的方式，借鉴台湾信保基金模式，为小微企业提供信用担保。

（四）完善民间融资管理的法律法规和制度

2014 年 3 月 1 日，《温州市民间融资管理条例》（以下简称《条例》）正式施行，成为全国首部地方性金融法规和首部专门规范民间借贷行为的法规。该《条例》不仅从立法层面填补了监管空白，也成为此次金融改革的重要成果之一。根据《条例》的规定：温州市人民政府和辖区内县级人民政府依法履行本地区地方金融监督管理职责，建立民间融资服务、监管和风险监测、处置机制，负责指导、监管辖区内民间融资活动。该《条例》确立了地方政府和地方金融管理部门作为民间融资活动的监管主体地位，为民间融资活动的有效监管提供了法律依据。《条例》发布后，温州以此为依据，制定了更详细可行的监管制度如《温州市民间融资管理条例实施细则》和《关于加强地方金融监管工作的实施意见》等，使民间金融机构行为的监管举措得以落地。

2016 年 12 月 30 日，温州市地方金融管理局印发《温州市民间资本管理公司监管“负面清单”（试行）》（温金融局〔2017〕25 号），探索地方金融组织的负面清单管理模式。此外，针对 P2P 网贷业务特性，温州市将 P2P 网贷机构也纳入该《条例》的监管范畴，实行机构备案。

（五）提升了民间征信管理水平，完善了民间金融信用体系

温州“金改”以来，温州市将加强社会信用体系建设作为 12 项重大任务之一，创新建立“信用 + 金改”的监管模式，协同相关部门推进完善社会信用体系建设。2013 年 10 月，人民银行温州征信分中心成立（全国首个地级市征信分中心），率先推动小额贷款公司、村镇银行等接入央行征信系统，有利于缓解信息不对称问题。2017 年 2 月，温州建成温州市信用综合服务平台，集金融信息、政府信息、民间信息“三位一体”，查询平台汇集了中国人民银行征信系统 225 万余条和 60 个政府部门、29.95 万家企业的信用信息，1 万余笔的民间借贷履约信息，以及法院 372 笔、金额 24.09 亿元的民间借贷诉讼信息的查询。该平台也实现了黑名单信息共建、共享、共用，多个部门实现在温州信用网中可开展信用信息查询或信用报告应用，为借、贷双方提供全方位的市场服务，帮助交易参与方规范手续、降低交易风险。

2017 年，国家发展改革委、中国人民银行正式印发《关于印发首批社会信用体系建设示范城市名单的通知》，确立温州市等 12 座城市为国家首批社会信用体系建设示范城市。

（六）发布“温州指数”，提升市场利率透明度和导向作用

“温州指数”由温州市人民政府主办，市金融办具体负责采集、指数计算、系统

预算等基础工作。2012 年 12 月，温州市金融办正式对外发布温州民间融资综合利率指数，并于 2013 年 6 月将“温州·中国民间融资综合利率指数”纳入“温州指数”范畴。因此，“温州指数”包含两部分，反映本地区的“温州民间融资综合利率指数”和反映全国地区性的“温州·中国民间融资综合利率指数”。2013 年 9 月，“温州指数”正式对外发布。“温州指数”遂成为温州乃至全国民间融资市场的“风向标”和“指示器”。

“温州指数”是依据统计指数与统计评价理论，采用分层加权合成方法编制方法，对不同融资主体、不同融资产品在不同融资期限内的利率进行综合统计的结果，反映一定时期内民间融资价格变动情况及趋势的一套指数体系。该指数包括不同融资平台、融资期限、融资方式的利率水平与趋势等，从而揭示民间融资的运行规律，预测发展趋势，为法院审判、执行提供参考依据（“温州指数”已被温州市中级人民法院明确为确定合理民间借贷利率的自由裁量参考依据），从而促进民间融资行为的健康、持续发展。

四、温州金融综合改革试验区的前景展望

自 2012 年“金改”以来，温州市民间金融取得了较大的成绩，在市场准入、风险管理、经营理念、监管组织体系等方面均取得了长足进步。事实上，温州“金改”以来取得的成绩离不开当地实体经济的兴盛。展望未来，在经济转型和扩大内需的战略引领下，我国经济仍然具备实现中高速发展的强劲动力。温州当地实体经济会继续发展壮大，从而无论在规模上还是在种类上，当地实体经济对民间金融服务的需求会越来越大。这是温州民间金融继续快速发展的原动力。

当然，此次改革方案仍存在一些问题和不足，亟须进一步改革。

（一）民间融资监管更新滞后

《温州市民间融资管理条例》（以下简称《条例》）把规范管理的民间融资服务主体限定于三类，包括民间资金管理企业、民间融资信息服务企业和民间融资公共服务机构。但民间借贷无定式，随着金融创新的快速发展，温州民间融资的一些形态已经超出了该《条例》原有的定义范畴。在民间融资市场实践中，民间融资中介机构的名称经常变化、难以追踪。据调查，目前温州民间融资市场主体多达 16 类近 1 800 家，

但只有极少数被纳入了监管系统。

（二）温州民间借贷中心的服务能力有待进一步提升

提高民间金融信息透明度既是监管部门的要求，也是市场发展的内在动力。温州民间借贷中心的成立有利于提高民间金融交易的透明度。但时至今日，借贷登记中心的借贷成交率仍然较低。其主要原因在于：温州民间借贷中心的利息收入税率（20%）较高，打击了参与者的积极性。为此，温州民间借贷中心可以考虑给予资金借出方利息收入的免税或低税待遇。

（三）小额贷款公司转制为村镇银行面临巨大的现实约束

此次改革方案鼓励符合条件的小额贷款公司转制为村镇银行，但按照银监会《小额贷款公司改制设立村镇银行暂行规定》的要求，小额贷款公司转为村镇银行，应由已确定符合条件的银行业金融机构拟作为主发起人，由银行业金融机构控股。这意味着，小额贷款公司转制为村镇银行必须让出控制权。该规定的目的是加强监管、防范金融风险，但由银行业金融机构控股必然导致转制后的村镇银行按照商业银行理念经营，从而丧失了小额贷款公司的灵活性。因此，该规定应根据实际情况有所改变，在放松股权比例要求的同时加强行为监管。

本章小结

本章首先回顾了温州民间金融的历史，为温州金融综合改革试验区的设立提供了背景。随后阐述了温州金融改革的必要性。第二节从基本概况、改革历程、改革成效以及前景展望四个部分全面阐述温州金融综合改革试验区建设。可以看到，在温州民间金融发展的过程中，民间金融发展的状况很大程度上依赖于民间金融监管的水平。温州的例子，能够使我们加深对民间金融良性发展的理解。

本章重要概念

“两社一会”　信贷危机　民间借贷管理平台　温州指数

本章思考题

1. 温州民间金融的发展历程如何？请分别阐述。

2. 温州综合改革试验区设立的背景是什么?

3. 温州金融综合改革试验区的改革成效有哪些?

4. “温州指数”对利率市场化改革有哪些价值?

5. 从监管的角度看，温州金融综合改革试验区与广州民间金融街有哪些异同点?

本章参考文献

[1] 陈检豪. 公共服务性组织参与民间借贷监管机制研究 [D]. 上海：上海师范大学，2018.

[2] 陈明衡. 推进民间借贷阳光化及规范化改革——以浙江温州金融综合改革试验区为例 [J]. 区域金融研究，2019 (2)：9-12.

[3] 广州民间金融研究院，中央财经大学金融学院课题组. 中国民间金融发展研究报告 [M]. 北京：知识产权出版社，2013.

[4] 贾贤婕. 金融监管问题研究 [D]. 上海：华东政法大学，2016.

[5] 史浩然. 基于温州指数的中国民间融资利率指数应用价值研究 [D]. 杭州：浙江工业大学，2019.

[6] 孙即，叶永，林坚强. 温州指数：中国民间融资风向标 [M]. 北京：中国经济出版社，2017.

[7] 汪浩凯. 政府对民间借贷规范化发展的职能研究 [D]. 上海：华东政法大学，2015.

[8] 温州市人民政府金融工作办公室. 温州指数 [EB/OL]. http://www.wzpfi.gov.cn，2019.12/ [2019-12-10].

[9] 张士军，袁玮. 民间金融风险防控与动态监测体系构建——以“温州民间金融改革试验区”为例 [J]. 经济研究导刊，2016 (6)：71-73.

第九章　山东省民间金融监管改革

本章导读

改革开放之后，山东省民间金融的各项业务开始快速发展起来。虽然与广州和温州相比，山东省国有经济占比较大，民间金融活跃程度相对较低，但山东省民间金融监管改革存在着自己的区域性特点。山东省的民间金融监管改革自2013年开启，在互联网金融、股权交易中心等领域进行了诸多带有亮点的改革。

本章学习目标

一是，了解山东省民间金融的发展历史；二是，了解山东省民间金融监管改革的必要性；三是，重点了解山东省民间金融监管改革进展，从而能够正确理解民间金融监管改革的区域间差异性。

本章知识结构图

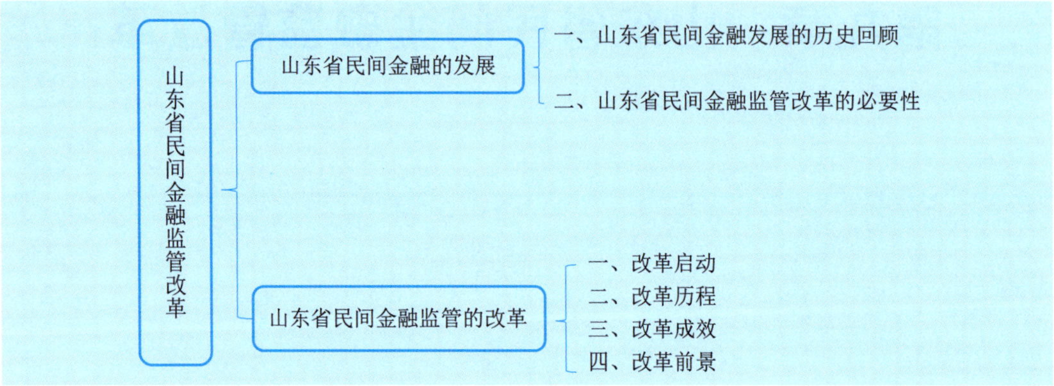

第一节　山东省民间金融的发展

一、山东省民间金融发展的历史回顾

改革开放后，山东省担保公司、典当行、民间借贷等金融机构发展迅速。从区域来看，济南市的民间借贷机构自 20 世纪 90 年代末开始广泛兴起。截至 2012 年，济南市的民间借贷机构已超过 20 多家。青岛市在 2012 年共拥有担保公司 30 多家，民间借贷的中介组织 80 多家，典当行 20 多家，其他小型农村民间金融机构数量众多，农村民间金融市场发展迅速。临沂市自 2000 年建立第一家担保公司以来，担保行业获得了快速的发展，2000—2010 年累计实现民间融资担保额 81.1 亿元，累计实现就业岗位 10 万多个，使得中小企业销售业绩增加 280 多亿元。

随着互联网金融的兴起，山东省为建设互联网科技类民间金融服务平台、提高企业科技创新能力、落实科技创新驱动战略，相继印发了一系列政策文件，涉及知识产权质押、创业引导基金、金融业改革发展、银行担保公司合作、科技服务产业结构升级、普惠金融、融资担保代偿补偿等各个方面。2010 年，山东省建立齐鲁股权交易中心，业务涉及股权交易、股权质押、信托和私募债等新型融资方式。2011 年，山东省设立了科技企业融资担保公司，业务涵盖知识产权、股权、应收账款等项目。

二、山东省民间金融监管改革的必要性

（一）响应中央会议精神要求

2013 年 11 月，党的十八届三中全会通过的《中共中央关于全面深化改革若干重大问题的决定》，首次以中央文件的形式提出“界定中央和地方金融监管职责和风险处置责任”，揭开了新一轮金融监管体制改革的序幕。上一轮金融监管体制改革是横向分权，先后成立证监会、保监会、银监会，将金融监管权分散到“一行三会”，改革主要在中央层面进行。而本轮金融监管体制改革是纵向分层，在分业监管格局保持不变的情况下，将中央集中统一监管的金融监管体制改为中央和地方分层次监管的金融监管体制，合理划分中央和地方的金融监管职责，赋予地方政府一定的金融监管权力，需要地方政府建立健全自身的金融监管体制。

（二）正规融资难度较大、民间融资需求旺盛

山东省作为全国 GDP 排名第三的经济大省，民营经济十分发达，广泛存在的中小企业长期面临融资难、融资贵的问题，促使了山东省内民间金融需求保持强劲。以 2016 年第二季度为例，根据中国人民银行济南分行对民间融资的监测，在该季度的 350 户调查企业中，共有 40 户发生 58 笔、7 127 万元民间融资。与上一季相比，户数增加 5 户，发生笔数增加 15 笔，发生额增加 3 544 万元，环比提高 99%。据推算，该季度山东省内企业民间融资规模在 225 亿元左右。显然，民间融资因其灵活、便捷等特点，为中小企业的生产经营提供了充足的流动资金，解决了广大企业的燃眉之急。例如，青岛 HF 置业有限公司在 2016 年上半年承接市政设施改造项目较多，该公司通过青岛 YLD 金融信息服务有限公司借入 230 万元资金，用于工程建设所需的流动资金。青岛 DC 木业有限公司在 2016 年 6 月订单增加较多，通过民间融资借入资金 80 万元用于购进原材料。山东 FD 集团有限公司在 2016 年 6 月发生 150 万元的民间融资，年化利率 24%，主要原因是正值企业原材料——辣椒的收购季节，公司大量备货，流动资金紧张。

（三）民间资金往来不规范、乱象频发

民间金融作为对以银行、证券、保险为代表的正规金融的有益补充，在提供基层

金融服务方面拥有巨大潜力，对提高山东省金融服务总水平具有积极意义。但同时，民间金融领域乱象丛生，非法集资、高利贷、金融诈骗等屡见不鲜，存在很多法律和监管的盲区，严重干扰了金融服务体系的效率。以A市为例，A市作为山东省中部的地级市，综合经济实力雄厚，工业发达，中小企业林立，民间资本也一直处于比较活跃的状态。据保守估计，2012年A市民间资本规模在200亿元以上，大约能占到该市全部银行业机构贷款的1/10。在全国经济增速放缓、民间金融风险聚集的大背景下，2012年A市民间金融涉诉案件呈现爆发式增长趋势，法院全年共受理民间融资案件万余件，同比翻了一番。其中，案件受审率为70%，而审结率仅为10%，上访率居高不下，群体性事件时有发生。如A市发生的JZ担保圈事件，前后累计涉及银行贷款逾期近4亿元。其中，牵涉民间融资额过亿元，对A市的社会稳定和经济发展造成了巨大影响。

另外，民间融资案件中公职人员涉案屡见不鲜。近年来，少数公职人员利用其身份、地位和在公众心中的“可信度”，直接放贷或为他人借贷提供担保。这成为民间借贷市场的一个重要特点，其中不乏金融行业工作者，利用其掌握的客户资源、信息，为借贷人“牵线搭桥”。由于考虑社会影响或担心被单位追责，公职人员往往“隐身”参与民间借贷，借条上人员与实际参与人并不一致，使得民间借贷关系更加扑朔迷离。

第二节 山东省民间金融监管的改革

一、改革启动

2013年8月，山东省出台《关于加快全省金融改革发展的若干意见》，简称“金改22条”。按照山东金改“22条”要求，其中一个重点就是发展民营金融机构。也就是，探索由民间资本发起设立自担风险的民营银行和金融租赁公司、消费金融公司等，并鼓励民间资本参与金融机构的重组改造。2013年12月，山东省又出台《山东省人民政府关于建立健全地方金融监管体制的意见》，在全国率先明确地方金融监管职责，规范地方金融监管机构和人员配置，理顺地方管理体制，力求通过在全省建立专业、高效、统一的地方金融监管工作体系，推动各级政府转变金融工作职能。由此，拉开了山东省民间金融监管改革的大幕。

（一）明确规定民间金融监管的范围、职责和方式

首先，本次金融监管改革将现阶段山东省民间金融监管的范围规定为中央驻鲁金融监管部门法定监管范围之外的新型金融组织和金融活动，包括辖区小额贷款公司、融资性担保公司、民间资本管理机构、民间融资登记服务机构等新型金融组织和权益类、大宗商品类等具有金融属性的交易场所。其次，本次改革明确了山东省民间金融监管的具体职责，主要包括：贯彻执行国家金融工作的方针政策，依法制定民间金融监管的规则和办法；依照权限审核、审批新型金融组织和交易场所的设立、变更、终止以及业务范围，对交易场所的业务规则、业务活动、交易品种、市场参与者进行监管；依照权限对新型金融组织、交易场所的董事、监事和高级管理人员实行任职资格管理，开展从业人员资格认定；对新型金融组织、交易场所的业务情况及其风险状况进行现场检查和非现场监管，组织开展年审和分类评级，建立监管信息系统；会同有关部门建立地方金融风险突发事件处置预案，及时处置风险，有效防范风险蔓延；对新型金融组织、交易场所的自律组织进行指导和管理；协调组织地方金融统计监测、专项调查等，督导地方法人金融机构，完善法人治理结构和内控机制建设，配合中央驻鲁金融监管部门对地方法人金融机构、辖区上市公司和直接融资活动进行监督管理。此外，本次金融监管改革明确了民间金融监管的方式，提出注重现场监管，完善非现场监管措施。监管改革要求针对金融风险易发、多发领域和重点关注机构，依法开展定期或不定期现场检查，加大监管力度。同时，建立地方金融数据监测信息系统，加强相关监管信息数据交换与整合。

（二）规范地方金融监管机构和人员配置

一是，健全机构设置。要求县级以上政府均单独设置金融工作办公室（以下简称“金融办”），挂地方金融监督管理局牌子。市、县（市、区）金融工作办公室在规定的机构限额内可列入同级政府工作部门；不能列入的，可作为同级政府直属事业单位由政府授权负责地方金融监管工作。具体机构设置由市、县（市、区）结合本地实际研究确定。

二是，合理确定编制。要求县级以上人民政府根据本地金融监管工作情况，科学合理地核定编制，充实加强人员力量，确保满足履行金融监管职责的需要。所需编制由各市、县（市、区）在现有编制总量内调剂解决。

三是，理顺地方管理体制。措施有：（1）民间金融监管实行以本级政府管理为主、上级民间金融监管部门进行业务指导和监督的管理体制。市、县（市、区）民间金融监管部门主要负责人的任免须事先征求上级民间金融监管部门的意见。（2）民间金融监管部门要主动加强与驻地中央金融监管部门和有关部门的协调配合，建立并不断完善信息交流平台和工作沟通渠道，加快形成条块结合、运转高效、无缝衔接、全面覆盖的区域性金融管理与风险防范机制。

四是，完善制度措施。山东省针对新型金融组织和具有金融属性的交易场所出台了具体的制度性文件。这些主要包括3份文件。第一份文件是《山东省人民政府办公厅关于进一步规范发展民间融资机构的意见》（鲁政办发〔2013〕33号）、《山东省权益类交易场所管理暂行办法》（鲁政办发〔2014〕29号）、《关于开展介于现货与期货之间大宗商品交易市场试点工作的意见》（鲁金办发〔2014〕18号）。第一份文件对民间资本管理公司（包括民间融资服务公司）和民间融资登记服务公司（包括民间借贷登记服务中心）这两类新型民间融资的设立、监管和风险防范进行了规范。第二份文件是国内首份单独规范权益类交易场所管理的规范性文件，明确了权益类交易场所的概念、法律地位、批准程序及监督管理等内容，解决了以前权益类交易场所法律地位不明、设立程序不清以及监督管理无序等问题。第三份文件是全国首份指导、推动介于现货与期货之间的大宗商品交易市场的专项政策文件，明确了试点的指导思想、基本原则、试点条件、主要内容和组织保障。

山东省在前期改革的基础上，经过广泛征集意见，发布了民间金融监管制度——《山东省地方金融条例》（以下简称《条例》），并于2016年7月1日起实施。该《条例》再次确认了民间金融监管范围为："依法设立，从事相关地方金融活动的小额贷款公司、融资担保公司、民间融资机构、开展权益类交易和介于现货与期货之间的大宗商品交易的交易场所、开展信用互助的农民专业合作社、私募投资管理机构和国务院及其有关部门授权省人民政府监督管理的从事金融活动的其他机构或者组织等。"该《条例》也确立了民间金融监管应坚持促进发展与防范风险相结合，遵循积极稳妥、安全审慎的原则。此外，该《条例》分别对民间金融机构经营业务作出了明确规定，例如：允许小额贷款公司通过发行优先股和私募债券、资产证券化等方式拓宽融资渠道；允许融资担保公司开展贷款担保、票据承兑担保、贸易融资担保、项目融资担保、信用证担保等业务；农民专业合作社应坚持社员制、封闭性原则；要求县级以上人民政府设立政府引导资金，引导带动民间资本投向重点领域。同时，省级政府择机设立区域金融中心、财富管理中心、基金管理中心等金融集聚区，汇聚民间资本。

二、改革历程

2013 年 8 月 7 日，山东省政府发布《关于加快全省金融改革发展的若干意见》，确立济南、青岛两大区域金融中心。

2013 年 10 月 28 日，山东省政府印发《关于进一步规范发展民间融资机构的意见》。

2013 年 12 月，山东率先出台民间融资机构新规防范金融风险。

2013 年 12 月 4 日，山东省政府印发《关于建立健全地方金融监管体制的意见》。

2013 年 12 月 10 日，山东首家市级金融监管局在潍坊挂牌。

2013 年 12 月，《山东省人民政府关于加快服务业发展的若干意见》出台。

2014 年 1 月，山东“金改”试水资产证券化。

2014 年 2 月 10 日，青岛市财富管理金融综合改革试验区获批。

2014 年 4 月 22 日，山东金融资产交易中心在济南揭牌，首要目标是建立“中国金融资产交易服务联盟”。

2014 年 5 月，山东省下发《关于印发山东省非法集资案件举报奖励暂行办法的通知》，打击非法金融。

2014 年 7 月，山东省政府办印发《山东省权益类交易场所管理暂行办法》。

2014 年 8 月，山东省金融办出台《关于开展介于现货与期货之间大宗商品交易市场试点工作的意见》。

2014 年 11 月，山东省政府印发《山东省省级股权投资引导基金管理暂行办法》。

2015 年 1 月，山东省政府印发《山东省农民专业合作社信用互助业务试点方案》。

2016 年 6 月，山东省政府办公厅出台《关于金融支持实体经济发展的意见》。

2016 年 7 月，山东省委、省政府办公厅印发《关于加强全省金融人才队伍建设的实施意见》。

2016 年 7 月 1 日，全国首部省级地方金融监管法律《山东省地方金融条例》正式施行。

2016 年 9 月 19 日，山东省金融办发布《山东省金融业转型升级实施方案》。

2017 年 4 月 21 日，山东省地方金融监督管理局印发《山东省小额贷款公司分类评级办法》。

2017年12月13日，山东省地方金融监督管理局印发《山东省民间资本管理公司分类评级办法》。

2018年11月7日，山东省地方金融监督管理局印发《山东省地方金融组织红黑名单管理办法（试行）》。

2019年6月7日，山东省地方金融监督管理局印发《山东省农民专业合作社信用互助业务试点管理办法》。

2019年12月3日，山东省地方金融监督管理局发布《山东省地方金融监督管理局关于促进全省小额贷款公司持续健康发展的通知》。

三、改革成效

（一）健全民间金融监管体系，填补了监管真空

改革后，“一行两会”监管范围之外都纳入地方金融监管局的监管范围，从而有效填充了以往的监管真空。

山东省已建立由省、市、县三级部门组成的地方金融监管组织体系。各级金融监管行政部门挂“地方金融监督管理局”和“金融工作办公室”的牌子，按照“一套人马、两块牌子”的模式运行（以下简称“监管局”）。本级金融监管局主导辖区内日常监管工作，接受上级监管局的业务指导和监督，其主要负责人的任免须事先征求上级监管部门的意见。市、县级地方金融监管局则按照属地管理、权责统一的原则，与辖区内法定金融监管部门（一行两会）派出机构、地方政府相关部门开展协作，形成全面覆盖、条块结合、高效运转的区域金融监管与风险防控机制。截至2014年5月末，全省17个市、137个县（市、区）均独立设置了金融办，承担地方金融监管职责，加挂地方金融监督管理局的牌子。其中，济南、青岛、淄博、烟台、潍坊、济宁、泰安、德州、临沂、聊城、菏泽等11个市将金融办（淄博称金融证券工作办公室）列入本级政府工作部门，威海、枣庄、东营、日照、莱芜、滨州等6个市将金融办（滨州称金融证券办公室）作为本级政府（管委）直属事业单位独立设置。

（二）加大了日常监管力度，优化了信息化监管手段

目前，山东省各市金融办多将小额贷款公司和融资性担保公司合规经营的“三条

红线”（不得吸收公众存款、不得发放高利贷、不得暴力逼债三条高压线）及其他重大违规问题作为监管重点，加大监管力度。同时，山东省按照“远近结合、立足当前”的原则，面向各级地方金融监管部门和各类新型金融组织以及广大中小微企业，基于云计算和大数据技术搭建了一个全省统一的金融综合服务平台，近期打造以地方金融监管为主要功能的政务和监管平台，中远期打造金融监管、金融信息发布、金融投融资发布、线上线下服务相结合的多功能的综合信息平台。以此平台为基础，山东省建立了一个全省范围内的新型金融组织管理信息数据库和中小微企业信用数据库，有效缓解了地方中小微企业融资难的问题。此外，青岛市构建了“一二三 ”监管体系：“一个核心”，即以资本金管理为核心；“二项制度”，即建立主监管员制度和高管资格审查及监管谈话制度；“三种手段”，即运用非现场监管系统远程监控、中介机构负责管理和联席会议部门联合现场检查。为开展非现场监管和远程监控，青岛市开发了融资性担保公司业务监管系统和创建全省首个面向小额贷款公司的统贷统还综合服务平台。前者实现了融资性担保机构设立和变更申请、机构业务处理、监管数据提取、机构审核评价等工作的电子化、规范化，后者为小额贷款公提供集融资、担保、风控、交流于一体的综合性服务。

（三）民间金融生态环境不断优化

山东省民间金融改革大大优化了省内民间金融生态环境，主要表现在以下几个方面：一是，农村金融发展迅速。2014 年，山东获批成为全国唯一的新农村合作金融改革试点省份。二是，区域金融资产交易实现了良性发展。2014 年 4 月底，山东金融资产交易中心成立。三是，产业协同在推进。2014 年 2 月 10 日，青岛市财富管理金融综合改革试验区获批建，目前已形成了财富管理与相关产业协同发展的新路径。四是，信用体系不断健全。目前，山东省内青岛、潍坊、威海、德州、荣成 5 市入选全国创建社会信用体系建设示范城市，数量居全国首位。

四、改革前景

（一）进一步转变政府角色

民间金融的基因决定了其存在天然缺陷，政府对民间金融的发展进行适度的干预和指导能够趋利避害，避免金融风险的聚集，防止金融危机的产生，对于维护社会经济的安全稳定具有重要意义。政府的放任自流，只会导致部分民间金融出现行为的失范，偏离正常的发展轨道，被不法分子利用，成为违法犯罪行为的高发领域，严重危害正常的市场秩序。

但是，受传统思想和计划经济体制残留的影响，我国政府在诸多领域还存在着“大而全”政府的思想，不顾自身角色冲突，包办一切，既当“参赛者”，又是“裁判员”。“大而全”的政府模式在一定时期内确实促进了我国经济的飞速发展。但实行市场经济多年以来，我国金融市场不断发展壮大，特别是由于民营经济的发展，为民间金融带来了空前的繁荣。在此背景下，政府延续固有做法，继续包揽一切，不能放手交由市场决定，导致市场失灵。这就与我国现在飞速发展的市场经济出现了脱节。

政府应认清自身的监管责任，是市场秩序的维护者而不是干预者，减少行政手段的运用。只有在市场失灵的状态下才运用行政手段对金融市场进行干预和指导，积极向服务型政府转变。

（二）进一步完善地方政府监管体系

以目前中央和地方的分工来看，民间金融属于地方金融，由省级人民政府负责进行监督管理。地方政府应在国家搭建的法律框架内，制定出台适合本地区域发展的规章制度。山东省政府已经根据中央文件精神，分门别类地出台了相应的指导意见，加强对民间融资机构、农民信用互助社等民间金融机构的规范引导，并于 2016 年出台了综合性的《山东省地方金融条例》。此举走到了全国的前沿，极大地促进了山东省民间金融业的健康发展。

（三）夯实县域金融监管基础

县域金融是民间金融监管工作的重点。目前，山东省小额贷款公司、融资性担保公司、民间借贷等业务极为活跃，各类风险事件也多发生在县、市、区一级，政府应对县级金融监管工作给予足够的重视，单独设置地方金融监督管理局（金融办），逐步将民间金融监管的机构设置、人员配备、经费投入等向县域和基层倾斜。地方金融监管局要加强现有监管队伍专业素质建设，努力提高监管队伍的业务能力。同时，在上级部门的支持下，通过提高待遇、优先培养等方式引入高素质专业人才，不断提升县域金融监管水平。

本章小结

本章首先回顾了山东省民间金融的发展历史。然后，介绍了山东省民间金融监管改革的必要性。随后，重点介绍山东省民间金融监管改革进展和成效。最后，对山东省民间金融监管进行了前景展望。在了解山东民间金融监管改革的过程中，应注意比较山东省和广州、温州民间金融监管改革的异同点。

本章重要概念

"金改22条"　监管真空　"一二三"监管体系　"三条红线"

本章思考题

1. 请阐述山东省进行民间金融监管改革的背景。
2. 与广州、温州相比，山东省民间金融发展状况如何，有哪些特征？
3. 山东省民间金融监管改革与广州、温州有哪些异同点？为什么？
4. 山东省民间金融监管改革的成效有哪些？
5. 山东省民间金融监管改革的哪些地方还需进一步完善？

本章参考文献

[1] IUD中国政务舆情监测中心．山东金改三年成绩单［J］．领导决策信息，2016（39）：24－25.

[2] 陈晨．地方金融监管体制改革路径研究——以山东省为例［J］．山东经济战略研究，2014（10）：28－31.

[3] 广州民间金融研究院，中央财经大学金融学院课题组．中国民间金融发展研究报告［M］．北京：知识产权出版社，2013.

[4] 李洪伟．规范发展我国民间金融的路径研究［D］．济南：山东财经大学，2015.

[5] 李滢．民间金融发展的政府监管研究——以山东省为例［D］．济南：山东大学，2017.

[6] 孙国茂．《山东省地方金融条例》的立法意图［J］．公司金融研究，2016

(3)：105－119.

[7] 于吉海，冀晓群，刘锴．山东省民间金融发展现状分析及对策建议 [J]．山东经济战略研究，2016 (3)：32－34.

[8] 张旭，隋佳良．地方政府金融监管职责、组织架构与运行状况——基于山东17地市的研究 [J]．东方论坛，2018 (5)：73－77.

[9] 周逢民．对山东省区域金融改革的几点思考 [J]．金融发展研究，2018 (1)：3－9.

[10] 邹爱萍．农民专业合作社外部监管法律问题研究 [D]．南京：南京农业大学，2014.

监管科技篇

第十章　科技与民间金融监管

本章导读

回顾金融发展的历史可知，科技创新与金融创新始终紧密相连。尤其是进入信息社会以来，在摩尔定律的作用下，信息技术的运算速度及新技术的出现速度不断加快，而金融与科技的共生式成长也使得现代金融体系经历着指数级的增长。金融与科技的融合发展，不仅派生了各类让人眼花缭乱的金融创新，也成为全社会关注的焦点。但金融科技的迅速演变与发展也给监管带来一系列挑战，诸如泛金融化、融资突破传统边界、虚假普惠金融等。

传统的金融监管不能与金融场景、金融业务、金融风险同步运行。因此，很难解决金融科技带来的新型风险。监管科技作为基于大数据、人工智能、云计算、区块链等前沿科技的现代金融监管手段，能够实现同步监管。这要求监管科技应与金融科技齐头并进，为金融创新保驾护航。

本章学习目标

通过本章学习，应能重点掌握金融科技和监管科技的定义，了解金融科技和监管科技的发展阶段，掌握金融科技和监管科技的风险及由此带来的挑战。在了解大数据、人工智能、区块链、云计算等为代表的前沿科技的基础上，了解金融科技和监管科技的发展现状及趋势。掌握监管科技与民间金融监管效率的关系，并了解监管科技在民间金融监管的应用。通过学习民间金融监管科技案例，加深对理论知识的进一步理解。

本章知识结构图

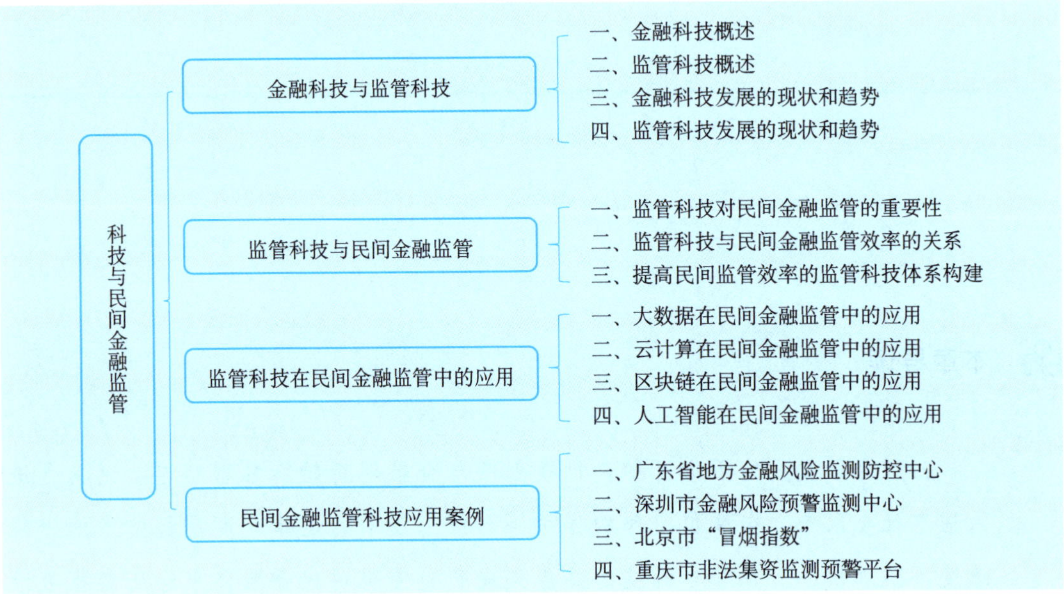

第一节　金融科技与监管科技

一、金融科技概述

（一）金融科技的定义

金融科技（Financial Technology，Fintech），顾名思义就是金融与科技的融合发展，具体来说是指通过运用大数据、人工智能、区块链、云计算等为代表的新兴前沿科技改造或创新金融产品和服务、经营模式、业务流程，并推动金融发展提质增效的一种金融技术。

金融科技所涉及的新型数据处理和分析技术以及存储技术具有混业性、跨界性和迭代性等三大特点，是传统金融业务与场景和大数据、人工智能、区块链、云计算等前沿颠覆性科技的叠加融合。颠覆性科技不但会激发出源源不断的创新活力，而且还会和其他的技术创新融合发展，带来更具颠覆性的科技革命。

当前，由于金融业发展具有强大的内生动力、新兴前沿科技具有复杂性和专业性，金融科技的内涵和外延仍在继续演变之中。

（二）金融科技的发展阶段

金融科技以金融需求为发展导向、以科技创新为发展动力，二者之间的交互结合是金融科技发展的关键。技术驱动带来金融创新，从科技赋能金融业的发展这一角度来看，金融科技的发展主要经历以下三个阶段：

1. 第一阶段："信息技术＋金融"阶段

1946—1993 年是信息技术时代。一方面，独立计算机向联网计算机的发展，使得异地之间数据传递和数据共享成为现实。另一方面，多媒体技术的出现，使得计算机能够综合处理包括文字、图片、音频和视频等在内的多种形式的信息。信息技术在金融业的应用具体表现为，信息技术的应用使得传统金融行业实现办公业务的电子化与自动化，推动金融信息和客户信息的共享，促进全新管理模式的引入，催生出磁条信用卡、ATM 机、POS 机及 CRM 系统等新业态。此时，信息技术扮演着为金融业务和科技企业提供技术支持的角色。

2. 第二阶段："互联网＋金融"阶段

1994—2015 年是互联网时代。互联网技术的兴起，一方面实现了世界互联互通，另一方面提升了设备的处理、传输、分析和存储能力。互联网技术在金融业的应用具体表现为：传统金融机构利用互联网搭建在线业务平台，通过链接移动智能终端以汇集海量用户数据，创新金融业务模式，拓宽小微企业的融资渠道，催生出网上银行、手机银行、无卡支付、互联网信贷及互联网个人理财等新模式。此时，互联网技术逐渐渗透到金融行业中，但传统金融行业的本质并没有发生改变。

3. 第三阶段："新技术＋金融"阶段

2016 年之后是智能化时代。大数据、人工智能、区块链、云计算等前沿科技出现飞跃式的发展，形成资源、智能、信息及设备有机整体，推动新一代信息平台和互联网平台的建设。新技术在金融业的具体表现为，"大智区云"前沿科技成果为金融行业汇集丰富信息，提升工作效率，降低交易成本，为金融机构提供统一平台，助力金融行业转型升级，催生出智能网点、刷脸支付、机器人客服及分布式金融等新形式。此时，金融和科技强强联合，传统金融产业发生变革。

大数据、人工智能、区块链、云计算等新兴前沿科技更新迭代快的这一特点，使得每一个金融阶段持续的时间越来越短，且金融科技的创新速度越来越快。

（三）金融科技的重要作用

2019 年 9 月，中国人民银行印发《金融科技（Fintech）发展规划（2019—2021 年）》。该规划明确指出，到 2021 年，要建立健全我国金融科技发展的“四梁八柱”。目前，金融与科技处于高度叠加、深度融合时期。金融行业利用新模式、新业务和新流程，拓宽获客渠道，提高业务效率，加强控制风险，引导传统金融行业转型升级。金融科技的作用主要表现在以下几个方面。

首先，金融科技拓宽各类金融机构的获客渠道。金融机构通常将物理网点作为主要获客渠道，现代金融科技利用互联网赋能传统金融业务，利用线上平台精准推荐用户，开辟触达客户途径，通过提供便捷服务、虚拟业务空间、优化金融场景改善用户体验、提高客户忠诚度，最终打破金融机构原有获客渠道。

其次，金融科技帮助各类金融机构提高服务效率。传统金融机构的服务手段比较单一，业务模式比较固化，运营流程比较冗长，导致整体的服务效率较低。而在大数据、人工智能、区块链、云计算等数字科技的推动下，传统金融机构一方面可以利用在线管理迅速完成前期审查、中期筛选和后期监控全过程，另一方面可以借助创新方案解决一直以来困扰传统金融服务的“千企千面”难题和供给侧“错配”现象，改变市场竞争格局。

最后，金融科技促进各类金融机构加强风险控制。传统金融机构主要通过建立风控人才队伍、风险控制机构和风险防控机制三种途径控制风险。然而，这些措施很难解决金融科技发展所带来的新型风险。在大数据时代，金融机构一是利用前沿技术成果，汇集、分析、存储海量客户信息，识别优质的潜在用户。二是，通过金融科技算法建立模型，评估信用风险和欺诈风险。两方面合力以大幅度降低客户违约风险。此外，金融机构可以运用大数据、人工智能、区块链、云计算等新兴前沿科技建立金融风控模型，实现早预防、早识别、早应对，同时促进金融监管模式由事后监管向事前审查、事中筛选方向转变。

（四）金融科技的潜在风险

当今，金融与科技的融合发展，催生出创新金融产品与服务，为传统金融机构的转型升级带来重大机遇。但也由于信息不对称、交易安全缺乏全面保障等因素，使得传统金融风险和新型金融风险交叉融合。因此，金融科技的发展存在诸多潜在风险。

一方面，尽管金融与科技已经实现强强联合，但是金融行业的本质和功能并没有发生改变。传统金融风险，包括信用风险、操作风险、市场风险、流动性风险、合规风险和声誉风险等，仍然是金融科技背景下金融业发展不可避免的风险。

另一方面，金融科技的网络化、数字化特征，突破了传统的时空、行业和市场的局限性，使得金融场景更加虚拟、金融业务边界更加模糊、交易地点更加开放。结果就是传统的风险传导机制被打破，风险转换渠道愈发通畅，风险传输速度指数级增长，信息安全风险加大。同时，由于新技术尚处于初级阶段，对数据的可得性和质量性依赖程度较高，带来技术业务风险、网络风险和业务风险的叠加和外溢，以及隐蔽系统性风险的凸显。

（五）金融科技发展面临的挑战

当前，金融科技发展拥有广泛的前景，但高速扩张所带来的新型风险和行业不规范问题也不容忽视。因此，金融科技的发展也面临着诸多挑战。

1. 行业数据治理缺乏统一标准。金融科技发展的基础是数据，包括数据的获取和数据的治理。但是无论是纵向层面的国家和地方，还是横向层面的行业和市场，数据的生成和存储缺乏统一的标准。金融科技的发展，亟须建立一套符合数据科学规范的行业数据治理标准。

2. 核心技术尚处于实验性阶段。金融科技所涉及的核心技术“ABCD”（人工智能、大数据、区块链、云计算）都处于发展初级阶段。在这一阶段，新技术的发展理论体系不完善，工程性应用缺乏行业顶层规范，核心技术的应用落地尚处于实验性阶段。

3. 网络安全严重打击用户信心。通过对全世界所有网络安全行业的排序，金融科技遭到黑客攻击所导致的网络安全问题列位所有行业之首。因此，金融系统的线上经营会将客户及资金暴露在极大的网络风险之中。这会极大地冲击储户、贷款者的信心。

4. 金融科技发展与人才队伍建设脱钩。在金融科技迅猛发展的当下，需要巨大的人才储备构建坚实的基础。但是，目前金融科技的研究人员、研发人员和管理人员的培养力度仍较薄弱。

二、监管科技概述

（一）监管科技的定义

监管科技（RegTech，Regulatory 和 Technology 的缩写），是金融监管与科技全方位融合的产物。

目前，全球对监管科技的研究仍处于初期发展阶段，对于监管科技这一概念尚无统一规范的定义。英国金融行为监管局（Financial Conduct Authority，FCA）认为，监管科技是指金融科技公司为金融机构提供的自动化解决方案，利用新技术更有效地解决监管合规问题，减少不断上升的合规费用。国际金融协会（Institute of International Finance，IIF）则认为，监管科技是更加有效和高效地解决监管与合规要求而使用的新技术，这些新技术主要包括数字加密技术、人工智能、区块链、云计算、机器学习、生物识别技术等。总结而言，监管科技就是利用科技手段，满足监管需求，提高监管能力。

（二）金融科技和监管科技的关系

近年来，"金融科技"和"监管科技"成为热词，对二者之间关系的研究也成为热点。一种观点认为，监管科技是金融科技的一个分支。原因有二：一是，监管科技和金融科技应用相同的技术，即大数据、人工智能、区块链、云计算等前沿技术。二是，金融科技的发展倒逼监管方式变革，从而派生出监管科技。另一种观点认为，将监管科技视作金融科技的一个分支将会低估其潜力，而是应该将其看作一个全新的领域。原因同样也有两个方面：一方面，监管科技的应用范围不单单局限于金融行业，在电子商务领域、医疗服务领域和环境保护领域等都有不同程度的应用。另一方面，金融机构利用监管科技旨在高效率、低成本地满足监管，而监管机构利用监管科技旨在根据金融市场的变化及时更新监管规则，二者的驱动力不同。

（三）监管科技的发展阶段

2018 年 8 月 31 日，证监会正式印发《中国证监会监管科技总体建设方案》，明确了监管科技发展的三大阶段中各类信息化建设的工作需求和工作内容。

1. 第一阶段：监管科技 1.0

该阶段的工作内容，主要是通过采购或研制成熟、高效的软硬件工具或设施，满足监管机构基本办公和特定工作的信息化需求，提升监管工作的数字化、电子化、标准化程度。

2. 第二阶段：监管科技 2.0

该阶段的工作内容主要是通过不断丰富、完善中央监管信息平台功能，优化业务系统建设，实现跨部门监管业务的全流程在线运转，为大数据、人工智能、区块链、云计算等技术在下一阶段的应用打下良好的基础。

3. 第三阶段：监管科技 3.0

该阶段的工作内容主要是建设一个运转高效的监管大数据平台，综合运用电子预警、统计分析、数据挖掘等数据分析技术，围绕资本市场的主要生产和业务活动，进行实时监控和历史分析调查，辅助监管人员对市场主体进行全景式分析、实时对市场总体情况进行监控，及时发现涉嫌内幕交易、市场操纵等违法违规行为，履行监管职责，维护市场交易秩序。

（四）监管科技的核心特点

监管科技有三个核心特点：

一是，敏捷。也就是，对错综复杂的数据组进行快速的解耦和组合。

二是，快速。也就是，能即时生成报告与解决方案。

三是，集成。也就是，共享多个监管的数据结构，并对多项监管规定的众多要求形成统一的合规标准。

具体到金融行业，监管科技的最大优势在于能实现纸质报告流程的数字化、减少监管的人力激励支出及集中化地满足监管要求，从而降低合规成本。同时，监管科技能够帮助金融机构无缝对接监管政策，及时自测与核查经营行为，完成风险的主动识别与控制。

（五）金融科技的发展对监管科技带来的挑战

金融行业正呈现出借助前沿科技成果进行大量创新的态势，在此背景下监管科技应运而生，旨在利用相同的科技优化金融监管模式、提升金融监管效率。在鼓励金融创新和控制金融风险之间取得平衡是金融监管的关键。然而，科技驱动的金融创新所蕴含的技术风险、操作风险以及可能诱发的系统性风险，对监管科技带来几个方面的新挑战。一是，对专业监管能力提出更高要求。在金融创新和金融监管的发展过程中，金融创新的步伐往往领先于监管措施的出台。监管科技所涉及的新兴前沿科技发展迅速，而监管机构难以以相匹配的速度获取专业资源、建设人才梯队、更新知识结构，这在很大程度上影响了监管的有效性。二是，加大风险监控难度。分散化和金融脱媒使得更多的技术企业正在或者已经进入金融行业。与此同时，许多交易活动可能会偏离中央清算机制，增加交易双方之间的风险敞口，这给监管的宽度和广度带来了不小的挑战。三是，容易产生监管套利和监管缺口。金融机构使用前沿科技成果创新出的业务模式、应用技术和产品服务等可能会游离于监管体系之外，容易导致监管真空，滋生监管套利。

三、金融科技发展的现状和趋势

（一）金融科技的发展现状

金融科技的发展势头一日千里，发展速度呈指数型增长。现今，金融科技在各个场景普遍的应用，推动了金融行业转型升级，促进了金融服务实体经济的发展，强化了金融风险控制，打造了金融科技和金融行业之间合作共赢的全新生态圈。

1. 金融行业的科技应用进入第三阶段。如今，金融行业的信息科技应用已经进入第三阶段，即“新科技＋金融”。“大智区云”前沿科技成果为金融行业汇集丰富信息，提升工作效率，降低交易成本，为金融机构提供统一平台，助力金融行业转型升级。

2. 关键性技术对业务模式产生重大影响。如表 10－1、图 10－1 所示，以大数据、人工智能、区块链、云计算等为代表的前沿新兴技术的发展与应用创新金融机构的业务服务模式，已逐渐成为促进金融行业发展的原动力。5G 将为金融科技产业带来新冲击和新机遇。

表 10－1　2019 年中国金融科技竞争力 100 强（排名不分先后）

蚂蚁金服	拉卡拉	字节跳动	中软科	招联消费金融
建信金科	科大飞讯	云从科技	众安保险	联易网
度小满金融	依图科技	华软金科	中数智汇	百望云
腾讯科技金融	华控清交	同盾科技	康旗股份	中银消费金融

续表

京东数科	中科金财	百分点	连连数字	豆包网
小米金融	第四范式	东方微银	联动优势	惠择保险网
苏宁金服	微常有财	宇信科技	汇付天下	灵犀金融
金融壹账通	小 i 机器人	黑瞳科技	随行付	联通数据
光大科技	深醒科技	集奥聚合	易思汇	融都科技
民生科技	融联易云	腾云天下	启赟金融	文因互联
兴业数金	金山云	九章云极	PingPong 金融	爱因互动
网联清算	出门问问	金信网银	快钱	新颜科技
百行征信	华云数据	银联商务	九次方大数据	马上消费金融
阿尔山金融	博雅正链	根网科技	平安医保科技	车 300
百信银行	嘉楠耕智慧	百融金服	中科聚信	高登世德
微众银行	慧安金科	天云融创	爱保科技	冰鉴科技
网商银行	北京金融云	明世数据	保准牛	虎博科技
新网银行	招银云创	网智天元	国舜股份	老虎证券
商汤科技	中科虹霸	通付盾	神州绿盟	富途证券
旷视科技	梆梆安全	北大法宝	聚信立	福米科技

资料来源：中关村互联网金融研究院。

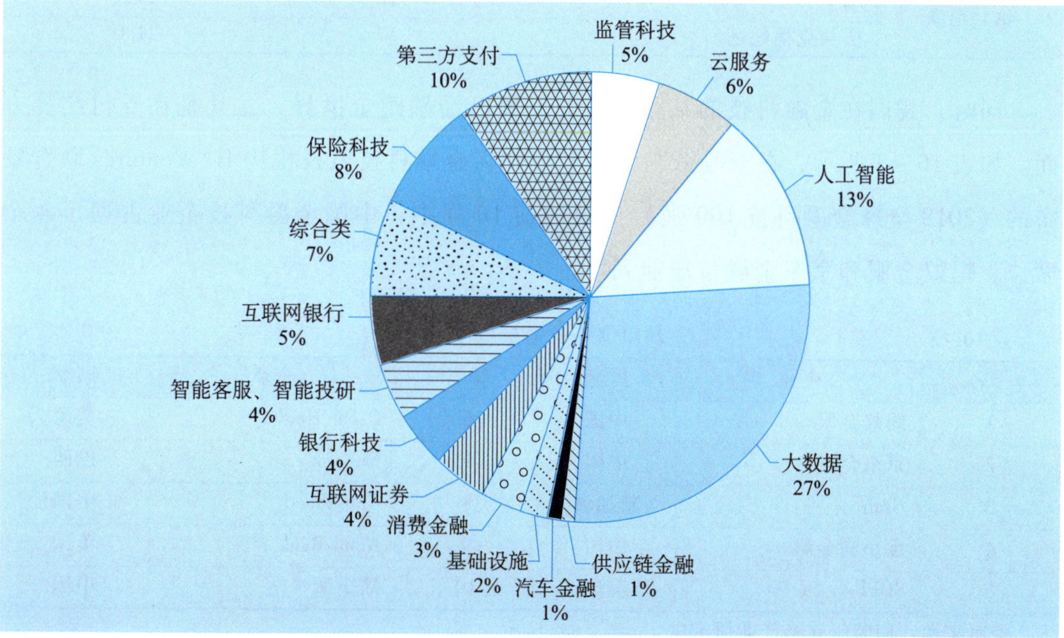

图 10－1 中国金融科技 100 强细分领域分布

资料来源：中关村互联网金融研究院。

3. 中国成为全球金融科技发展的潮头。我国金融科技市场表现活跃，优秀金融科技公司数量位于世界前列。根据浙江大学互联网金融研究院发布的全球金融科技中心指数（Global Fintech Hub Index）（见表 10－2），全球金融科技区域发展可明显划分为三个梯队，在区域总排名的第一梯队中，中国地区占据三席。

表 10－2　2018 年全球金融科技中心指数

区域梯队	区域名称	CFHI	
		排名	指数值
第一梯队	长江三角洲	1	81.2
	旧金山湾区（硅谷）	2	79.7
	京津冀	3	76.8
	大伦敦地区	4	73.9
	粤港澳大湾区	5	72.9
	纽约湾区	6	71.6
第二梯队	大悉尼地区	7	58.7
	新加坡	8	53.9
	大波士顿地区	9	52.7
	比荷卢地区	10	50.7
	京东湾区	11	50.6
	大孟买地区	12	50.4
	大圣保罗地区	13	45.4
	巴黎地区	14	43.2
	以色列	15	31.9
第三梯队	瑞士	16	29.9
	法兰克福地区	17	21.0

同时，我国在金融科技的某些领域的发展已经领跑全世界，尤其是在支付结算方面。如表 10－3 所示，在毕马威与澳大利亚知名金融科技风投机构 H2 Ventures 联合发布的《2018 全球金融科技 100 强》榜单的前 10 强中，中国金融科技企业占据了 4 个席位，蚂蚁金服和京东金融位居前列。

表 10－3　2018 年全球金融科技 10 强

排名	企业	国家	排名	企业	国家
1	蚂蚁金服	中国	6	Oscar Health	美国
2	京东金融	中国	7	Nubank	巴西
3	Grab	新加坡	8	Robinhood	美国
4	度小满金融	中国	9	Atom Bank	英国
5	SOFI	美国	10	陆金所	中国

资料来源：KPMG 前瞻产业研究院。

（二）金融科技的发展趋势

未来，金融科技会进一步发挥自身优势，以新手段、新方案解决金融发展面临的问题。随着金融与科技的不断融合，金融科技将出现以下发展趋势。

1. 在行业发展方面，金融科技行业进入高质量增长的结构优化期。2013—2017年，新注册的金融科技公司的数量在不断下降，而金融科技行业的营收规模却稳步增长，年复合增长率达到56.6%。这说明，过剩产能逐渐出清，金融科技行业发展逐步进入结构优化期。

2. 在技术方面，核心技术引领金融科技纵深发展。根据对Gartner全球新兴技术成熟度曲线以及金融科技的系统分析，随着人工智能应用向高阶演进、大数据应用走向跨界融合、区块链应用逐渐落地、云计算应用迈入深水区，“大智区云”将进一步引领金融科技纵深发展。

3. 在商业模式方面，金融科技企业赋能B端、服务C端。在传统发展模式下，金融科技企业纷纷入驻C端。但是，随着人口红利逐渐丧失、产品需求不断升级和行业竞争日趋激烈，C端流量红利不断瓜分、获客持续成本攀升，而布局B端的金融科技企业则抢占市场先机，盈利能力和市场空间呈现提升趋势。金融科技企业赋能B端、服务C端极可能成为未来主流商业模式。

4. 在监管方面，监管科技的巨大潜力持续释放。随着金融科技的不断发展，金融机构面临的传统金融风险和新型金融风险将以更隐蔽、更波动、更具挑战性的形式呈现。这就对金融科技的监管提出了更高标准的要求。监管科技的敏捷、速度和集成特点使其具有更大的发挥空间。

5. 在人才方面，金融科技人才队伍建设加速进行。金融科技的迅猛发展导致对人才需求量的急剧飙升。随着金融科技岗位数量的增多、对金融科技人才要求的提高，人才梯队搭建应加速向专业化、复合化方面迈进。

四、监管科技发展的现状和趋势

（一）监管科技的发展现状

1. 设置监管科技的专门机构。当前，全球各国对监管科技的关注逐渐集中、对监管科技的研究热度逐渐攀升。如表10-4所示，许多国家的金融监管当局已指定专门机构，采用各种形式推动监管科技发展，加强监管科技工作的政策研究规划与统筹协调。

表 10－4　部分国家在监管科技方面的应用现状

美国	相关产业投融资规模位于全球第一； Droit、Rippleshot 两家监管科技公司入选 2016 年全球金融科技百强榜； 金融监管机构对监管科技发展持高管制态度，监督较为严格； 监管科技产品侧重于行业当下热点，强调趋势前沿追踪。
英国	相关产业投融资规模位于全球第二； BlockSwan Technologies、Ravelin 等多家监管科技公司入选 2016 年全球金融科技百强榜； 监管科技判定为单独行业，并作为子行业分类纳入金融科技监管体系； 金融监管机构及其鼓励并大力指引金融科技公司在监管科技领域创新。
加拿大	相关产业投融资规模全球领先； SecureKey Technologies、Trutioo 等多家监管科技公司较有行业影响力； 成立专属科技实验室深入研究监管科技； 金融监管机构对监管科技持积极扶持态度，较关注监管业务流程的改造，监管框架修订、监管沙盒应用。
爱尔兰	AQMetrics 等多家监管科技公司入选 2016 年全球金融科技百强榜； 将监管科技纳入其国际金融服务业 2015—2020 年战略； 成立金融服务治理风险和合规技术中心，专注于监管科技的创新研发，特别注重于治理、风险及合规性问题所对应的解决方案及产品。
澳大利亚	培育了 Simple、Red Marker 等一批快速发展的监管科技创业公司； 孵化创业型监管科技公司为主，行业整体灵活度较高； 监管部门成立专项小组负责促进监管科技为题的跨界交流； 监管部门、独立的创新中心以及监管科技创业公司联合组建行业协会，共同讨论并商榷行业发展策略。
新加坡	已涌现了 Datarama、Cynopsis Solutions 等有影响力的公司； 金融管理局举办监管科技论坛，针对监管科技子领域进行调研梳理； 新加坡交易所启动监管科技方案，实现自动报告违规行为等功能。
印度	相关产业投融资位于全球第五； 培育了 Fintellis、Signzy 等几家较为著名的监管科技公司； 政府关注度较高，监管科技作为金融科技的分支纳入金融监管体系； 印度储备银行专门针对监管科技与宏观审慎监督进行详尽研究。

资料来演：根据公开资料整理。

根据赛讯（Celent）的统计，2019 年美国金融机构在合规监管科技方面的投资将增至 720 亿美元。在金融危机带来的系统性风险的冲击下，英国金融监管当局开展一系列积极探索，最终成为监管科技的诞生地。金融科技咨询公司 FinTech Global 发布的一项调查显示，伦敦是在监管科技的领域发展最为迅速的城市。

加拿大、爱尔兰、澳大利亚、新加坡和印度等国家的政府高度重视监管科技的发展与应用，监管科技公司大量涌现。此外，其他国家（主要以欧洲为主，如瑞士、德国、荷兰、葡萄牙和丹麦等国）也在积极布局监管科技。我国在2018年才正式进入监管科技领域。目前，监管科技尚处于萌芽阶段，相关工作也只停留在学术研究层面，应用落地较少，同发达经济体监管科技应用存在较大差距。

2. 采用监管沙盒模式推行

监管沙盒（Regulatory Sandbox）作为一种英国金融监管当局在2015年3月提出的新锐概念，是金融科技在金融监管中的重要应用。英国金融行为监管局（Financial Conduct Authority）对监管沙盒的定位是一种允许符合资质的金融机构、资质不完全的金融机构和技术公司测试创新型金融产品的安全空间，并且监管沙盒具有以下功能：（1）允许企业在一个有约束的环境内测试金融产品；（2）用更低的成本获得更快的入市时间；（3）支持在新的产品和服务中内嵌合适的客户安全保障；（4）更低的进入金融市场门槛。

此外，英国金融行为监管局要求监管沙盒为测试新产品，测试环境应当具备约束授权、个体指导、及时修改规则、非强制行动、非正式引导等确保监管沙盒能够起到预期作用的工具。

在英国提出监管沙盒模式之后，监管沙盒的概念在业界和学界迅速被接受。同时，不同国家的监管当局、不同的学者也对监管沙盒给出了各类定义。但是，所有的定义都基本围绕着“一个允许机构实验新产品的空间”这一原始概念。监管沙盒的概念一经提出，就引起了各国监管当局和学界的重视。我国央行金融稳定局局长王景武认为，监管沙盒机制主要以交易数据、流程数据、风险数据等多项数据为核心和驱动因素，可打通各金融领域信息孤岛，打破和消除监管壁垒，提升监管实效。监管沙盒机制还有利于完善金融监管法律法规，可有效缩短金融企业创新时间，降低合规成本。不仅如此，监管沙盒制度还高度重视对金融消费者权益的保护。由此可见，我国金融监管当局对于目前试点的监管沙盒寄予厚望。

在英国率先提出监管沙盒概念之后，世界多个国家的监管当局开始研究并在监管活动中展开监管沙盒的实践。截至目前，英国、新加坡、澳大利亚、韩国、日本、加拿大、美国等多个国家的监管当局、负有监管职能的货币当局、地方金融监管机构或者其他机构已经开始设计实施监管沙盒。2020年1月，随着首批6个入选监管沙盒的金融科技创新项目在北京正式开始试点，我国金融监管当局对监管沙盒的态度由研究正式转入实践（见表10－5）。2020年6月，北京市金融监管局公开了第二批入选监管沙盒的项目，监管沙盒开始拓展到保险业（见表10－6）。根据央行2020年4月披露的第二批金融监管沙盒模式试验点，上海、深圳、重庆、苏州、杭州、雄安新区6个地区会成为未来的监管沙盒试点覆盖城市。

表10－5 首批入选监管沙盒的金融科技创新项目以及相应企业

项目名称	企业
基于物联网的物品溯源认证管理与供应链金融	工商银行
微捷贷产品	农业银行
中信银行智令产品	中信银行、中国银联、度小满、携程
AIBank Inside 产品	百信银行
快审快贷产品	宁波银行
手机 POS 创新应用	中国银联、京东数科、小米数科

表10－6 第二批入选监管沙盒的项目以及相应企业

项目名称	企业
基于智能机器人的移动金融服务项目	工商银行
基于区块链的产业金融服务	中国银行
5G＋智能银行	建设银行
普惠小微企业贷产品	北京银行
“一路行”移动终端理赔产品	中国人寿
多方数据学习“政融通”在线融资项目	腾讯云计算、北京小微企业金融综合服务有限公司、浦发银行
天翼智能风险监控产品	中国电信
国网智能图谱风控产品	国网征信、邮政银行
移动金融云签盾	中金金融认证中心、民生银行
基于区块链的企业电子身份认证信息系统	国家计算机网络与信息安全网络中心、民生银行、百信银行、中关村银行
智能云小店服务	拉卡拉支付

（二）监管科技的发展趋势

目前，监管科技在金融监管中的应用浪潮势不可当，通过观察当前国际上监管科技在各个领域的运用，总结出监管科技具有以下发展趋势。

1. 监管科技向金融监管的全链条方向发展

目前，监管科技在金融监管方面尚局限于事中监管阶段，主要是对数据的自动化采集和对风险态势的智能化分析。随着金融科技对金融产品服务、业务流程、商业模式等的创新推动，各经济体的监管当局和行业组织正在对事前和事后监管阶段开展探索与研究，具体包括：事前将监管政策与合规性要求“翻译”成数字化监管协议，并搭建监管平台提供相关服务；事后利用合规分析结果进行风险处置干预、合规情况可视化展示、风险信息共享、监管模型优化等。

2. 监管端与合规端合作发展成为监管科技主要路径

监管机构、金融机构以及金融科技公司之间的合作研发，已经日渐成为监管科技发展的主要趋势。面对传统金融行业的合规问题，金融监管机构通过建立金融科技部门和加强技术研发两种主要途径实施监管职能。近年来，随着大数据、人工智能、区块链、云计算等新技术对金融行业的影响逐渐深入与广泛，金融监管机构的监管领域和监管方式也随之发生变化。为此，金融监管机构积极寻求与金融机构和金融科技公司的研发合作。这种模式的优势体现在两个方面。一方面，与金融机构的合作可以保障研发活动不会因为资金问题而陷入困境，与金融科技公司的合作可以在节省研发成本的同时缩短研发时间、加快研发进程。另一方面，金融监管机构与被监管机构的合作，有利于及时发现问题并采取更有针对性的方案以实时跟进合规端的监管科技建设，即实现事前和事后监管。

3. 监管科技运用中的数据治理不断强化

数据是监管科技的基础。监管科技所使用的数据一部分来源于金融机构，另一部分则来源于监管机构。但是，由于数据存放具有零散化性质，这使得不论来源何处的数据都面临数据的有效性以及数据的权属性两大难题。为避免监管因数据问题而陷入困境，全球数据重构趋势凸显，对数据治理模式的探索与创新也已成为核心研究问题。

知识链接

大数据技术的违法边界在哪里？

1. 大数据技术在金融行业的应用

当前，大数据技术在金融机构风控中占据金融行业数字化转型的重要位置。在规模上，据零壹智库数据，截至2018年10月，金融科技中大数据类公司占比高达47%，几乎半壁江山。在业务上，金融科技公司也以数字化营销、数字化风控为主。鉴于大数据在金融行业的应用已势不可当，金融科技行业必须准确认知新技术落地的合法合规边界，即明确法律的刚性红线。

2. 大数据技术的违法问题

自2018年年底开始的对大数据行业的整肃行动暴露出大数据企业的三大违法问题。一是，将精准的个人敏感信息故意出售或提供给房贷平台助力暴力催收。二是，非法撮合房贷平台与贷款人的放贷业务赚取中介费。三是，利用爬虫技术非法获取个人数据。其中，前二者违法问题与大数据技术本身并无联系，但是非法获取数据触碰了法律的刚性红线。

3. 大技术应用需要合法合规

本次大数据行业的整肃行动表明，大数据技术既不是规避法律监管的神坛，也不是人人喊打的洪水猛兽。大数据行业的发展不会因为个别公司被调查而崩溃，反而将使整个行业回归到合法合规的正常轨道上来。

4. 大数据合法合规应用是可行的商业模式

创新行业的高风险毋庸置疑，但同时也提供了商业机会的蓝海。法律从业人员应该做到如下两点：一是，应该加强对新技术道德伦理、合法合规方面的研究和分析；二是，应该最大限度地依法协助新技术落地，降低违法违规风险，兼顾投资人、创始人和高管和合法利益。用法律合规护航创业者和新技术企业，倡导大数据合法合规应用的商业模式。

第二节　监管科技与民间金融监管

近几年，在科技力量等多重因素的推动下，金融业创新较多，新技术、新模式、新渠道衍生出新的金融产品。依托互联网的新概念遍地开花，成为民间金融乱象的重要源头，给经济社会稳定带来严重的负面影响。监管科技能够提供重要的技术手段，助力政府打击、防范金融诈骗、高利贷、非法集资、洗钱等民间金融常见的问题。

一、监管科技对民间金融监管的重要性

民间金融具有融资速度快、信息费用低、利率弹性大、资金利率高、渠道广、回收快等特点，但其高风险、高隐蔽性等特点也容易导致民间金融风险累积，蕴藏巨大

危机，影响社会稳定。因此，进行金融监管制度创新，以控制民间金融风险日渐提上日程①。

监管科技助力民间金融风险的创新性手段化解，主要表现在以下两个方面。

首先，随着以大数据、人工智能、区块链、云计算等为代表的前沿新兴科技的兴起，P2P网络借贷平台应运而生。也就是，以民间小贷公司、民间贷款公司为主体的民间借贷从线下转移至线下线上并行。在实际贷款催收过程中，一些平台甚至提倡以贷还贷方式，这进一步提高了跨地域、跨领域风险传播的可能性及危害性。借助机器学习，监管科技能够提高审查和评估风险的能力，并根据客户风险等级实现精准控制。同时利用先进的数据分析技术对公共数据和私人数据进行分析，监管科技还能够准确判定金融关系和行为是否合法合规。监管科技能够提高民间金融机构充分了解自己客户的能力和监管合规水平，做好金融风险的防范。

其次，互联网金融作为民间金融的重要组成部分，以其传播速度快、吸金能力强、波及面广而备受注目。然而，随着P2P平台跑路事件、消费者维权群体性事件层出不穷，互联网金融的“事后监管”备受质疑。将监管科技应用于现有的金融交易系统中，对金融交易进行实时监管，可以提高识别非正常交易和非法交易的能力，从而通过增加监管的实时性来降低金融风险。

民间金融监管自身的特征促使其必须与时俱进，及时引入金融行业的新技术、新方法，通过监管科技赋能民间金融监管效力，走智慧监管之路，担负起民间金融创新与属地风险化解的双重重任。

二、监管科技与民间金融监管效率的关系

监管科技能够提升民间金融监管体制的业务能力，提高监管效率。主要体现在以下三个方面。

首先，在信息收集方面。监管科技的信息搜集功能的核心是大数据下的人工智能技术。核心技术的应用，能够扩大监管覆盖范围及处置责任情形，拓宽民间金融监管的广度，还能够识别产品设计和股权结构，加深民间金融监管的深度。监管科技的应急机制则能够克服突发事件的应对难题。

① 高京，王志文，余子华．利弊交错　规范发展——对上饶市民间借贷情况的调查与思考［J］．金融与经济，2005（6）：58－59.

其次，在辅助决策方面。目前，民间金融监管资源比较紧缺、监管技术比较落后、监管能力比较薄弱。应用监管科技，一是可以实现从信息收集到决策落实的自动化、网络化，二是可以打破人工语境和思维模式的框架，制定与政府要求相匹配的报告风格。

最后，在工作联动方面。政府部门开展工作一般是基于固定的流程和方式，各部门间沟通联动存在巨大鸿沟。区块链分布式技术的应用能够实现以事项而非部门为对象的工作联动，以此实现各部门纵、横两方面的深入沟通，实时对接。

三、提高民间监管效率的监管科技体系构建

首先，依托国家金融基础实施互联互通，逐步构建金融监管科技的实施基础。金融监管科技的构建需要一整套相互关联和统筹协调的基础设施。其中，包括相关政策法规、技术标准和基础算法模型等。按照中央金融工作会议精神，顺应国家和央行推进金融综合统计和金融基础设施互联互通的政策和趋势，打通金融各板块之间的数据孤岛，以大数据和云计算为底层技术，借助现有的金融基础设施条件，搭建以云计算技术为基础的数据存储、处理、分析平台。要统一完善金融机构数据实时报送接口，以金融交易原始数据为基础，融合金融监管统计报表等财务数据，行政处理、机构管理等行政管理数据，其他金融和经济领域数据，以及欺诈、洗钱、经济犯罪等信用风险数据，运用统计、精算以及大数据分析建模技术，实时发现新的风险线索、新的风险规律。在微观审慎和宏观审慎分析中，探索运用人工智能、共识算法、可视化技术，建立动态的、智能化的风险预测模型，及时掌握金融体系的风险关联性和集中度变化。借鉴英国监管沙盒理念，构建监管科技“加速孵化”机制，在互联网金融产品审批、跨地域监管、第三方网络平台管理、数据安全和信息披露等方面，尝试运用沙箱监管方式，建立测试机制，促进金融科技创新成果转化。应当推进监管队伍和监管业务的结构化转型，从铺设监管机构、扩充监管人员、大面积实施现场检查，转向于加大对科技型人才的引进、研发资金的投入、监管科技项目的合作、监管模型的研究。

其次，培育金融监管科技应用，促进监管与被监管的业务联动与技术衔接。积极推进金融机构的监管科技应用。金融监管科技的兴起和发展，本质上是监管和被监管机构在技术上的统一与联动。新的监管政策法规出台前，监管部门和金融机构要充分做好业务规则和系统交互规范的梳理研究，提前完成系统升级改造，实现监管者政策

发布、金融机构系统自动化合规处理的同步联动。监管与被监管要在系统实施层面有效配合与联动，才能确保合规政策平稳、高效的实施。金融机构要善于将监管规定和有关政策转译为自身的业务规则，再将这些业务规则数字化为内部系统规则与交互规范，准确嵌入对接的核心业务和财务系统，进行合规应用落地，运用系统替代和减少事后的合规报告、合规检查。积极、稳妥地引入监管科技应用外包和自建服务，实现企业内部数据自动收集、整理和精确分析，快速形成风险分析报告，快速追踪被处罚机构业务情况，减少人工干预并降低错误率，促进反洗钱、征信、偿付能力、准备金监管、CRS 等合规报表报送和风险筛查，降低民间金融机构合规管理成本。

最后，建立监管知识图谱，描绘区域的产业链全景，方便识别被监管对象在生态中的位置，识别风险传播路径。建立 AI 监管流程机器人，自动化提醒地方金融组织上报数据，自动化处理各种维度的报表统计，自动化进行 PPT/WORD 报告撰写等工作，金融监管人员只需要配置选项即可。通过区块链，建立地方金融监管机构和其他政府体系的数据互通。比如，在金融监管和市场监督之间基于区块链的风险联控功能，市场监督要注册金融相关机构的信息，相关信息要自动地上报、对接到金融监管部门审核。

第三节　监管科技在民间金融监管中的应用

金融科技是大数据、云计算、区块链技术、人工智能等前沿颠覆性科技与传统金融业务与场景的叠加融合，其主要包括大数据金融、云计算金融、人工智能金融和区块链金融四个核心部分。监管科技运用这些新兴科技手段，可以推动民间金融监管模式由事后监管向事前、事中监管转变，消除信息壁垒，缓解监管时滞，在提升民间金融监管效率的同时，维护金融体系的稳定性。

一、大数据在民间金融监管中的应用

智能和通信技术的发展为各行各业提供了获取数据的能力，多维度的海量数据蕴含着丰富多彩的信息，形成需要新的处理模式才能具有更强决策力、洞察力和流程优化的信息能力，即大数据（Big Data）。利用大数据技术能对金融数据进行综合全面的

采集，还原金融数据，运用数据分析和数据挖掘技术对金融活动进行监管，设置风险预警机制，构建满足民间金融监管需要的管理决策模型，为科学决策奠定基础。

（一）大数据技术的基本原理

数据采集、数据存储、数据计算、数据管理和数据分析是大数据技术工作的五大基本原理。了解大数据技术的基本原理，有助于我们更好地使用大数据技术为民间金融监管服务。

1. 数据采集：具有数据的采集、传输功能。金融机构存在的大规模数据经过数据采集步骤后，才能够进行后续处理。

2. 数据存储：具有大规模数据存储的功能。主要利用分布式和多副本策略保证TB、PB量级的数据安全有效地进行存储，将金融机构的各方面数据存储下来，从而为数据分析提供底层支持。

3. 数据计算：具有对大规模数据进行计算的功能。利用分布式和规范化的编程框架，将单机难以处理的数据分散到多台机器上进行分析处理，从而使得我们对金融机构拥有的大规模数据进行挖掘成为可能。

4. 数据分析：具有大规模数据的业务应用功能。与具体金融业务场景相结合，通过统计分析、机器学习、深度学习等上层数据应用技术，将大数据转化为有用的信息，实现业务增值。

5. 资源管理：具有大数据资源管理的功能。利用调度队列，实现监测等机制，随时监控物理设备的健康状况并自动化调度，保证集群工作质量。

（二）大数据在民间金融监管应用中的意义

随着时代发展产生的大数据，具有先进与科技的色彩，能够更好地帮助金融机构收集、存储、处理与分析数据，使金融机构的贷款业务与其他业务更加高效。大数据使金融机构对客户的画像更加完备，能够更加精准地设计产品，更好地满足顾客需求。在贷款业务中，快速识别可疑信息和违规操作，强化对风险的预判和防控，在使用更少的风控人员的条件下，更可靠地进行风险控制管理。大数据可以让金融机构在市场变化的感知中，针对不同的场景提供动态化的决策建议，对市场变化更灵敏地作出反应。

1. 大数据的数据体量提高民间金融监管的准确性

传统的民间金融监管由于掌握的数据量小、处理能力不强等问题，采用抽查方式对民间金融活动进行监管。大数据对总体数据进行抓取、储存和分析，是一种普查方式，可以解决传统抽取调查准确性不高、针对性较差的问题。大数据将总体数据作为分析基础，大大提高了数据分析结果的准确性和民间金融监管的可靠性。

2. 大数据的数据维度提高民间金融监管的完整性

大数据技术可以结合银行、证券、保险等各领域的数据，而不仅限于单一主体的一个领域的数据。比如，以前在银行领域失信，不会影响其在保险领域的征信，各领域信息不共享，从而会导致银企信息不对称、监管片面化等问题。利用大数据技术就能较好地解决这个问题，大数据快速、有效地获取和整合数据，使跨领域数据共享成为常态化的管理，使金融监管部门刻画出一个主体完整的金融行为活动图，进行高效的民间金融监管。

3. 大数据信息处理能力提高民间金融监管的时效性

金融市场变化会引起巨大的金融风险，要求民间金融监管具有高时效性，能够及时完成监测和预判。借助大数据，金融监管部门将实现监管渠道电子化，能够随时随地获取金融数据，及时监测金融行业的经营活动，实时快速地处理分析金融数据信息，大幅提高兼容监管的时效性。

（三）大数据在民间金融监管的应用场景

1. 大数据通过对用户身份的识别，发现和及时阻止可疑的交易行为

目前，市场上存在非本人操作现象。比如，信用卡盗刷的风险，通过大数据比对技术，可以识别非常用地区的转账和非常用设备转账等异常操作，对异常账户进行拦截。例如，京东金融用户识别系统是利用大数据研发的一款人脸识别产品。京东金融利用京东商城和京东金融的大数据平台获取海量数据，帮助人脸识别系统在复杂的识别场景中提高识别准确率，通过行为特征分析、提高人脸支付的安全性。

2. 大数据监控交易行为，发现关联账户的异常操作

目前，市场上存在黑产、违约等侵占金融机构利益和洗钱现象。为维持金融稳定和良性发展，监管部门和金融机构需要对这些行为进行监控。例如，支付宝反洗钱智能分析产品利用大数据侦察“资金流”，分析关联交易数据识别集资、多账户操纵、发票虚开等问题，实现对违约交易的识别。通过大数据计算后的资金链路与可疑数据分析结果会直接展示给分析人员，从而快速定位和识别洗钱风险。

3. 大数据通过风险数据融合分析，实现对市场风险的洞察

在金融危机后，宏观审慎监管得到更多的重视，对单家金融机构的数据难以及时识别系统性风险，需要全面融合各家金融机构数据，进行整体性风险管控。小微金融风险信息平台是由中国支付清算协会主导建设的风险信息共享平台，其通过金融平台间的信息共享，查询服务所需的原始数据，缓解用户与平台之间信息不对称的问题，为行业风控创新提供支持。具体流程为：查询机构通过借款人姓名和身份证产生查询请求，平台接收到查询指令，将请求转发给平台相连的其他机构，机构获取信息反馈给平台，平台再将结果通过一定的机制反馈给查询机构。

案例专栏

獐子岛事件

2020 年 6 月 24 日，证监会对獐子岛公司信息披露违法违规案作出行政处罚及市场禁入决定，对獐子岛公司给予警告，并处以 60 万元罚款。对 15 名责任人员处以 3 万—30 万元不等的罚款，对 4 名主要责任人处以 5 年至终身市场禁入的处罚。应用于金融监管的大数据技术在支持证监会调查獐子岛公司虚假陈述的过程中，起到了至关重要的作用。

獐子岛公司在 2014 年、2015 年已连续两年亏损的情况下，客观上利用海底库存及采捕情况难发现、难调查、难核实的特点，不以实际采捕海域为依据进行成本结转，导致财务报告严重失真。2016 年通过少记录成本、营业外支出的方法将利润由亏损披露为盈利。2017 年将以前年度已采捕海域列入核销海域或减值海域，夸大亏损幅度。此外，公司还涉及《年终盘点报告》和《核销公告》披露不真实、不及时披露业绩变化情况等多项违法事实。

从事后的角度看，从 2014 年开始，獐子岛公司便存在虚假陈述等破坏资本市场公平、公正、公开原则的行为。但是，直到 2019 年，獐子岛公司仅仅是因为“扇贝迁徙导致公司亏损”这一离奇声明引起了巨大的舆论争议，监管部门缺乏足够的证据证实獐子岛公司的违法事实。为这一局面破局的是应用于金融监管的大数据技术。证监会收集了獐子岛公司共上百万条采捕船的卫星定位数据，委托第三方专业机构运用大数据技术分析采捕船航行轨迹，还原了獐子岛公司最近两年真实的捕捞面积和规模，并据此认定獐子岛公司成本、营业外支出、利润等存在虚假。

证监会在处罚公告中称，“随着大数据、云计算等技术的广泛应用，证监会稽查执法工作将更加智慧、更加高效、更加精准，证券市场违法违规行为必将无处遁形”。獐子岛公司信息披露违法违规案便是一个典型的大数据在金融监管中应用的案例。对于交易对象复杂、金融活动相对隐蔽、财务数据难以查证的民间金融机构，大数据技术拥有更为广阔的应用前景和发挥空间。

二、云计算在民间金融监管中的应用

云计算，是金融科技的一种。顾名思义，其可类比成水循环的过程。可将不同用户、不同时点所产生、堆积形式不一的数据比喻为水蒸气。数据上传，则是水蒸气上升的过程。最后，成了包罗万象、铺天盖地，而且其所有权又为普罗大众的云。而数据的需要者，要想从云端获取所需要的数据，只需要通过软件的自动化，就能从取之不尽，用之不竭的云端，突破时间、地点的限制，实现大规模的计算要求。总体来看，云计算是分布式计算，将数据集合，又再分配、管理的系统工程。

（一）云计算的基本特点

云计算的特点可归纳为如下五个方面。

1. 弹性服务。服务的规模可快速伸缩，以自动适应业务负载的动态变化。用户使用的资源同业务的需求相一致，避免了因为服务器性能过载或冗余而导致的服务质量下降或资源浪费。

2. 资源池化。资源以共享资源池的方式统一管理。利用虚拟化技术，将资源分享给不同的用户，资源的放置、管理与分配策略对用户透明。

3. 按需服务。以服务的形式为用户提供应用程序、数据存储、基础设施等资源，并可以根据用户需求，自动分配资源，而不需要系统管理员的干预。

4. 服务可计费。监控用户的资源使用量，并根据资源的使用情况对服务计费。

5. 泛在接入。用户可以利用各种终端设备（如 PC 电脑、笔记本电脑、智能手机等）随时随地通过互联网访问云计算服务。

云计算系统包含以下四个特征。

1. 支持虚拟化，云计算系统可以看作一个虚拟资源池。通过在一个服务器上部署多个虚拟机和应用，从而提高资源的利用率。当一个服务器过载时支持负载的迁移。

2. 提供服务质量保证（QoS）。云计算系统能够向用户提供满足 QoS 要求的服务，能够根据用户的需求对系统作出调整，如用户需要的硬件配置、网络带宽、存储容量等。

3. 高可靠性、可用性和可扩放性。云计算系统必须保证向用户提供可靠的服务，保证用户能够随时随地地访问所需要的服务，并且用户的系统规模变化时，云计算系统能够根据用户的需求自由伸缩。

4. 自治性。云计算系统是一个自治系统，系统的管理对用户来讲是透明的，不同的管理任务是自动完成的。系统的硬件、软件、存储能够自动进行配置，从而实现对用户按需提供。

（二）云计算在民间金融监管中的应用场景

1. 监管资料数字化，实现资源整合

在传统的监管模式下，当监管机构的管理层拿到一些资料时，与该资料相关的风险已经产生。从而，无法根据实时的数据作出及时的风险防范措施。信息传达链条过长，使得监管效率低下，从而没有实现监管机构的监管职能。

在云计算技术的背景下，金融监管机构可以建立监管数据平台，充分地对接金融科技企业、银行、工商、税务、市场监督管理局等平台的数据。现有的接口可以做到数据实时同步，形成系统的监管数据平台。对所接收的数据进行智能的整合、分析以及应用，使资源综合利用，提高信息的使用价值，避免出现在传统模式下，由于信息传达的链条过长而导致的监管效率低下。同时，能够对大量数据进行长时间储存，数据的安全问题能够得到保障。

2. 建立资源云池，实现资源共享

在监管资料数字化的基础上，形成了一个资源云池，监管机构可以建立有效的信息与数据交换共享平台，使所收集的信息与数据在各个监管机构、各个监管部门间实现资源共享。另外，为了实现权责分离、内部控制有效，可以通过云计算建立相应的权限模型。根据监管者工作内容、工作职责等要素设置不同的权限，不同的监管者将获得具有不同权限的账号，明确监管工作人员的各项职责。这有利于提升监管机构内部人员的管理和控制。另外，云计算可以使监管者在各种终端登录账号后，即可随时随地通过各种终端得到服务。这就有助于提升资料获取的及时性。

各监管部门对监管信息与数据的相互交流，保证资源有效利用和信息分享、分析，使信息与数据的价值得到进一步提升。同时，能够提高监管效率和降低监管成本，最大限度地避免因信息不对称所导致的监管误差。不仅能够实时了解并评估全国各金融市场的运营现状，而且能够精准地预测市场主体行为与未来的东西，更好地了解未来监管过程中将面临的挑战。

3. 消除监管者与被监管者间的信息盲区

由于各个金融机构处于不同的地域、经营不同的业务，导致监管者与被监管者间形成了信息盲区。这些信息盲区的出现，使得各个金融机构与监管机构之间的信息传递速度变慢、质量变低，从而影响监管部门的监管效率。在云计算的基础上，对大量数据进行快速分析，运用先进算法、网络科学等技术方法，更加广泛地对全网络的金融市场进行监测，对可疑的金融交易与行为做标记，并进行追溯跟踪，找到可疑的被监管对象，对其进行调查监管。对整个金融网络的特征进行分析，有利于改变金融网络的脆弱性，提供一个安全的金融网络，加强对各金融机构的全面管理与控制。

4. 编制风险预警编码，提高风险的实时防范能力

监管机构可以通过云计算对风险采取动态评级，参照相关的监管规则和法规，建立风险预警模型，快速形成风险报告、风险预警，包括风险的走向和波动。在金融监管过程中，如果预测到可能存在的金融风险，系统将自动发出预警信号，并加以标记，从而使监管者可以对金融机构的风险进行实时评估监管。例如，将与金融科技企业、银行流水、工商等对接的数据上报到数据处理平台进行技术处理。设置一般指标、核心指标或者自定义指标分类等相应的指标预警，将监管评级设为红、橙、黄。按照指标的设置，正确的数据会显示黄色并进行上报。有疑点的数据将显示为橙色，后期将作为监管重点。完全不正确的数据将显示为红色预警，数据将被退回。此时，无论是外界条件的改变还是人为控制，都无法阻止系统对错误数据的预警。通过这样的指标预警设置，不仅可以保证所对接数据的合法性和真实性，还能够保证监管标准的客观性，防止出现徇私舞弊的现象。

在风险来临前做好预防措施，将可能出现的风险控制在最小的范围内，进而提高风险的实时防范能力。大多数风险都能够防患于未然，即使有部分风险未能完全预防，演变为实际风险，由于对风险做了许多事前的准备和预防工作，其带来的损失也极为有限。同样地，对金融机构是否存在违规业务与行为，亦可以建立相应的预警模型。

出现违规业务与行为时，将自动发出预警信号，有利于保证金融监管的谨慎性和及时性。

三、区块链在民间金融监管中的应用

区块链是一种分布式数据库系统，不易篡改，难以伪造和追踪。区块链记录所有交易信息。一旦数据进入区块链，即使是内部员工也很难在不被发现的情况下对其进行任何更改。这一特点决定了它离不开互联网应用。应用场景越大、越丰富，区块链技术和产业的发展就会越快。

（一）区块链系统的 DACT 特性

1. Distributed（分布式的）

基于区块链的分布式系统是分布式的，并且在一个以上的节点上有一个完整的账户。因此，如果有人不小心对某个账户或某个记录进行误操作和修改，该系统的后续操作将自动把正确的账本同步到此节点。这样，误操作将被自动纠正。

2. Autonomous（自治的，共同约定的）

基于区块链的区块链系统是自治的，不需要一个中心的管理机构。也就是说，所有的节点都是按照一个规则在行事。即使系统上的一些节点出现故障，也不会影响整个系统的正常运行，导致误操作。

3. Contractual（按照合约执行的）

区块链系统不需要第三方仲裁。系统上的所有交易和流程都是根据特定的规则或合同执行的。例如，金融衍生品，它们的操作可能是金融领域中比较复杂的。在今天的实际操作中，仍然需要大量的人工操作和干预。一旦发现问题，可能需要重复对账。混乱和复杂性是难以想象的。如果我们可以将区块链系统与智能合约相结合，那么当需要操作时，该系统将自动完成而不会造成人工错误。

4. Trackable（可追溯的）

区块链系统上的所有交易都是可追溯且不可逆的。在处理操作风险时，可追溯性是最关键的功能。任何一个节点上的账簿都是整个系统的一部分。所有的交易记录都是可追溯的。所以，误操作的概率很低。一旦发生错误操作，可以通过跟踪历史来纠正。

（二）区块链技术的应用原理

1. 存证

区块链的“不可篡改”特性为解决经济社会发展中的“证书存储”问题提供了一种解决方案。只要能保证链上信息和数据的真实性，区块链就能解决信息的“存储”和“认证”问题。例如，在版权领域，区块链可以用于电子证据存放，可以保证不被篡改，并通过分布式分类账将原始平台、版权局、司法机构和其他各方链接起来，可以大大改善处理侵权的效率。区块链可以在需要高数据真实性的领域（如金融、司法、医疗保健和版权）中创建安全有效的应用场景。同时，由于区块链记录了所有交易信息，因此区块链本身可以形成信用信息，为社会信用报告提供了新思路。

2. 共享

区块链的“分布式”性质可以在部门之间打开“数据壁垒”，并实现信息和数据共享。与集中数据存储不同，区块链上的信息将以点对点广播的形式分发到每个节点，所有信息将通过“全网见证”进行“真实记录”。在公共服务领域，区块链可以实现跨部门和地区的政府数据的维护和利用，并为人们带来更好的政府服务体验。目前，有一些地方正在探索房地产数据链。购房时，人们只需跑一次银行就可以实现产权转让。可以预见，随着“区块链+政府事务”的落地，跨部门的业务合作将成为常态，而无须证明“我的妈妈是我的母亲”。

3. 信任

区块链“共识机制”的形成，可以解决信息不对称问题，真正实现从“信息互联网”向“信任互联网”的转变。信任是市场经济运作的基础，也是一种稀缺。经济发展中的许多问题很难解决，主要是因为缺乏信任，导致存在高交易成本和高违约风险。比如，中小企业融资难、融资贵的一个重要原因就是“信任”问题。区块链能够弥合供应链金融中的信任差距。区块链可以增强供应链上游和下游信息的可信度。通过链上可拆卸的电子凭证，可以实现资金流转，并开放信息流、资金流和物流，解决多层次供应商的融资难题。

4. 协作

通过“智能合约”，区块链可以实现多个实体之间的协作信任，从而大大扩展人类合作的范围和深度。市场经济是一个复杂的系统，许多行动涉及复杂的行动者。如何实现多主体的有效合作是经济发展中的一个共同问题。特别是，在全球背景下，跨境支付、跨境贸易和跨境物流都涉及各国的进出口、运输、监管等各个方面。研究统计，2014 年，马士基航运将鳄梨从非洲的肯尼亚运往欧洲的荷兰。历时一个月的跨国运输涉及 30 多个主体、200 多次沟通互动。当区块链应用于全球贸易时，各方可以同时进行合作和管理，以确保所有的信息都实时电子共享，从而提高了协同效率，降低了通信成本，最终使主体虽高度地分散但仍然可以有效地合作。

（三）区块链在民间金融监管中的应用

有研究者认为，区块链的出现，实际上是对于民间金融的风险监管提出的一种解决方案。将区块链用于民间金融监管时，有必要区分传统金融风险和新型金融风险。前者，如信用风险和流动性风险，后者，如互联网时代的长尾风险等。其次，从风险的影响程度来看，系统性风险被认为是大而不是倒的机构所面临的风险。非系统性风险是金融创新中不同参与者所面临的风险，具体包括个人（金融消费者保护）、平台（传统和新型风险，KYC，AML）和企业（非法筹款，财务管理）等。

由此看来，区块链应用于民间金融监管的优化，可有不同的着眼点。一是，在监管层面，全面推动类似于英国的 RegTech 探索。二是，在行业层面，推动信息透明，在机构风险控制模型中加以运用。三是，结合保险、担保等，开发出新型的风险管理产品。传统金融监管大多采用被动监管方式，即由金融机构定期向监管机构报备。该模型存在实时性差、数据易篡改等问题。对此，可采用金融存管区块链模式实现主动监管。一方面，这种模式可提供监管的数据接口；另一方面，可支持监管部门作为特殊节点接入，即时同步数据，对数据完整性、有效性、过程和流程的合规性进行即时监控，从而对异常或违规行为给予及时处理或指导。

1. 区块链技术在民间金融外生性风险监管中的应用

区块链技术在以私人金融技术为主导的监管模式下具有广阔的应用前景。通过区块链技术，可以实现对民间金融风险及民间金融机构运营能力的精准评估，构建起可靠的大数据分析和预警机制。另外，采用区块链技术还可以有效评估民间金融机构风险，提供及时、准确的交易信息，使监管者根据风险情况作出正确的深度创新或退市维稳决策。

（1）监管技术的应用。目前，民间金融监管层的监管思想已从“准入监管”逐渐转变为“行为监管”，更加注重私人金融机构的信息披露，合规运营和风险控制。但是，在实践中，支付结算机构的监管仍然面临很大的困难。支付机构的监管还不够。

实际上，这既有传统的“入学监督”概念的原因，也有现实中执法困难的制约因素。通过区块链技术，可以实现对金融机构风险和经营能力的准确评估。在此基础上，将私人金融监管机构的监管重点逐步转移到日常交易的监管上。例如，对大额交易的关注，对异常交易的观察超出正常交易水平。通过数据分析得出特定交易者限制其交易水平的信用能力。以支付结算领域为例，监管部门的核心目标是提高数据采集和数据评估能力。区块链技术的逐步应用，将使系统中的每一笔交易都记录在案，不易被篡改，从而改变了传统监管机制中依赖各方的信息披露模式，并在监管部门的帮助下对信息进行审计，从而达到准确收集信息的目的。可以看出，监管机构应该系统地构建基于区块链技术的监管体系，以实现数字监管，实时监管和动态监管，以提高监管效率。

（2）监管科技基础设施建设。民间金融监管机构应当完善防火墙、入侵检测、数据加密、灾难恢复等网络安全设施和管理系统。采取技术手段和管理制度，确保信息系统安全稳定运行，定期检查监督。同时，应注意金融机构与技术相关的其他风险，如数据信息真实性验证风险，第三方签名风险和电子认证风险。鼓励行业自律组织建立和完善行业内的信息共享和技术共享机制，促进行业技术及其管理体系的创新。由于监管机构和金融机构收集的信息涉及特定个人的隐私和金融机构的商业秘密，因此，应建立严格规范的数据使用机制、加密机制和脱敏机制，以建立一个完整的数据收集系统。对于交易的参与人，应结合其银行账户、证券账户等账户信息，在系统内登记其资金信息和账户信息，并将其接入区块链交易系统。基于交易者隐私保护的考虑，交易者的相关账户信息应包含在公共链中并由授权节点确认，以确保交易者的关键交易信息的真实性，作为风险前的监督和交易者信用。全面的数据登记不仅是技术治理的基础，也是从根本上化解信用风险的必要条件。

（3）完善监管预警机制。在区块链的基础上构建民间金融大数据分析和民间金融风险预警机制，建立事前风险防范系统。对此，监管机构需要借助现有监管经验和最新技术（如人工智能、区块链、云计算和大数据）来评估金融机构甚至特定个人的风险。区块链下的结算系统是一个全方位的数据库。结合金融机构现有交易信息，通过云计算对数据进行分析，可以更好地分析核心信息，如特定机构的风险水平。在此基础上，可以根据现有监管规则和监管经验为金融机构分配风险警告线。一旦金融机构的风险可能触及风险警戒线，监管机构则可以介入监管和监督，并采取相应的措施。

2. 区块链技术在民间金融内生性风险监管中的应用

区块链技术的创新对许多行业产生了重大影响，导致代码、硬件等约束行为的“结构”角色迅速膨胀。各机构都在大力投入区块链技术的引进和试点应用，其对监管部门的吸引力可能已经超过了法律法规。法律系统和软件代码都可以增加信任，但也可能破坏信任。区块链不是不受法律约束的“合法场所”。当然，认为监管机构可以并且应该像管理传统的集中式组织一样管理分布式区块链系统，也是一种误导。因此，法律监管者和推动去中心化平台发展的技术专家应该联手以促进信任，促进法律与技术之间实现优势互补。

（1）区块链在信用风险管理的应用。区块链的使用可以在信用贷款前实现对客户自动化审计，从而减小审计风险以及减少审计成本。凭借其分布式总账功能，区块链可以记录金融企业的每笔交易，并可以记录其来源和位置以及原始基础。这提高了会计程序的透明度，并使金融机构优先于企业贷款。审核过程也更快、更便宜，从而实现自动计算机审核，最终降低审核成本。在业务管理和管理行为的监督中，私人金融机构可以通过区块链对中小企业客户进行实时监控。由于无法伪造、撤销和伪造区块链上的信息，从而使区块链上的数据是真实有效的。同时，任何新的区块连接至系统将被同步到整个网络中的其他主机，以确保信息的同步。

由上可知，民间金融机构可以利用区块链，随时发现企业客户的经营异常行为，对企业客户经营管理行为进行实时监控。例如，实时关注企业客户的严重负面信息、公安违法信息、法院执行信息、行业新闻等负面信息，实现事前预警，提前防止风险的发生。

（2）区块链在 P2P 平台领域的场景应用。在强化监管的市场环境下，P2P 平台网络借贷行业被发现存在着各种各样的乱象，如“非法集资”“客户信息泄露”“贷款者无力偿还风险”等。区块链技术可以帮助解决这些问题。

首先，由于一些平台存在非法集资、非法放贷、信用体系不完善等问题，P2P 在线放贷行业的信用风险将会加大。区块链技术可以为贷款人和借款人之间的直接交易提供平台。例如，BTCjam 是一个基于比特币区块链的 P2P 借贷平台。借款人只需要在 BTCJam 上创建一个贷款列表，贷款人可以手动选择借款（比特币）对象，也可以建立智能合约，自动向满足条件的借款人放款。

其次，贷款完成后，借款人需要定期还款。双方的直接交易可以避免“资金池”

风险，这样有助于促进 P2P 平台的规范发展。此外，BTCJam 会根据用户还款的表现进行信用评分，信用评分会影响每次借贷数额、优先次序等，在一定程度上可以降低借贷人的违约风险。最后，当一笔贷款无法到期偿付本息时，智能合约可以自动强制执行，包括对抵押物的处置，从而有利于保障借方的权益。

最后，区块链的非对称加密技术可以保证客户的交易安全，而区块链的分布式智能身份认证系统可以保证平台参与者身份的真实性和可靠性，保护客户的隐私信息安全。

四、人工智能在民间金融监管中的应用

2017 年，“人工智能”首次被写入政府工作报告，并成为“两会”上的热议话题。在数据、政策和需求等多维度的共同驱动下，人工智能也确实在多个行业中崭露头角，包括在一些传统的制造业、基础设施建设业以及服务业等。2017 年 7 月，国务院发布《新一代人工智能发展规划》，提出“智能金融”的概念，并提出要在我国建立金融大数据系统，创新智能金融产品和服务，鼓励金融行业应用智能客服、智能监控等技术，建立金融风险智能预警与防控系统。近三年来，人工智能的确在金融服务业中的应用越来越多，技术也逐渐成熟。与此同时，金融科技的浪潮也推进了民间金融呈现出智能化的新走向。许多企业利用人工智能实现了更好的内部监管、风险控制。企业使用金融科技程度的提高，也促使了政府运用监管科技实现对企业的监管。人工智能如同金融监管的助推剂，帮助企业控制内部风险，助力政府营造一个优良的金融环境。

（一）人工智能的主要技术

人工智能（Artificial Intelligence，AI），亦称智械或者机器智能，指的是由人制造出来的机器所表现出来的智能。通常，人工智能是指通过普通计算机程序来呈现人类智能的技术。人工智能的核心问题，包括建构能够跟人类似甚至超卓的推理、知识、规划、学习、交流、感知、移物、使用工具和操控机械的能力等。当前，有大量的工具应用了人工智能。其中，包括搜索和数学优化、逻辑推演。基于仿生学、认知心理学，以及基于概率论和经济学的算法等也在逐步探索当中。人工智能就像人类的大脑一般，具有超强的学习与处理信息的能力。通过输入大量的算法与模型，人工智能在

大数据的基础上不断进行自我训练与模拟，从而可以形成人甚至超过人的智能化处理模式。

人工智能是一个大范围的科学，运用了多个学科的理论与方法。运用的主要技术，包括机器学习、知识谱图、自然语言处理、计算机视觉技术，可应用于智能化处理数据、识别身份、监控风险等具体途径（见表10－7）。

表10－7 人工智能运用的主要技术

技术名称	简 介	具体应用
机器学习	人工智能的核心手段，运用概率、统计等算法和心理学、社会学理论让机器模拟人们的行为与反应	虚拟助手、交通预测等
知识图谱	结合应用数学、图形学等理论与方法构造可视化图谱，体现知识的框架与内在逻辑	人物关系图谱、绘制资金流水等
自然语言处理	融合语言学、数学、计算机科学，实现人机语言良好通信交流	机器翻译、信息检索、语言主题提取等
计算机视觉技术	主要用于模拟人的视觉功能，对图像进行客观的信息提取与处理	人脸识别、指纹识别等

（二）人工智能在民间金融监管中的应用场景

人工智能技术能够全面地提升风控的效率与精度，民间金融监管机构也越来越重视其作用。人工智能为民间金融监管带来许多的便利与发展，弥补传统金融监管的短板与不足。在进行金融监管时，监管方需要通过收集信息—处理信息—反馈信息的三个基本步骤，来实时跟进监管对象的动态变化。基于人工智能化的金融监管，相较于传统模式，在每一个步骤上都进行了较大的优化与改善，推进了监管部门对金融机构的实时监管，维护了整个金融行业的生态圈。具体来看，主要有以下应用场景。

1. 准确解读监管规则

在数字化监管协议的基础上引入人工智能。该类应用场景的出现可以帮助监管机构对监管规则、合规准则进行标准化解读和专业化解释，减少人工解读造成的理解歧义和解释错误，提高监管合规的科学性和准确性。

2. 及时广泛收集信息

金融监管的第一步为收集信息。在传统模式下，信息的采集需要大量的人工成本，采集来的信息过少且片面。现在是信息数字化、大数据的时代。传统的人工收集已经跟不上线上数字化的发展。人工智能在大数据的背景之下，可以跨时、跨地对这些数据进行全面采集和分类储存，是一个拥有极大容量的智能大脑。它能及时捕捉每一个信息，加速筛选与分类信息。这种全面、及时的信息采集模式还有利于实现共享智能，为企业和政府连接多个端口，达到信息共享的目的，从而有利于建立征信体系。人工智能对信息及时且广泛的收集丰富了监管数据，大大提高了监管的准确度。例如，将指纹识别、虹膜识别、面部识别等生物识别技术与人工智能深度结合，该类应用场景可以促使监管机构以及金融机构企业更加科学高效，安全便捷地验证客户的身份，提高客户分析评测的精确性。

3. 高效灵敏处理数据

对信息采集之后需要进行的是信息处理。人工智能可以通过机器学习、自然语言处理等，运用大量的算法和模型快速处理数据，将数据可视化。经过大量的自主学习，机器处理信息的能力逐渐提升，它可以用不同的语言转化信息，快速地进行各项数据的分析，挖掘不同数据之间的关联性等。在传统金融监管之下，人们则需要找到众多领域的专家对信息进行大量分析，人力成本大且历经时间长，难以及时处理好大量的数据以反映问题，这就造成了监管的滞后性。人工智能的使用则大大节省了监管成本，提升了监管效率，改善了监管的滞后性。

4. 全面智能评测风险

金融监管最终需要得出监管对象是否存在较大风险的相关结论以及采取何种管理措施。这就需要综合的、大量的信息形成最终的反馈结果。金融监管的核心在于监测风险。一家企业需要监测产品的运营风险、用户的使用风险等，一个政府需要监测企业的运营风险、违规风险等。传统的风险测度模型容易被淘汰，传达不及时，人力和经验有限，导致风险刻画不准确，造成比较大的监管漏洞。人工智能则通过多维度的数据处理与分析、自主更新迭代模型，对目标进行精准画像、图谱分析等，可以全面实时地刻画风险、反馈监测结果。“智能风控”的诞生帮助了政府与企业及时发现潜在风险、控制各项风险，做到有效可控的监管。例如，将人工智能系统和产品嵌入监管流程的各个环节，通过发挥其高水平的计算能力和实时监测风险的优势，可以快速、准确地识别和预警系统性金融风险，最终提高监管合规水平。

通过收集信息—处理信息—反馈信息的监管步骤，企业和政府得以找到存在的问题从而制定解决方案。人工智能的运用就如给金融监管安装了一个核心引擎，帮助实现一种更加准确、动态化的智能监管模式。

第四节 民间金融监管科技应用案例

一、广东省地方金融风险监测防控中心

（一）基本信息

2017 年 6 月，广东省依托广州商品清算中心成立广东省地方金融风险监测防控中心（简称“省防控中心”）。省防控中心利用大数据、云计算、人工智能等金融监管科技手段，建成全国首个地方政府成立的重要金融基础设施，构筑地方金融风险防控全省“一张网”，形成风险“监测预警—处置反馈—持续监测”的闭环管理。该中心主要通过三部分来实现风险防控：一是，通过全天候、多维度的收集信息，检测风险。二是，利用区块链、人工智能和大数据等技术手段，从海量数据中筛选出高危、高风险的信息，及时发出预警并提供深度分析作为工作依据。三是，一旦目标检测企业出现违法违规等风险情况，可立即运用资金监管和统一清算的模块功能进行控制和打击。

（二）运行现状

目前，该中心已建成功能齐备、模式创新的地方金融风险监测防控系统——“金鹰系统”。该系统拥有 15 项国家软件著作权，涵盖监测预警平台、非现场监管平台、舆情监测平台等十大平台。与此同时，广州商品清算中心作为广州市政府批准设立的全国第一家地方金融重要的基础设施，辅助省、市政府对地方金融业态进行风险监测与防控，同时为各类地方金融机构提供信息登记、电子合同存证、资金清算等市场化服务。

为及时、准确地提示风险平台，省防控中心制定了风险预警制度，建立了“发现、研判、预警及报送”机制，确定了风险企业预警标准，对风险识别系统筛选出的风险企业及时研判和审核，一旦确认触及预警标准，将通过指定预警方式给金融监管部门发送预警信息。目前，预警主要以风险提示的形式报送，同时每月初会将上月风险排查情况进行总结并形成风险排查简报上报。

截至 2018 年 4 月，广东省防控中心共对广东省内 30 000 多家企业进行风险实时监

测，覆盖“7+4+1”类地方金融业态，依据非法金融活动监测预警系统的监测数据，并定期向省、市、区等金融主管部门提供风险排查简报。通过向金融管理部门提交风险提示信息，打“早”打“小”，及时处置，有效降低了地方金融风险。在广东省105家非法金融活动企业中，风险趋势明显下降的企业达72家，占比达68%，未出现明显增长的企业有20家，风险得到了有效控制。

二、深圳市金融风险预警监测中心

（一）基本信息

深圳市金融风险预警监测中心由三大风险防控平台构成：一是“深圳市金融风险监测预警平台”，于2017年12月18日上线运行。二是“深圳市地方金融监管信息平台”，也于2017年12月18日上线运行。三是“灵鲲金融安全大数据平台”，由深圳市金融办与腾讯公司合作研发，于2018年7月2日上线运行。上述三大平台共同构成了深圳市金融风险预警监测体系。其通过整合互联网舆情信息、政府行政资源数据、银行资金数据三大类数据进行大数据监测预警，结合非法集资案件风险企业的特征，从“人”“资金”“业务”三条主线构建预警分析模型，在海量企业中识别高风险企业。通过对辖内非法集资等涉众金融风险行为的监管，达到早发现、早预警、早处置的目的。

“深圳市金融风险监测预警平台”利用大数据、云计算、人工智能等技术，构建了7个子系统，包括金融风险监测预警系统、非法集资核心建模系统、舆情信息采集系统、线下数据采集系统、非法集资案件信息管理系统、举报线索管理系统和数据管理系统，其核心是“海豚指数”。该指数从合规性、收益率偏离、投诉举报、涉众传播、特征词命中等5个维度综合评估企业风险。“海豚指数”越高，企业风险越大。当“海豚指数”大于60分时，表示风险很高，平台发出风险提示，建议监管部门采取约谈整改措施；当海豚指数大于80分时，平台发出高风险预警，建议监管部门采取移交线索，联合公安机关等部门进行处置。

“深圳市地方金融监管信息平台”是通过采集企业运营数据、银行可疑主体数据，结合舆情、工商、法院等外部数据，运用大数据、区块链技术，为监管部门提供P2P、小贷、交易场所等新兴金融业态实现监管、风险预警、协同处置等服务。

“灵鲲金融安全大数据平台”是基于社交、舆情、网站、App、企业信息等互联网全量的实时信息流数据，针对金融风险平台进行精确感知与规模预估，实现打“早”打“小”，及时阻止相关风险扩散。

此外，为解决新型金融业态无监管系统、无监管数据、风险底数不清的问题，深圳市金融办开发了“深圳市地方金融监管信息系统”。该信息系统设计了 P2P 网贷蜂巢（COMB）指数、小额贷款公司 CAMEL + RR 监管评级体系和交易场所 FORCE 指数，对相应机构开展风险评价。同时，该信息系统还采用了新一代区块链技术，利用 VP、NVP 节点的分布式管理，以及 PBFT 的共识机制和 CA 的智能合约，确保监管数据的实时报送、不可篡改。

（二）运行现状

目前，深圳市初步构建起了金融风险防控体系。金融风险监测预警监测中心已将全市 24.4 万家民间金融企业纳入监测体系。平台充分融合海量数据信息，定期对接深圳市行政资源信息、投诉举报信息、公安信息、银行资金账户异动线索等数据。同时，每日实时采集互联网公开信息，每天更新数据量达 5 000 万条，切实解决传统金融监管模式监测预警难、数据信息汇总难和企业风险情况获取难等问题。最终，实现动态监测预警高危风险企业，并通过协同机制给予精准打击。

三、北京市“冒烟指数”

（一）基本信息

“冒烟指数”的最初构想来源于“森林开始冒烟是要发生火灾”。通过烟与火的形象比拟来推断冒烟指数与非法集资企业的关系。也就是，从集资类企业“冒烟指数”高低来判断其从事非法集资类业务的倾向性。

2015 年，北京市联合北京金信网银金融信息服务有限公司在建设“打击非法集资监测预警平台”中推出了“冒烟指数”。其“冒烟指数”模型是在利用金融风险分析大数据中心数据的基础上，以大数据和云计算为技术支撑，从海量数据中筛选出与企业非法集资风险高度相关的几类指标，构建针对 5 大领域 17 个行业的分析模型。该模型主要从合规性指数、收益率偏离指数、投诉举报指数、传播力指数、特征词命中指数共 5 个维度的多项数据对监控对象计算分析，利用不同的机器学习方法，经过训练后建立起风险预警模型，最终得出的非法集资风险相关度指数，也就是“冒烟指数”。

根据“冒烟指数”的得分，来进行分级预警，分数越高，则该企业非法集资风险就越高。如果指数为 80—100，则应向公安部门移交线索；指数为 60—80，则意味着其非法集资的风险非常高，需要重点关注、约谈整改；指数为 40—60，则需要监管部门重点监测、规劝改正。

（二）运行现状

“冒烟指数”在北京市打击非法集资专项整治行动中取得了显著的成效。2016 年，在北京市互联网金融风险专项整治行动中，大数据监测预警非法集资平台协助北京金融局排查了近 17 万家互联网金融机构的运营风险，为有关部门采取相应措施提供了有力依据。截至 2017 年 10 月底，预警平台共监测全市金融企业 168 387 家，风险企业 1 775 家，分布于全市 16 个区。其中，高风险企业（冒烟指数≥60 分）共计 46 家。根据监测数据及结果，北京市制作各类报告共计 500 余份，在监测预警、风险排查方面发挥了重要作用，提高了北京市防范、处置、化解非法集资的工作效率，降低了非法集资的案发数量和处置成本。

四、重庆市非法集资监测预警平台

（一）基本信息

2017 年，重庆市金融办建成非法集资监测预警等平台，利用监管科技手段自动分析互联网数据、工商企业数据、公检法数据和群众举报信息等海量信息资源，在内存式计算系统上进行分布式计算，经过数据清洗、数据集成、数据变换、数据规约等一系列预处理过程，把数据集合统一转换成可供分析的结构化数据。对 85 万余家工商企业区分“高风险”“重点关注”“正常监测”进行分级监测预警。同时，针对重庆市私募、网贷、投资咨询、融资担保等行业，分别建设预警模型，应用大数据处理技术实时运算，得出衡量企业非法集资潜在风险的“冒烟指数”这一指标。

（二）运行现状

平台的投入使用，为重庆防范区域性金融风险、打击非法集资活动提供重要的支撑。2017 年，重庆新发的 90 件非法集资案件中，有 16 件由监测预警平台提早或同步发现，占比约 17%。2018 年上半年，重庆新发的 38 件非法集资刑事案件中，有 12 件通过平台提早或同步发现，占比约 30%，同比下降近 20%，21 个区县实现“零发案”。

本章小结

本章作为监管科技篇的章节，首先介绍了金融科技的含义，回顾了金融科技和监管科技的发展历史及阶段演变，简要分析了金融科技的作用，阐述了金融科技和监管科技发展所面临的挑战。其次，着重分析了金融科技和监管科技的发展现状，并在介绍以大数据、人工智能、区块链、云计算等为代表的前沿科技的基础上分析了金融科技和监管科技的发展趋势。在此基础上，本章总结了监管科技与民间金融监管效率的关系及监管科技在民间金融监管中的应用。最后，通过介绍民间金融监管科技应用案例呈现监管科技的具体实践现状。

本章重要概念

金融科技　监管科技　IT + 金融　互联网 + 金融　新技术 + 金融　羊群效应　全球金融科技中心指数　技术风险　操作风险　系统性风险　大数据　人工智能　区块链　云计算

本章思考题

1. 金融科技和监管科技的含义分别是什么？
2. 金融科技和监管科技之间有什么关系？
3. 金融科技对我国金融行业发展的促进作用主要表现在哪些方面？
4. 监管科技有哪些特点？
5. 金融科技和监管科技潜在的风险分别是什么？
6. 金融科技和监管科技发展面临哪些挑战？
7. 金融科技和监管科技的发展现状如何？发展趋势如何？
8. 如何评价监管科技的监管效率？监管科技与民间金融监管的效率有怎样的关系？
9. 监管科技在民间金融监管中有哪些应用？

本章参考文献

[1] DOUGLAS W, DIRK A ZETZSCHE, et al., FinTech and Regtech: Enabling innovation while preserving financial stability [J]. Georgetown journal of international affairs, 2017, 18 (3).

[2] ACAR O, ÇITAK E. Fintech integration process suggestion for banks [J]. Procedia computer science, 2019, 158.

[3] TAMPA. Fintech; Fintech onesource reaches its 500 000th relationship milestone [N]. Food Weekly News, 2018.

[4] Wise Media Group. Wise media group announce new information portal Fintech-news unveiled during Fintech europe 2016 in London, the new window into the FinTech world is filled with news, research and much more [N]. M2 Presswire, 2016.

[5] XBRL International. RegTech conference brings global business reporting to Singapore [J]. Journal of engineering, 2016.

[6] 车宁. 监管科技助力地方金融监管 [J]. 银行家, 2019 (9): 141-142.

[7] 陈哲. 科技监管金融前景展望 [J]. 全国流通经济, 2017 (31): 62-63.

[8] 杜宁, 孟庆顺, 沈筱彦. 监管科技发展现状及实施 [J]. 中国金融, 2017 (19): 71-73.

[9] 何海锋. 监管科技具有八大发展趋势 [J]. 国际融资, 2019 (5): 12-15.

[10] 黄润. 监管科技的挑战与对策 [J]. 中国金融, 2018 (5): 74-75.

[11] 蒋莉薇. 监管科技与金融科技相辅相成 [N]. 中华工商时报, 2019-11-28 (3).

[12] 莱尔·布雷纳德, 王潇靓. 金融科技与监管科技并行之道 [J]. 金融市场研究, 2017 (12): 30-36.

[13] 李媛. 金融科技发展现状、趋势与监管取向 [J]. 中国经贸导刊 (中), 2019 (10): 63-65.

[14] 廖理, 张伟强, 戴璐, 解琦伟. 监管科技与 KYC 的融合创新 [J]. 新经济导刊, 2018 (12): 21-25.

[15] 林润栋, 叶小青. 把握金融服务实体经济脉搏 角逐金融科技 "下半场" [N]. 佛山日报, 2019-12-09 (A14).

[16] 任晓. 科技金融的机理、挑战与政策机制 [N]. 温州日报, 2016-10-17 (007).

[17] 沈建光. 多措并举 防范金融科技风险 [N]. 中国证券报, 2018-12-08 (A07).

[18] 舒航, 张高煌, 赵厚宝, 等. 金融科技发展现状及其未来发展展望 [J]. 现代商业, 2019 (13): 88-89.

[19] 陶峰, 万轩宁. 监管科技与合规科技: 监管效率和合规成本 [J]. 金融监管研究, 2019 (7): 68-81.

[20] 王东宾. 监管科技应与金融科技齐头并进 [N]. 21世纪经济报道, 2019-09-13 (004).

[21] 王观. 金融科技, 重在深度融合 [N]. 人民日报, 2019-11-18 (018).

[22] 王颖. 监管科技背景下的地方金融监管 [J]. 北方经贸, 2019 (6): 111-113.

[23] 王蕾, 薛杨阳. 监管科技护航金融新生态 [J]. 清华金融评论, 2018 (3): 14-15.

[24] 伍旭川, 刘学. 监管科技的作用及应用 [J]. 清华金融评论, 2018 (3): 27-28.

[25] 修永春, 杨晓晨, 艾金娣. 监管科技: 实施难点与展望 [J]. 银行家, 2019 (11): 46-48.

[26] 徐冬根. 论法律语境下的金融科技与监管科技——以融合与创新为中心展开 [J/OL]. 东方法学: 1-9., https: //doi. org/10. 194 04/j. cnki. dffx. 20191127. 002, 2019-12/[2019-12-10].

[27] 徐忠, 孙国峰, 姚前. 金融科技: 发展趋势与监管 [J]. 金融电子化, 2018 (9): 108.

[28] 於勇成, 赵阳. 金融科技风险防范路径研究 [J]. 金融经济, 2019 (16): 60-63.

[29] 赵阳. 监管科技应用现状及发展 [J]. 中国银行业, 2018 (10): 84-86.

[30] 振涛, 范云朋. 监管科技 (RegTech) 的理论基础、实践应用与发展建议 [J]. 财经法学, 2019 (3): 92-105.

[31] 中国互联网金融安全课题组. 中国互联网金融安全发展报告2017 [R]. 2017.

[32] 中国人民银行. 中国人民银行启动金融科技创新监管试点工作 [EB/OL].

http：//www. pbc. gov. cn/goutongjiaoliu/113456/113469/3933971/index. html，2019 - 12 - 15/ ［2019 - 12 - 10］.

［33］周城雄. 科技与金融结合难在哪里［J］. 今日科苑，2015（8）：39 - 40.

［34］周昆平. 金融科技发展对监管提出新挑战［N］. 经济参考报，2016 - 12 - 09（002）.

［35］周智雅. 我国金融科技行业发展趋势［J］. 纳税，2019，13（30）：188，190.

［36］朱波强，蔡洪文，张旭辉. 科技与金融融合模式研究［J］. 企业经济，2014，33（12）：155 - 158.

［37］卓不群. 金融科技（FinTech）三年发展规划发布［J］. 金融经济，2019（19）：42 - 44.